U0628336

| 光明社科文库 |

创意产业集聚与
城市空间转型研究

段　杰◎著

光明日报出版社

图书在版编目（CIP）数据

创意产业集聚与城市空间转型研究 / 段杰著 . -- 北京：光明日报出版社，2022.9

ISBN 978-7-5194-6790-6

Ⅰ.①创… Ⅱ.①段… Ⅲ.①文化产业—产业发展—研究 Ⅳ.①G114

中国版本图书馆 CIP 数据核字（2022）第 165267 号

创意产业集聚与城市空间转型研究

CHUANGYI CHANYE JIJU YU CHENGSHI KONGJIAN ZHUANXING YANJIU

著　　者：段　杰

责任编辑：郭玫君　　　　　　　责任校对：张月月

封面设计：中联华文　　　　　　责任印制：曹　净

出版发行：光明日报出版社

地　　址：北京市西城区永安路 106 号，100050

电　　话：010-63169890（咨询），010-63131930（邮购）

传　　真：010-63131930

网　　址：http://book.gmw.cn

E - mail：gmrbcbs@gmw.cn

法律顾问：北京市兰台律师事务所龚柳方律师

印　　刷：三河市华东印刷有限公司

装　　订：三河市华东印刷有限公司

本书如有破损、缺页、装订错误，请与本社联系调换，电话：010-63131930

开　　本：170mm×240mm

字　　数：318 千字　　　　　　印　　张：21.5

版　　次：2022 年 9 月第 1 版　　印　　次：2022 年 9 月第 1 次印刷

书　　号：ISBN 978-7-5194-6790-6

定　　价：99.00 元

版权所有　　翻印必究

前　言

　　新世纪以来，全球化浪潮与知识经济的快速发展推动着各国经济文化与社会转型，创意产业成为城市发展的新引擎。创意空间与城市空间互相推动，城市空间结构是支撑创意经济发展的平台；而创意产业的发展及其空间集聚促进城市功能转型与重构。创意城市是在进入后工业化时代背景下伴随产业转型、城市再生和创意产业兴起而出现的一种推动城市复兴和重生的模式。创意空间生产超越了传统理论的一般研究内容，它以独特的形态演变和运行，通过对城市空间、产业、文化、科技、社会的深层挖掘、解构与重组，对后工业化时代城市再生与转型变革产生广泛而深刻的影响。

　　中国当前正处在深刻变革的转型时期，经济、文化、社会等诸多方面的变迁对城市空间造成显著的影响。创意产业集聚作为后工业社会的一种新的空间形式，既蕴含了对城市发展前景的长远思考，又成为诠释城市可持续健康发展的手段。近年来各地文化创意产业基地层出不穷，为城市更新改造带来压力，也引发城市空间资源优化配置的再思考。现实的困境需要我们反思城市空间重构与转型，深入挖掘其动力机制，重新认识城市创意空间的社会属性和文化价值。

　　本书首先从理论研究入手，从文化、产业与空间融合的视角探寻创意产业集聚与城市空间重构转型的作用机理。其次对当今世界城市创意产业发展的实证经验进行总结与分析，以得出中国创意城市构建分析范式的现实意义与理论启迪。在此基础上，一方面从价值链的研究视角分析创意产业空间集聚的影响因素及其与经济增长的关系；另一方面从演化经济地理的视角探讨城市创意产业园区空间演化规律与模式，重点从文化、经济、社会与物质空间等方面分析创意产业园区演化与城市空间转型的互动机理。同时，本研究将创意产业集群置于城市转型期的特定时空中，运用组织生态理论探讨创意产业集群的生态影响因子与形成机制及效应；尝试运用社会网络分析方法测度深圳创意产业集群网络结构，重点关注城市众创空间在创意产业集群网络中的作用，并深入剖析集群网络结构对企业创新能力与城市创新绩效的影响。在对理论架构进行定性讨论的同时，本研究还对创意指数评价指标体系进行定量研究，并以深圳与上海为案例进行定性与定量的实证解析。最后提出有针对性的策略与建议，探讨城市空间管治的策略与变迁，为政府制定城市转型发展战略、创意产业空间集聚及城市更新政策提供依据与参考，并进一步推动我国大城市产业转型与空间重构。

本书是广东省哲学社会科学规划项目"演化视角下创意城市构建路径及评估方法研究"的研究成果，共分为十三章。前三章为研究进展、创意产业集聚的内涵及创意城市构建理论基础的探讨；第四章则是创意城市构建的国际借鉴与启示；第五章至第八章以深圳为案例，重点阐述创意产业集聚发展特征、创意产业集聚与城市经济增长的关系、创意产业集群形成机制及效应；第九章着重分析创意产业园区演化与城市空间转型的互动机理；第十章至第十二章则对深圳创意产业集群网络结构进行测度分析、对其创新能力进行评价，并构建创意城市评价指标体系；第十三章在前述实证分析基础上提出相应的策略与建议。

本书的出版是由广东省哲学社会科学规划项目、深圳市九藤文化教育基金会项目提供赞助。在本书写作过程中，得到了深圳大学经济学院诸位领导的大力支持和众多同仁的热情帮助。同时感谢经济学院区域经济学专业研究生张娟、鲁文丽、朱丽萍、粟伟、龙瑚、况颖及王炜、郭亚楠等同学在研究过程中的辛勤付出！

由于笔者学识水平所限，书中错谬浅陋之处在所难免，恳请各位多多指正！

段杰

2021 年 4 月 23 日

目 录
CONTENTS

第一章

研究缘起与研究进展

新旧世纪更替之际，全球化浪潮与知识经济的快速发展推动着各国经济文化与社会转型，创意产业成为城市发展的新引擎。城市空间结构是支撑创意经济发展的平台，而创意产业的发展及其空间集聚演化促进城市功能转型与空间重构。创意城市是在进入后工业化时代的背景下伴随产业转型、城市再生而出现的一种推动城市复兴的模式。

中国当前正处在深刻变革的转型时期，经济、文化、社会等诸多方面的变迁对城市空间造成显著的影响。创意产业空间作为后工业社会的一种新的空间形式，既蕴含了对城市发展前景的长远思考，又成为诠释城市可持续健康发展的手段。它正深刻地改变着城市产业结构形态与生产方式，改变着城市民众的消费内容与生活方式。近年来全国各地文化创意产业基地等形态众多的创意产业空间层出不穷，为城市更新改造带来压力，也引发城市空间资源优化配置的再思考。由于城市空间发展的不平衡，导致城乡差距、贫富分化、快速城市化等问题愈演愈烈，而环境污染、城市拆迁等带来的社会冲突也在频繁爆发。现实的困境需要我们反思城市空间演化与再生产，深入挖掘其动力机制，重新认识城市创意空间的社会属性和文化价值。社会形塑了空间，而空间又反作用于社会，"社会空间辩证法"的解读对于中国城市的转型实践具有一定的借鉴意义。

一、创意经济的兴起

1. 创意产业迅速发展①

20 世纪后期以来，随着知识经济的迅速发展，全球许多国家产业结构转型升级，主要发展趋势表现在创意产业的兴起，并逐渐成为各经济主体推动经济发展的驱动器。"创意产业之父"霍金斯编著《创意经济》一书，认为全球创意经济每天所创造的产值达 220 亿美元，而且以 5% 的速度在增长②。佛罗里达也在其著作《创意阶层的崛起》中表明，创意从业人员占美国总就业人数的 30%③。据 2017 年联合国教科文组织发布的文化与创意最新报告显示，全球文化创意产业共创造产值 2.25 万亿美元，从业人数 2950 万，占世界总人口的 1%。创意产业对主要发达国家的 GDP 贡献率不断上升，业已成为西方多个国家的支柱产业。据统计，2017 年英国创意产值已突破千亿英镑，从 2016 年的 948 亿英镑增长到 1025 亿英镑，其增长速度几乎是英国整体经济增长速度的两倍，创意产业就业人数近 200 万。④ 2017 年，美国版权产业增加值达到 2.2 万亿美元，占美国 GDP 的比例为 11.59%，同时为美国贡献了 1160 万个就业岗位。⑤ 2019 年，联合国贸易和发展组织于"美国之音"发布的《创意经济展望》报告显示，全球创意产品贸易增长迅速，其中中国在创意产品和服务的贸易中占据了主导地位。全球创意产品市场的价值从 2002 年的 2080 亿美元增长到 2015 年的 5090 亿美元，创意产品的出口增

---

① 朱丽萍. 深圳创意产业园演化与城市空间转型研究 [D]. 深圳：深圳大学，2014：2-3.

② 霍金斯. 创意经济——如何点石成金 [M]. 洪庆福，孙薇薇，刘茂玲，译. 上海：上海三联书店，2006：7.

③ 佛罗里达. 创意阶层的崛起 [M]. 司徒爱勤，译. 北京：中信出版社，2010：5.

④ 数据来源：英国数字、文化、媒体和体育部官网。

⑤ 数据来源：中华人民共和国驻大不列颠及北爱尔兰联合国大使馆经济商务参赞处官网，美国 2018 年统计年鉴。

长率超过 7%，中国的增长尤其显著，是创意产品和服务的最大单一出口国和进口国，创意产品出口增长率是全球平均水平的两倍。

经济全球化浪潮不断推进，中国创意产业发展也顺流而上。2011 年，《中共中央关于深化文化体制改革推动社会主义文化大发展大繁荣若干重大问题的决定》出台，中央政府明确了文化创意产业对文化大繁荣大发展的重要促进作用。国民经济发展"十一五"规划中，北京、上海、深圳等一线城市均将创意产业列为战略产业。各城市创意产业发展迅猛，创意产业园区的建设也是此起彼伏。2020 年北京市规模以上文化产业收入达 14209.3 亿元，同比增长 0.9%（自 2018 年 1~7 月数据发布起，根据相关文件要求，发布内容由原"规模以上文化创意产业情况"调整为"规模以上文化产业情况"）；同年经认定北京市级文化产业示范园区 10 家、市级文化产业示范园区（提名）10 家、市级文化产业园区 80 家，包括 798 艺术产业园、中关村软件园等享誉国际的园区。2020 年上海文化创意产业发展稳健，全年实现总产出 20404.48 亿元，占上海市 GDP 比重达到 52.72%，并形成田子坊、8 号桥等著名园区。①

2. 创意产业园演化促进城市空间重构转型②

从伦敦西区、纽约 SOHO 区等创意产业集聚发展的经验来看，创意产业园区一般都是以城市中的"三旧"（旧城区、旧街区、旧厂房）区域、高校附近作为空间载体，在市场机制或政府引导的作用下，重塑城市空间结构的形态与功能，促进城市空间的重构转型。

目前，中国的大中城市正在掀起创意产业园区建设的高潮，创意产业园区的不断演化，对城市空间结构的转型产生显著影响。北京、上海、苏州等城市政府不仅给予创意产业以融资优先等财政政策，还为创意产业提供充足

---

① 数据来源：北京市统计局网站 http：//tjj. beijing. gov. cn/，上海市统计局网站 http：//tjj. sh. gov. cn/。

② 朱丽萍. 深圳创意产业园演化与城市空间转型研究［D］. 深圳：深圳大学，2014：3-5.

的产业发展用地。创意产业园区演化与城市空间结构的转型密切相关，因此，如何通过创意产业园区演化推进城市空间重构转型，以城市空间重构提升创意产业发展能力，成为目前学术领域思考与实践的重要议题。

进入新世纪，"创意城市"已成为全球大都市的主要发展理念，创意产业也逐渐成为增强城市竞争力的重要举措。自"十二五"规划以来，上海、杭州、深圳等主要大城市均提出了打造创意产业集聚区的发展战略，但同时也带来了一系列的问题。例如：政府主导创意产业园的建设是否符合园区演化规律？创意产业园区如何对城市空间进行重构？城市空间重构又怎样反作用于创意产业园区？政府引导还是市场推动更能发挥积极作用？这些问题值得进一步梳理与讨论。对创意产业园区集聚与城市空间重构进行深入研究，不仅有助于推动创意产业集群的持续发展，也有助于创意城市规划构想的实现，使得城市的发展走上创意产业园区演化—城市空间重构—城市健康和谐持续的康庄大道。

二、城市再生与空间重构

城市更新运动最早始于 1960 年代的美国，主要是为了解决城市空心化和贫民窟问题，采用了大规模推倒重建的方式。但这种城市改造模式不仅没有取得预期的效果，还给城市发展造成许多困扰。目前，为了全面改善城市空间环境，提升经济社会文化的发展水平，促进城市的可持续发展，世界主要大都市仍在坚持不懈地推进更新与再生。①

改革开放以来，随着城市化进程的不断加快，我国城市更新也随之全面展开。城市的快速发展使得农村剩余劳动力大规模涌向城市，城市用地不断扩张。为了满足日益增加的土地需求，城市一方面不断蚕食郊区或周边地区的土地，另一方面则是通过解决城市"三旧"（旧街区、旧厂房、城中村）

---

① 张娟. 深圳市创意产业与城市更新的关系研究［D］. 深圳：深圳大学，2012：10-11.

的功能性老化问题进而提高老城区的土地再利用，包括建设容积率低、物质环境差、布局混乱、基础设施不完善等。目前国内许多城市大都采取了拆除重建的治理模式，割裂了城市空间及生活的文化传承性、地域性之间的联系。当然也有一些城市汲取以往的经验，近年来在城市更新过程中着重强调"杜绝大拆大建""整旧如旧"等理念①，取得了一定的成效，但是人口及产业不断外迁的措施仍然导致城市中心区丧失活力。因此，城市更新如何更高效地进行是国内众多城市必须面对及解决的关键问题。

深圳经济特区成立 40 年以来，建成区面积达到 928.6 平方千米，占总土地面积的 46.8%，未来新增城市空间资源十分有限。② 为了解决土地资源紧缺的瓶颈，只能通过城市更新工作进一步盘活旧城区。深圳产业结构升级转型的进程中，劳动密集型制造业企业都已整体外迁或将部分生产环节转移到珠三角外围区域，大量闲置的旧厂房、旧仓库遗留在城市中心区。另外，在城市地域范围内还散布着许多历史悠久的古村落以及大量急需改造的老旧危房。历史遗留的城中村、旧工业区的更新再生是当前深圳城市建设中亟待解决的首要问题。在此背景下，创意产业的快速发展，不仅促进城市老旧建筑物的更新，使得历史价值得以保留，同时还带动相关产业的兴起，推动产业结构升级转型，并进一步改善城市面貌，推进城市空间的更新与重构。如何借助创意集聚推动城市更新，以城市转型促进创意园区演化，现已成为当下研究与实践的关键。

三、创意产业集聚研究评述

创意产业作为衡量区域竞争实力的重要指标，近些年在全球各经济主体快速崛起，尤其是 2015 年全国"两会"之后，李克强总理提出要把"大众

---

① 刘玉，等. 创意北京发展：经济、社会和空间转型［J］. 城市发展研究，2008（6）：91-96.

② 数据来源：深圳市规划和国土资源委员会网站。

创业、万众创新"打造成推动中国经济持续健康发展的重要引擎①。同时，创意产业集聚集群发展的特征日益突出，引起学术界的高度关注。

1. 对创意产业集群的早期认识②

创意是对传统的适度颠覆，通常指"有目的地把原料制成新产品"或指"创造出原本不存在或与众不同的物品"。基于该解释，创意思想起源于创新，最早对创意思想的研究可追溯到"创新理论"的鼻祖——美籍奥地利学者约瑟夫·熊彼特。他在《经济发展理论》书中解释了"创新"的内涵，并从经济学的角度进行了分析。他提出"创新"是对原生产函数的更新，在经营体系中引入了前所未有的生产要素和生产条件，进而把升级的新技术运用于生产中，形成新的竞争力。③ 美国经济学家罗默提出"一个国家或区域的经济能否保持增长态势取决于创意和知识的利用程度"，指出经济增长的原动力是创新，而创新又来自于创意思维。此后，澳大利亚在 1994 年发布了该国第一份文化政策报告，提出了"创意国家"的设想，而英国创意产业特别工作小组受上述想法的启发，于 1988 年首次提出了创意产业的含义。

同时，包括约翰·霍金斯、理查德·凯夫斯等经济学领域的学者开始着手研究创意产业集群发展趋势。新英格兰发布的《发展创意产业计划》中首次出现了"创意产业集群"的说法，文中总结了创意产业集群的几大特性，即市场共享、相关的生产线、共同的需求，并指出相应的产业联动性促使创意产业向特定区域集聚。另外，理查德·凯夫斯分析指出创意产业的生产主体更多依赖于文化资源的价值，并从经济学视角对创意产业集群的特征进行探讨。④

早期创意产业集群发展实践仅具有雏形，大多是关于创意产业集群的一

① "创客李克强"透露的改革方向［J］.吉林农业，2015（6）：17-18.

② 龙瑚.组织生态视角下创意产业集群形成机制和效应研究［D］.深圳：深圳大学，2016：9-10.

③ 熊彼特.经济发展理论［M］.杜贞旭，郑丽萍，刘昱岗，译.北京：中国商业出版社，2009：42.

④ 凯夫斯.创意产业经济学［M］.孙绯，译.北京：新华出版社，2004：78.

般性理论介绍。受当时理论研究和产业发展实践不深的局限，对创意产业集群进行深入研究的则较为少见，多数是从个体主观愿望泛泛讨论创意产业的聚集现象。①

2. 关于创意产业集群形成机制与影响因素的研究

斯科特（2004）从空间布局出发，指出创意产业在地缘性上有集聚偏好，认为地理位置的集中是产业发展的趋势。② 尤素夫和边岛（2005）从多个不同生产要素视角对创意产业集群的形成进行了探讨，发现高科技含量集聚区有更多创新行为。③

近年来，国内也有许多学者开展对创意产业集群的研究。符韶英等（2006）认为创意产业集群的形成能够帮助独立的小微创意企业获取生产所需的要素资源，通过建立一个开放化的动态系统，依托知识和资源的流通，加强集群内外互动，加速创意产业集群的形成。④ 郑玲莉（2009）认为文化资源的集聚促进创意产业集群的形成，这类文化资源不仅是文学知识范围内的资源，还包括政治、经济、社会等各方面知识的融合，并且他们具有很强的地域相关性，当某一空间内的文化资源高度集中，则该区域的创意产业集群也日渐成形。⑤ 李艳波等（2011）运用迈克尔·波特的钻石模型，确立了企业、政府、社会组织、研究机构、媒体平台和创意人群等几大力量形成的网络结构，在它们的相互作用和相互影响下，创意企业为实现资源共享、利益最大化，进而在某个地理空间上形成分工合理，合作与挑战并存的创意产

---

① 龙珊. 组织生态视角下创意产业集群形成机制和效应研究 [D]. 深圳：深圳大学，2016：12.
② 斯科特. 文化产业：地理分布与创意领域 [M] //林拓，李惠斌，薛晓源. 世界文化产业发展前沿报告（2003—2004）. 北京：社会科学文献出版社，2004：121-133.
③ YUSUF S, NABESHIMA K. Creative industries in East Asia [J]. Cities, 2005, 22 (2)：109-122.
④ 符韶英，徐碧祥. 创意产业集群化初探 [J]. 科技管理研究，2006 (5)：54-56.
⑤ 郑玲莉. 文化创意产业集群形成机制及对策研究 [J]. 商场现代化，2009 (5)：243.

业集群。① 关于创意产业集群形成机制的研究，无论是国外学者还是国内学者，都是基于某一种或几种要素在空间内的集中，诸如科学技术资源、文化资源、信息资源等，再透过他们的空间集聚对集群的形成机制进行分析。②

对于集群形成影响因素的探讨，主要集中在集聚区域的基础设施、公共服务等硬实力及政府的扶持政策、创意阶层的文化认同感等软实力。Scott（2002）认为创意产业集群形成的影响因素包括产业嵌入性（embeddedness）、本地人才市场、产业组织、创新领域（creative field）、创意氛围（creative milieu）③。Chapain 和 Propris（2009）指出创意产业集群形成的三大支柱，分别是区域环境的宽容度、创意产业集聚化程度和区域内的商业基础设施配置。④ 陈建军等（2008）认为环境氛围、文化资源、人力资本和制度因素是影响创意产业集群形成的重要因子。⑤ 李煜华等（2013）指出知识在创意企业和信息提供者之间双向流动对创意产业集群形成起作用，通过知识流动共享的特性，促使创意企业处于一种合作互惠的状态，有益于创意产业集群这一系统的稳定和持续发展。⑥ 更多的研究表明，创意产业集群的形成生成了集聚化的网络生产平台，将促进资源共享，降低交易成本，形成规模经济效应，而这些竞争优势反过来也是创意产业集群形成与发展的动力因子。⑦

---

① 李艳波，郭肖华. 海西文化创意产业集群的集聚模式与发展策略［J］. 厦门理工学院学报，2011（2）：1-5.

② 龙瑚. 组织生态视角下创意产业集群形成机制和效应研究［D］. 深圳：深圳大学，2016：13.

③ Scott, A. J. A new map of Hollywood：the production and distribution of American motion pictures［J］. Regional Studies，2002，36：957-975.

④ CHAPAIN C, PROPRIS L D. Drivers and processes of creative industries in cities and regions［J］. Creative Industries Journal，2009，2（1）：9-18.

⑤ 陈建军，葛宝琴. 文化创意产业的集聚效应及影响因素分析［J］. 当代经济管理，2008（9）：71-75.

⑥ 李煜华，李昕，胡瑶瑛. 创意产业集群企业间双向知识流动影响因素分析［J］. 科技与管理，2013（2）：1-4.

⑦ 龙瑚. 组织生态视角下创意产业集群形成机制和效应研究［D］. 深圳：深圳大学，2016：15.

3. 关于创意产业园区演化模式的研究

波特（Porter，2002）提出基于竞争力模型的钻石模型，认为生产要素条件、需求条件、相关支撑产业以及厂商结构、战略与竞争等是国家的特色产业能不断创新与升级的条件。① 运用多元线性回归和因子分析法，褚劲风（2008）分别得出影响创意产业园演化的主要因子包括创意人才、高校及科研机构和中介机构等。② 李耀华（2008）将创意产业集群空间塑造的要素归纳为文化传承性等六点。③ 戈雪梅等（2011）认为综合分析创意产业园的发展时，要着重从政府与企业互动、地区经济与文化等方面进行。④

关于创意产业园区演化过程，国内外研究集中在以下三个角度⑤：一是从时间角度分析创意产业区的演化，并利用不同的指标，将其划分为不同阶段；二是从空间角度分析产业分布经历集聚、分散的过程；三是从关系角度分析产业作为整体与外部空间产生的相互作用。克鲁格曼把典型集群的成长周期依次分为六个阶段，包括形成、生长、饱和、转型、衰退、瓦解或复兴。⑥ 创意产业集聚区的演化被孙福良等（2008）分成潜在、显现、已存和发展四个阶段，指出各阶段的创意集聚区具有不同的战略目的。⑦ 黄斌（2012）提出，产业集群决定空间集聚形态，形成发展的路径依赖后，朝规模和范围经济发展，最后进一步强化、分解或毁灭产业集群。集群发展的每个阶段依次对应空间层面的强化集聚、蛙跳发展或分散化集中等多种空间集

---

① 波特. 国家竞争优势 [M]. 李明轩，邱如美，译. 北京：中信出版社，2007：52-53.

② 褚劲风. 上海创意产业集聚空间组织研究 [D]. 上海：华东师范大学，2008，185-205.

③ 李耀华. 城市创意产业集群空间塑造的要素探析 [J]. 山西建筑，2008（9）：40-41.

④ 戈雪梅，周安宁. 文化创意产业园区、动漫产业空间集聚及其影响因子实证分析 [J]. 商业时代，2011（33）：118-120.

⑤ 朱丽萍. 深圳创意产业园演化与城市空间转型研究 [D]. 深圳：深圳大学，2014：12.

⑥ 滕田昌久克鲁格曼，等. 推动布尔斯空间经济学：城市、区域与国际贸易 [M]. 梁琦，译. 北京：中国人民大学出版社，2011：35.

⑦ 孙福良，张迺英. 中国创意经济比较研究 [M]. 上海：学林出版社，2008：65.

聚方式。①

　　国外实证研究的时间较长，已经将此方面的研究细化至针对创意产业不同行业的集聚状况。国内的研究集中于对国外经典创意区域的实证分析，并从其总结对中国发展创意产业园区的可借鉴的经验和政策建议，实证分析则集中在北京、上海等几个创意产业发展较好的城市。②

　　Scott（1996，2002）选择洛杉矶为研究对象，对其家具制造、高档时装、好莱坞的电影产业等多个创意产业进行研究，归纳了影响创意产业空间集聚的主要因素。③ Zukin（2011）运用生命周期视角总结了纽约格林威治村和布什威克等创意产业区的发展历程。④

　　周灵雁（2006）、褚劲风（2008）对上海创意产业集聚现象进行了实证分析，其中褚劲风着重对集聚现象的特征、规律等进行定性分析⑤。刘云等（2009）将伦敦、柏林和布里斯班当作案例分析对象，分别归纳了三个创意城市空间建设的特点、建设形式和规划特点。⑥ 沈璐（2012）进行柏林文化产业振兴成功促进城市文化空间重塑的实证分析。⑦

---

① 黄斌. 北京文化创意产业空间演化研究 [D]. 北京：北京大学，2012，235-237.

② 朱丽萍. 深圳创意产业园演化与城市空间转型研究 [D]. 深圳：深圳大学，2014：17.

③ SCOTT A J. A new map of Hollywood：the production and distribution of American motion pictures [J]. Regional Studies，2002，36（9）：957-975.

④ ZUKIN S，BRASLOW L. The life cycle of New York's creative districts：Reflections on the unanticipated consequences of unplanned cultural zones [J]. City，Culture and Society，2011，2：131-140.

⑤ 周灵雁，褚劲风，李萍萍. 上海创意产业空间集聚研究 [J]. 现代城市研究，2006（12）：4-9.

⑥ 刘云，王德. 基于产业园区的创意城市空间构建——西方国家城市的相关经验与启示 [J]. 国际城市规划，2009，23（1）：72-78.

⑦ 沈璐. 从文化产业的振兴到城市文化空间的塑造——以柏林为例 [J]. 上海城市规划，2012（3）：59-63.

四、城市空间转型研究进展

城市空间转型研究具有明显的时代特征，通常与世界的整体经济社会发展的变动相关。"二战"以后，由于全球经济秩序重组，城市与区域空间研究便成为经济地理学的研究焦点。对于城市空间结构变化的研究，我国一直较为滞后。20世纪80年代起，城市经济结构的剧变推动城市空间转型，相关的研究才成为国内学界探讨的重点。①

1. 关于城市空间转型的模式与机制研究

国内大部分研究都是借鉴国外研究成果，运用西方理论对国内的城市空间演化过程进行解读，或者在原有理论基础上进行进一步的扩展和延伸。

Friedman（1966）认为，与地区经济的"前工业化阶段—工业化初期阶段—工业化成熟阶段—工业化后期及后工业化阶段"演进相呼应，地区空间结构依次出现"离散—集聚—分散—均衡"的结构模式。② Gospodini（2006）运用城市土地用地模式指标，把城市形态演化分成三个阶段：混合利用阶段、分区利用阶段、功能折衷集聚阶段③。刘艳军等（2006）认为，地区空间结构模式演化通常经历由单核极化、双核整合向多核网络模式转变的过程。④ 徐东云等（2009）提出城市空间在不同发展阶段分别表现出四种扩展模式。⑤

---

① 朱丽萍. 深圳创意产业园演化与城市空间转型研究［D］. 深圳：深圳大学，2014：19.
② FRIEDMAN J. Sticky Places in Slippery Space：A Typology of Industrial Districts［J］. Economic Geography，1966，72（3）：293-313.
③ GOSPODINI A. Portraying，classifying and understanding the emerging landscapes in the post-industrial city［J］. Cities，2006，23（5）：311-330.
④ 刘艳军，李诚固，孙迪. 城市区域空间结构：系统演化及驱动机制［J］. 城市规划学刊，2006（6）：73-78.
⑤ 徐东云，张雷，兰荣娟. 城市空间扩展理论综述［J］. 生产力研究，2009（6）：168-170.

增量扩大和存量转型是城市空间发展的主要形式。初期，国内外的研究着重关注城市空间扩展动力，随后逐渐转变为对城市空间转型动力的研究。此外，国内外研究都将重点从静态、单学科性的描述性研究向动态、复合学科性定量研究转变。近期研究突破点则大多集中在信息化全球化对城市空间重构带来的综合影响。Parr（1979，1987）研究了城市经济转型与空间结构之间存在的联系，并论证了服务机构的区域重组和大都市区域分散化。①Shfomo（2005）深入钻研主要城市出现的扩展现象，认为人口增长、基础建设等主要因素加速城市蔓延的进展。②

杨荣南等（1997）从经济增长等影响城市空间形态的主要因素为切入点，阐释了城市空间扩展的动力机制，同时基于各要素的不同组合条件下，归纳出四种城市空间扩展模式。③ 冯健（2004）运用第五次人口普查数据，从政府、经济、社会个体层次上的动力分析空间重构的机制。④

在实证分析所采取的研究方法方面，国外研究较多运用空间模拟、模型及定量化等研究方法，与之相比，国内研究虽然在模拟方面较过去有了大的进步，但仍属于起步阶段。国内研究仍然缺乏利用数理统计技术来辅佐研究中的定性描述和解释论证，即定量分析的部分仍需加强。

Clark 和 Cadwallader（1973）以洛杉矶为研究对象分析影响居住选择意愿的各种因素，且根据经济地位和种族背景将居民分为不同的社会群体，进而剖析各群体的居住选择意愿和空间布局。⑤ Lee 和 Gordon（2007）实证分析美国城市空间结构与经济增长的关系，提出空间结构紧凑的城市具有更高的

① PARR J B. Regional economic change and regional spatial structure：some interrelationships［J］. Environment and Planning A，1979，11（7）：825-837.
② SHFOMO A. The dynamics of global urban expansion. Washington：Transport and Urban Development Department［M］. The World Bank，2005：27.
③ 杨荣南，张雪莲. 城市空间扩展的动力机制与模式研究［J］. 地域研究与开发，1997（2）：1-4，21.
④ 冯健. 转型期中国城市内部空间重构［M］. 北京：科学出版社，2004.
⑤ CLARK W A V，CADWALLADER M T. Residential preferences：and alternative view of intra-urban space［J］. Environment and Planning，1973，5（6）：693-703.

增长率，其原因在于其规模小时获取了集聚经济。① 吴春（2010）通过剖析在大范围旧城改造背景下北京社会空间的重组状况，认为地方政府、房地产商和居民是影响社会空间的主体，并从他们的利益做出发，探究各主体对空间占有形成的博弈关系。②

2. 关于创意产业集聚对城市空间转型的影响研究③

研究主要集中在以下几方面：

（1）创意产业集聚与城市更新再生

现有研究主要立足城市再生视角，研究创意产业对城市空间形态产生的影响。国内文献集中分析文化创意产业对城市内城及旧城区域的复兴及功能优化的促进作用，而国外的文献还提到了创意产业集聚区发展到后期，由于商业等因素的嵌入，改变园区原有性质。Markusen 和 King（2003）认为最初旧城区较低的租金是吸引贫困的艺术家集聚的主要原因。在地区吸引力不断增大的情况下，旧城区逐步演变，成为高消费的时尚区，进而房租大幅度上升，直接导致尚未成名的艺术家迁往别处。④ Collis 等（2010）认为艺术家的进驻，为伦敦、纽约城市的边缘地带赋予新的美学价值，形成边缘地区的复兴，而优惠政策应该向边缘地区倾斜，以推动当地创意产业区的发展。⑤ 王伟年等（2006）研究得出创意产业园是推动城市复兴的新模式，具体而言，创意产业通过加强城市竞争力、提高城市就业率、传承城市文脉、营造

---

① LEE B, GORDON P. Urban spatial structure and economic growth in US metropolitan areas [Z]. Western Regional Science Association Annual Meeting, 2007：102-105.

② 吴春. 大规模旧城改造过程中的社会空间重构——以北京市为例 [D]. 北京：清华大学，2010：23-24.

③ 朱丽萍. 深圳创意产业园演化与城市空间转型研究 [D]. 深圳：深圳大学，2014：21-23.

④ MARKUSEN A, KING D. The artistic divided：The arts' hidden contributions to regional development, Minneapolois, MN；Project on Regional and Industrial Economics, Humphrey Institute of Public Affairs [D]. Minneapolis-Saint Paul, Minnesota：University of Minnesota, 2003：55-57.

⑤ COLLI C, FELTON E, GRAHAM P, Beyond the inner city：real and imagined places in creative place policy and practice [J]. The Information Society, 2010, 26（2）：104-112.

城市氛围景观这四个途径促进城市复兴。① 刘友金（2009）构建创意产业、城市发展的关系评价指标体系，并根据系统动力学原理，搭建了两者间互动系统的因果关系模型，提出从创意产业发展引起的城市可持续发展的多种因果链及途径。②

（2）关于创意城市的研究

20 世纪 90 年代，城市普遍出现衰退现象，甚至面临严峻危机。因此，城市未来的发展出路成为西方学者认真思考的重点。与此同时，学者们针对城市创意战略进行大量的探索。国内外的研究除了集中于对创意城市的内涵概念、形成驱动机制、评价指标体系等方面，还包括为构建创意城市提供建议。根据经济与城市发展的历史进程，Hospers（2003）总结出技术创新型、文化智力、文化技术型和技术组织型等四种类型的创意城市类型。③ Sasaki（2010）指出创意群体的集聚并不会自动促进使创意城市的形成，明确构建创意城市需要满足的六个条件：完善的城市经济系统、拥有较多高等教育和科研等机构、工业的高度发展、良好的社会环境、健全的使命参与建设机制和独立的金融管制机构。④ 邹慈德院士（2005）提出，构建创意城市的要素应该包括三方面：保持城市活力的创意产业、先进基础设施、城市政府管理能力。⑤

（3）创意产业园区与城市空间转型的实证分析研究

McCarthy（2002）从经济、社会、环境等三个角度分析以文化为导向的城市再生对都柏林、格拉斯哥、鹿特丹的城市发展产生的作用，提出在欧洲

---

① 王伟年，张平宇. 创意产业与城市再生 ［J］. 城市规划学刊，2006（2）：22-27.

② 刘友金，胡黎明，赵瑞霞. 创意产业与城市发展的互动关系及其耦合演化过程研究［J］. 中国软科学，2009（1）：151-158.

③ HOSPERS G J. Creative Cities：Breeding Places in the Knowledge Economy ［J］. Knowledge，Technology & Policy，2003，16（3）：143-162.

④ SASAKI M. Urban regeneration through cultural creativity and social inclusion：Rethinking creative city theory through a Japanese case study ［J］. Cities，2010，27：3-9.

⑤ 邹德慈. 构建创新型城市的要素分析 ［J］. 中国科技产业，2005（10）：13-15.

其他城市再生的过程中，行为主体要强调文化的导向性作用。① Kana
（2012）全面剖析大阪市艺术咖啡馆的空间布局发展对该市再生带来的积极
作用，明确文化产业通过以当地浓厚文化气息为介质，成为未来促进历史名
城再生的一个新的方向。② 黄娟（2010）对北京创意产业聚集现状进行实证
分析，将创意产业集聚区的生成机制分为自然生成型和政府主导型，并分别
阐释两者的特征。③ 马仁锋（2011）以上海为例，从空间生产的视角分析创
意产业园的空间演化发展与大都市空间重构互动关系，明确两者间存在相互
促进作用，并提出建设创意城市的新途径。④

五、组织生态理论研究述评⑤

1. 组织生态理论的研究进展

生态与产业、生态学与组织经济学原本属于不同的学科门类，看似没有
关联，然而随着新兴学科——组织生态学的兴起，二者之间的关系日益成为
学术界热议的论题。

基于已有的研究，由于不同学科的学者分析问题的视角存在差异，因此
将生态学应用于产业发展当中也存在截然不同的领域。目前，主要分为两大
领域：一类是将生态学直接作用于环境科学领域，考虑的是生态的可持续

---

① MCCARTHY J. Urban and Spatial European Policies：Levels of Territorial Government
［Z］.the EURA Conference，Turin，2002：18-20.
② KANA K. An experiment in urban regeneration using culture and art in Senba, Osaka's
historic urban center, with a focus on the regeneration of urban space ［J］. City, Culture
and Society, 2012, 3 (2): 151-163.
③ 黄娟. 文化创意产业聚集区形成机制实证分析［J］. 商业时代，2010（29）：122-
123.
④ 马仁锋. 创意产业区演化与大都市空间重构机理研究［D］. 上海：华东师范大学，
2011：28-29.
⑤ 龙瑚. 组织生态视角下创意产业集群形成机制和效应研究［D］. 深圳：深圳大学，
2016：22-25.

性；另一类是将生态学应用于企业组织，在经济管理范畴中发挥作用。①

　　环境科学的组织生态研究是基于可持续发展的视角，把企业（主要是生态企业）的产业系统视为整个自然系统的一部分，将生态可持续性相关理论应用其中，研究企业的产出活动和环境之间的相互作用关系，思考如何更新产品生产系统，对现有产业系统进行改善，将"为人类提供绿色无污染的产品和服务"作为最终发展目标。这一研究领域侧重点在于企业进行的生产活动与环境危害的关系，注重相关环境指标，比如节能减排、低碳环保、提高产品回收率等。②

　　经济管理范畴的组织生态学与前者存在较大差别，主要是参考生态学的相关原理和理念，结合多门学科的专业知识，从一个全新的视角探寻产业发展的奥秘，揭示产业的发展趋势和动向。③ 例如，这一理论将组织生态系统类比成自然生态系统，而不是把它当作自然生态系统的一部分。通过借鉴生态学思维和生态现象，将产业和自然界进行类比：单个企业——单个生物、多个企业集合——生物种群、产业集群——生物群落、产业系统类——自然生态系统，从而可以更直观地利用两者的相似性，挖掘产业发展的深层本质。这一分支重点研究产业内和产业间的互动关系，而非前者所提及的关于产业发展与环境关系问题。④ 本研究便是从经济管理领域的视角，将创意产业集群比作生物群落，并进一步分析它的形成机理和生态效应。

2. 创意产业集群组织生态相关研究

　　张艳辉（2007）得出创意产业集群的生态环境包括城市公共设施、文化意境、知识产权保护、风险投资和宏观环境等，并指出适宜的组织生态环境

①　何雪英 . 从物种生态位到企业生态位的仿生研究［J］. 改革与战略，2004（12）：86-88.
②　宋敏，许长新 . 创建高新技术产业可持续发展生态系统的探讨［J］. 科技与经济，2003（5）：31-33.
③　王兆华 . 生态工业园工业共生网络研究［D］. 大连：大连理工大学，2002：19-23.
④　张国政，沈哲 . 基于产业生态学最新研究进展及趋势展望研究［J］. 商场现代化，2015（5）：272.

有利于创意企业的创新发展，促进其成长。① 王重远（2009）以都市产业为分析背景，基于组织生态理论建立创意产业的生命周期模型，提出构建和谐的生态环境，形成适宜的生态链，才能促进创意产业集群的发展。② 李丹等（2013）认为创意产业生态环境由多种生态因子构成，可以概括为以下几个方面：（1）服务型政府；（2）知识产权保护制度；（3）中小型创意企业；（4）风险资本；（5）富有特色的地方文化；（6）创意人才；（7）先进的制造业和现代信息技术。它们的相互作用能培育良好的组织生态环境，助力创意企业的成长。③ 关于创意产业集群生态环境的研究，多是基于组织生态理论，建立创意产业的研究框架，以生态因子、生态位等概念为基础，依托集群所处的具体的地理位置，而有针对性的进行分析。

关于创意产业集群效应的生态学研究。张白玉（2010）分别从群落性集聚效应、弹性专业化效应、竞合效应、创新效应和声誉效应等几个方面对创意产业园区的生态效应进行了探讨。④ 许多研究创意产业集群生态效应的学者也提出这一系列效应会产生规模经济、产业联动、差异竞争等正外部性，形成"学习型区域"并推动区域品牌建设。近年来，关于创意产业集群的创新效应研究较多。曹如中等（2011）建立了创意产业集群创新生态系统，根据自然生态系统的结构特性，对集群的演化过程进行模拟分析，归纳出形成创意产业集群创新效应的三种机制：模拟、知识传递和竞争。⑤ 付永萍（2013）在此基础上进行了突破，从组织生态视角出发，不同于完全将创意产业集群的创新生态系统类比于自然生态系统，而是增加了创新生态因子，

---

① 张艳辉. 组织生态理论在创意产业研究中的应用 [J]. 当代财经，2007（4）：86-89.

② 王重远. 基于生态理论的都市创意产业集群研究 [J]. 贵州社会科学，2009（9）：26-30.

③ 李丹，曹如中，李康，等. 创意产业发展的组织生态环境培育研究 [J]. 科技管理研究，2013（14）：169-173.

④ 张白玉. 创意产业园区组织生态研究 [D]. 北京：北京邮电大学，2010：41-48.

⑤ 曹如中，刘长奎，曹桂红. 基于组织生态理论的创意产业创新生态系统演化规律研究 [J]. 科技进步与对策，2011（3）：64-68.

在此基础上对创新效应进行了生态学分析。①

　　创新作为创意产业的特性，在集群的发展过程中同样必不可少，而分析创意产业集群生态系统如何发挥创新效应具有重要的代表意义，有助于提高集群的整体创新能力，促进创意产业发展。

六、城市空间相关理论②

1. 城市空间的概念

　　对城市空间结构较早、较权威的界定，是基于 Foley 和 Webber 构建的概念框架，由 Bourne 从系统角论角度提出的：城市空间结构由城市空间形态及城市相互作用两部分组成。其中，城市空间形态主要指构成城市的多个要素——建筑、社会群体、已用土地、经济产业活动，所呈现的空间分布。可以认为，城市空间结构和城市形态两者之间存在从属关系，即前者决定后者的具体形式，而后者反映前者的内在联系。详细而言，城市形态是城市空间在现实地理环境中的体现，城市空间在受到各种因素影响后形成多样的布局形式。城市相互作用主要指城市要素之间的相互联系，各要素在影响与被影响下达到一定程度的均衡，从而结合为众多整体，即城市子系统。作为城市形态的主要决定因素，城市空间结构通过作用机制将大量子系统进行整合，从而形成一个城市系统。

　　从研究尺度而言，城市空间结构由城市内部空间结构和外部空间结构组成。其中，城市内部空间结构，狭义上讲，是指城市内部各种空间要素经过相互作用后形成的格局，而广义空间包括城市与周边相邻地区之间形成的区域。城市外部空间则主要指多个城市之间的空间关系。从性质而言，城市结

---

① 付永萍．基于生态学的创意产业集群创新机制研究［D］．上海：东华大学，2013：22-25.

② 朱丽萍．深圳创意产业园演化与城市空间转型研究［D］．深圳：深圳大学，2014：20-22.

构不仅仅包括建筑、土地利用、交通等实体显性结构层次，还包括社会、经济、文化等隐性结构层次。两种结构层次相互联系，前者对后者具有某种程度的反映。同时，后者的变化对前者产生反馈作用。本书研究的城市空间结构主要针对城市内部空间结构。

2. 影响城市空间结构主要因素

城市空间结构不仅受到城市总体规划、政策制度等外部因素的影响，还受到城市发展产业结构调整、交通走势、自然资源等内部因素的影响。在多种积极与消极因素的综合作用下，城市空间结构形态逐步成形。其中，主要影响因素有以下几个：

（1）产业因素

主导产业的不同，直接导致城市空间呈现不同形态。在农业社会，自给自足的农业经济在城市经济中占主导地位，其自发行为对城市空间的影响小，空间结构表现为以皇家宫殿为中心向四周扩散。在以第二产业为主导产业的工业社会期间，高楼及工业厂房占据城市大部分空间，城市用地快速向周边扩展，农村人口大量迁移至城市，而交通工具的限制使工业就业人员选择就近居住。城市空间形态形成工业、居住用地混杂，并逐步向外围发展的圈层布局。到了信息社会，第三产业成为主导产业，其用地经济效益逐渐增高。第三产业在城市中心的集聚度增大，取代第二产业在城市核心地段的位置，而第二产业只能转移到低价较低的城市外围空间，形成城市郊区化现象。

（2）交通因素

城市交通因素对城市空间的扩展及走向产生重要影响。城市不同区域的交通环境的完善和便利程度的提高会改变企业和居民的选址倾向，导致城市的土地利用方式产生改变，从而影响城市空间结构形态。

在一定程度上，起主导作用的交通方式决定了城市的空间形态。城市交通经历了人力和畜力、机动公共交通、机动私人运输阶段，所对应的城市空间分别是单中心同心圆布局模式，沿交通路径分布模式及离心分散模式。交通方式的进步，削弱了空间距离对居民活动的限制，居民可更加灵活地选择活动区位，随之而来的是城市空间布局趋于分散化。

（3）人口因素

城市人口的内部长时间迁徙会致使人口导出地与人口导进地的人口总量及人口密度发生巨大变化，即人口空间分布格局经历转变。同时，迁徙人口具有不同年龄、教育程度、职业和收入。具有相似特征的人倾向于迁徙到同一区域，形成集聚社区，该处的地域职能及相关的基础配套设施也会相应改变。

（4）政策因素

政府颁布的政策可在宏观方面决定城市空间发展的性质和形式，同时，利用法律手段等确保政策的实施。政府政策影响城市经济活动和社会活动，城市规划和土地管理制度直接作用城市空间布局及土地利用结构，从而对城市空间产生重大影响。

七、演化经济地理学相关理论①

演化经济地理学起源于熊彼特提出的"毁灭性创新理论"，经过近半个多世纪的发展，其逐渐与新经济地理学并驾齐驱，成为当前经济地理学的一个重要趋势。具体而言，演化经济地理学是建立在经济地理学的基础上，利用演化思想的相关概念，对企业、产业等空间活动进行阐释。

演化经济地理学与传统经济地理学最大的差异表现为：更加注重运用动态的方式分析经济及产业园的发展；强调历史中偶然及不确定因素对经济发展产生的影响会导致路径依赖的可能性；强调演化过程的不可逆转性，突出历史和时间的重要性；强调对案例动态过程的分析，着重描述经济变迁的空

---

① 朱丽萍．深圳创意产业园演化与城市空间转型研究［D］．深圳：深圳大学，2014：23-26.

间活动现象，提取其中的规律。①

演化经济地理学的理论主要包括路径依赖、惯性理论及 SP 理论，而路径依赖理论被较多利用于从演化视角研究产业园区发展。依赖理论最早由布莱恩·阿瑟在《经济学的增强机制》中提出，核心内容是技术的收益率会随着其使用范围的扩大而增长，即技术的收益递增。此种良性循环将会巩固技术的市场优势，即使新的技术长生也难以动摇先入者的地位。此外，阿瑟认为，规模效应、学习效应、协作效应、适应性预期是导致技术自强化的主要原因。而技术自强化可催生路径依赖，即某些小概率的偶然事件在导致某种特定形式占据支配地位后，这种特定形式就会按照一个特定线路继续发展，从而形成锁定效应。本研究依据路径依赖理论分析创意产业园的形成发展路径。

八、社会网络分析相关理论

1. 研究进展

国外学者奠定了社会网络基本理论基础。社会网络理论最早诞生于社会学领域，是研究社会主体之间网络关系的理论。自 20 世纪 60 年代以来，社会网络理论和测量技术研究都得到了巨大的进展。社会学大师科尔曼（Coleman，1966）及传播理论大师罗杰斯（Rogers，1995）的"二级传播理论"为后续学者对非正式网络的研究奠定了基础。格兰诺维特（Granovetter）在社会网络分析理论上贡献巨大，提出了社会网络联系中的"弱连带优势理论"（1973）以及"网络嵌入理论"（1985）。他认为网络主体的各种行为都镶嵌在社会关系中，网络中联系稀疏地带较可能产生创新。David Krackhardt（1992）提出了"强连带优势理论"。他指出强连带是网络中关系稠密的地

---

① 刘志高，尹贻梅. 演化经济地理学：当代西方经济地理学发展的新方向 [J]. 国外社会科学，2006（1）：34-39.

带，与弱连带不同的是强联系网络能够使得成员之间具有较强的情感网络，能够互相信任并遵守规则。伯特（Burt，1992）在格兰诺维特研究的基础上提出了"结构洞"理论。他认为网络中主体联系的强弱是由主体在网络中的位置决定的，当主体充当结构洞中毫无联系的两个结点之间的中介人时，就能够掌握网络中的关键资源和信息，并从中受益。①

国内学者进一步做了大量社会网络分析法运用在产业集群方面的理论研究。蔡铂等（2003）总结了产业集群的结构洞、强弱关系等特征，并指出不同的网络特征对产业集群网络中知识和信息的传播具有不同的作用。② 胡文楠等（2008）从社会网络视角出发分析了产业集群的网络化结构，他们指出集群网络包括空间网络、经济网络以及社会网络三个层面，并分析了三个网络在整个集群网络中的作用以及相互交织的关系。③ 王贤梅等（2009）从社会网络关系的角度通过定量分析探讨如何提升集群的创新能力。张永安等（2010）研究了集群网络结构与企业自主创新能力之间相互影响的过程，并验证了距离、聚集程度以及度分布对企业创新能力的影响。④

在产业集群社会网络分析的实证研究上，王霄宁（2005）运用社会网络分析理论与方法进行产业集群定量化研究，并且进行了产业集群网络关系对企业创新能力影响的实证检验，研究结果显示网络强度与互惠性对创新不具备显著正向影响，而网络密度、对象多元性和网络中心性使集群网络中的企业接触到的信息更具有异质性，对创新有显著正向影响。⑤ 蔡宁等（2006）通过社会网络分析方法考察集群组织间关系网络的密集性质及其功能机制，

① BURT R S. Structural Holes：The Social Structure of competition ［M］. Cambridge，MA：Harvard University Press，1992：32.

② 蔡铂，聂鸣. 社会网络对产业集群技术创新的影响 ［J］. 科学学与科学技术管理，2003（7）：57-60.

③ 胡文楠，王琦. 产业集群的网络结构研究 ［J］. 现代经济信息，2008（5）：135-136.

④ 张永安，李晨光. 集群创新网络中结构对自主创新能力的作用机理分析 ［J］. 现代情报，2010，30（6）：6-11.

⑤ 王霄宁. 基于社会网络分析的产业集群建模及实证检验 ［J］. 系统工程，2005（3）：115-119.

他们指出集群网络是密集与稀疏联系的集合，并在两者的不断重新构造中演化。① 王淑英（2007）运用 SNA 方法对企业的吸收能力对集群外部知识源的开放度以及所获得的知识在集群内部企业之间扩散的影响进行了研究。② 范群林等（2011）以装备制造业集群为例，从节点度、中介中心度和结构洞三个角度，分析了网络结构嵌入性对集群企业创新能力的影响。③ 王亚楠等（2017）运用社会网络分析法对无锡市数字电影产业进行实证分析，在解析集群中多层次网络的基础上对个体网络特性进行分析，探讨文化创意产业集群网络结构与创新知识传播的关系问题。④

2. 主要理论观点

网络结构理论指，社会主体之间存在一定的联系，而这些联系构成客观存在的社会结构，形成这个结构的个体之间都会对其他个体以及整个社会结构产生影响。网络结构理论有以下特征：第一，从社会主体之间的关系来认识主体在社会中的位置；第二，不同主体之间的社会关系形成不同的关系网络；第三，社会主体的社会关系面、社会行为具有"嵌入性"；第四，社会主体之间产生联系来达到对社会资源的摄取目的；第五，社会主体在其社会网络中的位置，网络资源的多寡、优劣具有重要意义。

弱连带优势理论是由美国斯坦福大学社会系教授格兰诺维特在 20 世纪70 年代提出。弱连带优势理论指，网络中主体由于相近的文化认知，趋向于与自己相似的主体建立紧密联系，这种联系只能给主体带来一些重复、相似的信息，对主体的创新没有帮助。另一方面，如果主体倾向于去与关系疏

① 蔡宁，吴结兵．产业集群组织间关系密集性的社会网络分析［J］．浙江大学学报（人文社会科学版），2006（4）：58-65.
② 王淑英．基于 SNA 方法的产业集群知识流动研究［J］．河南大学学报（社会科学版），2007（2）：67-73.
③ 范群林，邵云飞，唐小我，等．创新网络结构嵌入性与群内企业创新能力关系研究——以四川德阳装备制造业集群为例［J］．研究与发展管理，2011，23（6）：36-45.
④ 王亚楠，虞重立．文化创意产业集群的网络结构与创新知识流动——基于社会网络视角的分析［J］．科技管理研究，2017（11）：158-163.

远，与自身相差较大的主体建立联系，反而能给主体带来不一样的知识和信息，从而有利于主体创新产生。与强连带相比，弱连带可以让重要信息在不同群体之间传播与扩散。格兰诺维特进一步指出，在弱连带关系中，两个不同群体之间的关键联系人是"桥"，这个关键联系人充当中间人，传递着网络中的关键资源，有利于两个弱连带群体信息顺利流动。

网络嵌入性。古典经济学与新古典经济学都假设人的行为是理性而自利的，鲜少受到社会关系的影响。而"镶嵌问题"认为行为和制度深受到社会关系的限制。格兰诺维特在《镶嵌：社会网与经济行动》一文中指出行动者具有目的性的行为企图，是嵌在真实的、正在运作的社会关系系统之中的，这种具体的关系以及关系结构（社会关系网络）能够在经济生活中产生信任。社会主体之间产生的信任能够降低主体交易的成本，是主体间达成合作意愿的基础。①

社会资本理论。在将资源分类的基础上，林南指出社会资本是一种资源，这种资源嵌入在主体关系和关系结构中，社会主体各种互动行为都是为了获取社会资本。社会资本理论研究的三个基点是资源、社会结构以及个体行为。首先，社会资本的获取是网络主体行动的动力；其次，网络主体在与不同主体的交往中获得的地位和权威；最后，三者处于不断的运动过程中。可以说，社会资本在社会结构与行动之间架通了一座桥梁。②

结构洞。1992 年美国社会学和战略学教授伯特结合格兰诺维特的弱连带理论提出了"结构洞理论"。结构洞是指在社会网络中，两个社会主体之间存在无直接联系或关系间断的现象。社会主体之间关系稠密，联系较强，使得传播的信息具有很大的相似性，就会造成联系冗余。而结构洞的出现，使得关系稠密的网络中出现了稀疏网络，一旦网络中主体通过这个稀疏地带与无直接联系的主体取得联系，就能够获取不同的知识和信息。在这个过程

---

① 格兰诺维特. 镶嵌：社会网与经济行动 [M]. 罗家德，译. 北京：社会科学文献出版社，2007：35-39.

② 林南. 社会资本：关于社会结构与行动的理论 [M]. 上海：上海人民出版社，2005：52-56.

中，占据稠密网络与稀疏网络连接位置，将无直接联系的两者连接起来的第三者拥有信息优势和控制优势，伯特称之为"洞效果"。①

　　社会网络分析法是在建立社会网络模型与实证模型时，收集定量资料与测量社会网变量必须的工具。社会网络分析法用数学关系式和图形来代表社会网络联系和结构，为社会网络关系的研究提供了一套定量研究方法。② 社会网络分析有两种类型：自我中心社会网和整体社会网络。自我中心社会网评价个体所处网络性质，如网络规模大小、个体网络密度等；整体社会网络是研究某个范围内的整体网络状况，如整体网络密度、网络集中势等。自我中心社会网和整体社会网络两者的使用范围不同，自我中心社会网适合分析主体网络中角色和位置，而整体社会网分析适合测量网络结构。③ 社会网络分析法可以从多个不同角度对社会网络进行分析，它被应用在社会、经济、管理等多个领域，成为一种普遍的研究社会过程和问题的研究方法。社会网络分析涉及大量的计算，因此出现了许多实现社会网络分析工具，其中UCINET 是一种数据处理能力最强、使用最广泛的综合型社会网络分析软件。④

　　综合以上社会网络分析的相关理论可以发现，社会网络分析主要从关系和结构两个维度进行研究。关系维度主要是研究网络中行动者之间的社会性黏着关系，通过社会连接的特性，如密度、强度及规模等来说明行动者的行为和过程；结构维度关注社会网络结构，探讨行动者在网络中的地位、资源位置，如角色、结构对等性以及网络的整体特征等。

---

① BURT R S. Structural Holes：The Social Structure of competition ［M］. Cambridge，MA：Harvard University Press，1992：37.

② 孙立新. 社会网络分析法：理论与应用 ［J］. 管理学家（学术版），2012（9）：66-73.

③ 罗家德. 社会网分析讲义 ［M］. 北京：社会科学文献出版社，2005：42-45.

④ 王陆. 典型的社会网络分析软件工具及分析方法 ［J］. 中国电化教育，2009（4）：95-100.

第二章

创意产业集聚的内涵与特征^①

第四次科技革命推动信息技术飞速发展，经济增长方式也在悄然发生变革，由资源消耗的粗放型生产方式向以知识、创新为中心的集约型新时代转变，也就是现在蓬勃发展的创意经济时代。

从目前中国创意产业发展现状来看，2017 年文化产业增加值为 34722 亿元，占 GDP 的比重达到 4.2%^②，且创意产业增加值占 GDP 比重逐年增长。从各城市发展情况来看，创意产业在香港、台湾等地正飞速崛起，成为新时代经济发展的中坚力量。北京、上海及深圳等一线城市亦将创意产业作为支柱产业扶持，并积极制定相关政策，提升城市活力。从细分行业布局来看，影视动漫、工业设计、工艺时尚等行业发展迅速。

在全球经济一体化的背景下，区域内产业呈现集聚发展的新态势。新兴的创意产业也不例外，因其较强的产业关联性和融合性的特点，极易形成集群式发展。目前，创意产业集群不断涌现，它们有些是政府主动建设的，有些则是由创意型企业不断发展自发形成。可以预见，以集群为主要发展模式的创意产业，将会成为我国新一轮的经济增长点，并进一步推动经济增长模式的转变。

---

① 本章由段杰、朱丽萍、粟伟、龙瑚共同撰写。
② 数据来源：2018 年中国统计年鉴。

一、创意与创意产业的内涵界定

1. 创意的内涵①

创意是对传统的颠覆，它与创新既有相似之处又有着本质的区别，那么到底什么是创意？从语义上看，"创意"即创造意义。英文为 Creative，指"有目的地把原料制成新产品"或指"创造出原来不存在或与众不同的事物"。汉语有时把它译成"创造"，当它指"创造出某种意义"时，汉语就译为"创意"。"创意"一词在中国传统语言中，有"创造意义"的含义，多指文章的创作。东汉王充《论衡·超奇篇》："孔子得史记以作《春秋》及其立义创意，褒贬赏诛，不复因史记者，眇思自出于胸中也。"

理论界关于"创意"的解释众说纷纭，目前，比较受到认可的解释主要有几种：布兰奇尼（Bianchini）于 1993 提出创意即透过全新的角度思考问题，这一过程可视为一种原创能力，一次初探的实验，一种重定规则的能力。② 致力于城市创意研究的查尔斯·兰德利（Landry，2002）通过深入全球近百个城市完成项目，总结出创意是完成价值创造的一种工具，依赖它能够尽可能地挖掘潜力，形成新思维。同时，他把创意解释为一个过程，这一过程首先是对某一事物做出的正确判断与预测，然后在已有的条件下通过潜力挖掘寻找最佳解决方法。③ 美国学者佛罗里达（Florida，2002）提出创意是对现有信息、事物或已有灵感进行处理加工，新创造出有用物品的一项技能。④

---

① 龙瑚. 组织生态视角下创意产业集群形成机制和效应研究［D］. 深圳：深圳大学，2016：29-32.

② 向勇. 中国创意城市：中国创意城市理论与实践［M］. 北京：新世界出版社，2011：12-16.

③ 兰德利. 创意城市：如何打造都市创意生活圈［M］. 杨幼兰，译. 北京：清华大学出版社，2009：75-78.

④ FLORIDA R. The Rise of Creative Class［M］. New York：Basic，2002：41-42.

虽然各学者对创意的解释不尽相同，但仍然存在共通点，即强调原创性。因此，从本质上说，创意是开辟新思路，是打破常规的哲学，创意活动不仅仅指活动本身，还包含了进行活动时所想到的新点子以及解决问题的新方式等，这些方式、方法是在此之前没有人使用过的，因此，会让人有眼前一亮、耳目一新之感。一般而言，"创意"是平常所说的"点子"、"主意"或"想法"。它源于个人创造力、技能和才华。综上而言，创意可定义为：是人类经历的整合，它们可能是简单或者是复杂的；伟大的创意——不管是源自发达国家还是发展中国家——都能够产生巨大的新价值和财富。

2. 创意产业的内涵①

1997年，英国的"创意产业特别工作小组"首次提出创意产业（Creative Industries）概念，并把"源自个人创意、技巧及才华，通过知识产权开发和运用，具有创造财富及就业潜力的产业"作为其定义。② 但由于各国经济、社会、文化处于不同发展阶段，世界各个国家和地区对创意产业的内涵界定各具特色。目前，主要可以分为三种：一是英国提倡的以"文化为导向"的产业，即在坚持传统文化产业的延续性的同时，强调传统文化产业与新颖想法相结合的产业；二是以美国为代表的国家，由于发展历史比较短暂，更加关注科学技术在实践中的运用，提出以"内容为导向"的创意产业；三是以我国台湾、香港为代表的新兴地区，由于重视文化传承及对城市社会发展水平的提高，提出了以"文化和社会大众"为导向的"文化创意产业"。

对创意产业的界定虽然各具特色，但同样可见其共通点，即创意产业是源于人的创造力，在创意的基础上结合作为核心因素的文化，通过产业化获得经济收益的产业。此外，还可归纳出其共同的特征：其一，无论是以文化为导向还是以内容为导向，创意产业源于创意阶层的创造力；其二，以知识

---

① 龙瑚. 组织生态视角下创意产业集群形成机制和效应研究 [D]. 深圳：深圳大学，2016：33-35.

② 厉无畏. 创意产业导论 [M]. 上海：学林出版社，2006：3.

产权为保障，利用创意、文化等无形资产获得的收益，需要有知识产权等法律手段的护航；其三，原始创意要经由缔造、生产、交换等完整产业链的合理运行，实现产业化过程，才能获得有效收益。综上所述，根据创意产业的不同定义，并考虑中国国情的特殊性，我们认为创意产业是通过发挥创意阶层的创造力，将创意、文化等无形资产在知识产权等法律的保护下，通过创造、生产、营销、传播等产业化过程，置换出有形的新产品或无形的新型服务，并以此获得经济效益的产业。

表 2-1　国内外具有代表性的创意产业定义

提出人	定义
联合国科教文组织	按工业标准生产、再生产、储存及分配文化产品和服务的一系列活动
霍金斯	其产品都在知识产权法的保护范围内的经济部门，包括版权、专利、商标和设计产业四大部类
上海经济委员会	以创新思想、技巧和先进技术等知识和智力密集型要素为核心，通过一系列创造活动，引起生产和消费环节的价值增值，为社会创造财富和提供广泛就业机会的产业，主要包括研发设计、建筑设计、文化艺术、咨询策划和时尚消费等几大类，并涉及诸多行业

3. 创意产业园区的界定

基于对创意产业的界定以及中国创意产业发展现状，可以认为，创意产业园是集合一定数量、以创意为核心、具备自主创新能力企业的综合集聚区。它具有相对完善的生产链、专门的公共服务平台、完备的基础设施和浓厚的创意氛围，能产生明显示范、窗口和辐射作用。创意产业园是创意企业、创意阶层及创意社会中介按照一定分工合作模式构建而成的空间集合体，除了具有自身鲜明的文化形象和比较清晰的地理界限外，也同时发挥生产、销售、孵化、展示、培训、休闲等混合功能。

创意产业园区具有以下几个特征：其一，创意产业园属于综合功能园，其以发展创意产业为核心。进驻创意产业园区的企业都是以创意为核心竞争力和主要生产力，形成深厚的创意内涵，带动区域的经济增长。此外，创意产业园具有复合功能，可对创意产品进行生产、储藏、展示、销售。其二，创意产业园更加突出独特的文化底蕴，与文化功能单一、空间单调的传统园区相比，创意产业园在规划建设中强调结合周边的历史文化，主张运用新技术、新材料建设特殊的生活工作空间，以促进创意的产生。其三，创意产业园发展轨迹与其他产业发展趋势相符，对周边产生显著的经济溢出效应。主要由于创意产业园区在发展到一定程度后，将会产生品牌效应，吸引数量众多的资金集聚，快速带动周边基础设施的完善，对周边经济产生带动效应。①

二、创意产业特征及分类

1. 创意产业特征

依托创意、文化、科技高度融合而成的新兴产业——创意产业，已成为推动全球经济发展的新引擎。创意产业崭露头角，使社会创造财富的形式经历突破性转变：劳动和资本不再是社会生产的仅有主体，处于劳动过程外的创意作为生产商品价值的重要因素，将人类无形的创意及文化置于生产链的最前端。在蓬勃发展的进程中，创意产业逐步形成区别于其他产业的特征。20 世纪后期，以大数据和智能化为显著特点的网络信息技术迅猛发展，经济增长方式悄然变化，知识在经济增长中的作用日益显著，与知识相关的创意产业也飞速兴起，使中国乃至全球步入新经济时代。在蓬勃的发展进程中，创意产业不仅具备了传统产业的普遍特点，如生产性、交换性、营利性等；同时也逐步形成区别于其他产业的特征。②

（1）创意性

是创意产业最本质的特征，创意性主要体现在两个方面：一方面，创意

---

① 朱丽萍. 深圳创意产业园演化与城市空间转型研究［D］. 深圳：深圳大学，2014：32-35.

② 朱丽萍. 深圳创意产业园演化与城市空间转型研究［D］. 深圳：深圳大学，2014：16-18.

性是创意产业中最具活力的要素资源，在生产过程中，通过对原有产品或服务的升级与改造，实现价值增值。另一方面，创意性还体现在产品与服务的经营推广等环节。通过匠心独运的营销手段引起消费者的兴趣、激发购买欲，从而带来巨大经济效益。

（2）强渗透性

创意产业具有极强的渗透力和整合力，可融合创意、文化、科技等诸多无形资产，实现跨界发展。创意产品的生产过程会涉及种类不一、数量众多的行业，且形成的产品多是基于科技与文化融合升华后的结果。另外，创意产业会沿着产业价值链上下游进行延伸，与传统产业之间横向或纵向的联动，努力创造更高价值。

（3）高附加值

创意产业主要依托的是创新思维、文化资源和技术水平等无形资产，因此，该产业由于拥有众多自主知识产权而属于高附加值产业。以"迪士尼"这一品牌为例，最初的迪士尼仅拥有一系列卡通片，最后发展成集主题公园、系列电影、周边产品等为一体的产业集团，通过创意、文化、科技的信息整合，基于"迪士尼"这一品牌的高附加值显而易见。创意产业极度重视知识产权。创意产业核心资本的特殊性，决定了创意产业对知识产权保护法、版权法等对知识产权保护及管理的高度依赖性。为了保障创意产业能够快速发展，完善的知识产权保护制度必不可少。

（4）高风险性

通常，高附加值就伴随着高风险。首先，创意过程本身具有高风险性。创意性体现了创新思想，这一具有创造性的行为存在诸多不确定性，一旦原创产品的预期和后期实际无法一致，则可能会给创造者和投资商带来巨大的损失。其次，市场需求的不确定性所带来的高风险。创意产品更倾向于精神产品，其市场需求很难根据过去的经济发展形势判断，该产品或服务能否被认同，往往因地理环境、人口结构的不同而各不相同。最后，创意源自思维，其扩散效应会导致创意产品和服务具有较高的模仿和复制的可能，这种短期时效性加大了创意产业的风险。①

表 2-2　创意产业的特征

特征	表现
创意性	创意作为创意产业的本质特征始终贯穿创意产品的生产以及创意商品的销售
强渗透性	创意产业中的创意依赖于传统产业的有形载体，也贯穿于创意产业的各个部门，形成一种相互渗透、互为补充的巨大产业群
高附加值	创意赋予了商品更高的观念价值，从而实现了更高的经济价值
高风险性	创意产业生产经营的是文化产品，文化产品作为一种精神需求，其需求弹性大
强辐射性	创意产品所包含的文化精神有效地满足了人们对文化内涵的追求，推动了创意产业市场的扩张，驱动了创意产业的发展
高科技含量	高科技为创意产业提供了技术保障，创意产业赋予了高科技内容支撑，二者相互融合

2. 创意产业的分类

目前，全球并没有形成关于创意产业分类的统一标准。各国家及地区根据其创意产业发展的独特性，对创意产业进行有针对性的界定，因而不同地区对创意产业的分类存在较大差异，见表 2-3。总体而言，创意产业的分类主要包含与文化发展、艺术设计等以"创造力"为核心的相关产业。与创意产业发达国家相比，我国关于创意产业分类的研究仍处于初级阶段。其中，北京出台了《文化创意产业的分类标准》，由于其可一一对应《国民经济行业分类标准》，因而比较具备借鉴性。根据深圳市人民政府颁布的《深圳文化创意产业振兴发展规划（2011—2015 年）》政策规定，深圳文化创意产业涵盖创意设计、文化软件、动漫游戏、新媒体及文化信息服务、数字出版、影视演艺、文化旅游、非物质文化遗产开发、高端印刷、高端工艺美术等十大产业领域。② 2018 年，国家统计局下发文件《文化及相关产业分类

---

① 龙瑚. 组织生态视角下创意产业集群形成机制和效应研究［D］. 深圳：深圳大学，2016：23-25.

② 信息来源：深圳市文化产业信息网。

（2018）》，规定文化及相关产业是指为社会公众提供文化产品和文化相关产品的生产活动的集合，主要涵盖两大类：文化核心领域和文化相关领域。前者是为直接满足人们的精神需要而进行的创作、制造、传播、展示等文化产品的生产活动，后者则是为实现文化产品的生产活动所需的活动。该文件发布后，各地政府相关数据发布内容都已改为"文化及相关产业情况"。

表2-3 创意产业分类①

名称	国家地区	分类
创意产业	英国	13 类：广告、建筑、艺术及古董市场、工艺、设计、流行设计与时尚、电影与录像带、休闲软件与游戏、音乐、表演艺术、出版、软件与计算机服务业、广播影视
	新西兰	14 类：广告、建筑、艺术及古董市场、工艺、设计、时装设计、电影录像、互动休闲软件、音乐、表演艺术、出版、摄影、软件及电脑服务、电视与电台
	澳大利亚	6 大类：细项产业类别（出版、出版印刷、其他制造业）；财务产业与商业（音乐商店、其他批发零售交易）；公共管理与国防（建筑服务、广告服务、其他商务资产与商业服务）；社区服务；休闲、个人及其他服务（图书馆等）；其他产业（电影、电视台、电台、现场表演、影院、创意艺术、娱乐等）
	中国上海	5 大类38 小类：研发设计（工业设计、工艺美术设计、软件设计、服装设计、产品设计、包装设计、电脑动画设计、广告设计、研究与实验发展等）；建筑设计（工程勘察设计、建筑装饰、室内设计、城市绿化设计等）；文化传媒（文艺创作表演、广播、电视、电影制作、音像制作等9 个种类行业）；咨询策划（市场调研、证券咨询、会展服务、市场调查等9 个种类行业）；时尚消费（休闲体育、休闲娱乐、美发及美容设计、婚庆策划、摄影创作、娱乐游戏、旅行等）

---

① 厉无畏，王如忠. 创意产业——城市发展的新引擎［M］. 上海：上海社会科学院出版社，2005：299-304.

名称	国家地区	分类
文化产业	芬兰	9类：文学、塑像、建筑、戏剧、舞蹈、影像、电影、工业设计、媒体
	韩国	17类：影视、广播、音像、游戏、动画、卡通形象、演出、文物、美术、广告、出版印刷、创意性设计、传统工艺品、传统服装、传统食品、多媒体影像软件、网络
	中国内地	9类：新闻、出版及版权服务、广播电视及电影、文化艺术、网络文化、文化休闲娱乐、文化产品代理、文化用品设备生产、文化用品设备销售
	联合国教科文组织	6类：印刷、出版、多媒体、视听产品、影视产品、工艺设计
文化创意产业	中国台湾	13类：视觉艺术、音乐与表演艺术、文化展演设施、工艺、电影、广播电视、出版、广告、设计、时尚设计、建筑设计、创意生活、数字休闲娱乐
	中国香港	13类：广告、建筑、漫画、时尚设计、出版、电玩、电影、文化艺术、网络文化、文化休闲娱乐、文化产品代理、文化用品设备生产、文化用品设备销售
	中国北京	11大类：新闻服务；出版发行和版权服务；广播、电视、电影服务；文化艺术服务；网络文化服务；文化休闲娱乐服务；其他文化服务；文化用品、设备及相关文化产品的生产；文化用品、设备及相关文化用品的销售；软件及计算机服务；设计策划行业
感性产业	日本	3大类：内容产业、休闲产业、时尚产业
版权产业	美国	4大类：核心版权产业（电影、录音、音乐、图书报纸、软件、戏剧、广告及广播电视）；部分版权产业（纺织品制造业、玩具制造业、建筑业等）；发行类版权产业（书店、图书馆、音像制品连锁店、电影院线、运输服务业等）；版权关联产业（计算机、收音机、电视机等）

研究①表明，信息传输、计算机服务和软件业，科学研究、技术服务和地质勘查业，文化、体育和娱乐业是创意产业的主导产业，这三种产业的发展状况可充分代表创意产业的发展动态。同时，为了兼顾统计口径的一致性及数据的可获得性，在实证过程当中将上述三种行业的增加值总量作为创意产业增加值。

三、创意产业集聚理论分析②

1. 创意产业集聚的内涵

集聚又叫集群，指的就是集中，运用在经济学中指的就是经济活动在空间上的集中，居民小区往往会有集中在一起的小商铺、乡村会有集中在一两条街的市场、大城市会有集中在一个区域的中心商业区，卖建材的商铺会集中形成建材商城、卖家电的会形成家电城、卖水果的会形成水果批发城，不同层次不同功能的集聚已经成为经济全球化趋势下市场经济的一个普遍现象。

马歇尔（Marshal）的产业区理论是最早研究产业集聚现象的，他把地域相近的企业和产业的集中区域称为"产业区"（Industrial District）。波特（1998）从产业价值链的视角考虑，将产业集聚界定为"在某一特定领域内相互联系的，在地理位置上集中的公司和机构的集合"。他认为，它们都同是在某一个特定的行业领域里，因为具有共性或者互补，联系在一起所形成的产业集聚。因而，形成产业集聚的根本原因主要有两个，一个是降低交易成本，一个是实现规模经济。

结合创意产业与产业集聚的概念，我们可以给创意产业集聚下一个定义：创意产业集聚，是指以文化为基础、以创意为根本、以知识产权为核心

---

① 黄斌. 北京文化创意产业空间演化研究［D］. 北京：北京大学，2012：135-149.
② 粟伟. 价值链视角下深圳创意产业集聚与经济增长研究［D］. 深圳：深圳大学，2014：17-20.

生产要素、以满足消费者精神需求为目标的产业在特定地理空间集聚。

2. 创意产业集聚的特点

创意产业作为一个新兴的产业形态，与一般产业有着一定的共性，因而创意产业集聚与一般的传统产业集聚有许多相似的地方，但其自身的创新性、渗透性、高增值性、强辐射性、高科技含量以及高风险性，又决定了创意产业集聚有着自身的特点：

（1）创意产业集聚的区位特殊性

传统产业的集聚主要依托于丰富的自然资源、低廉的劳动力价格，多集中在人口较为集中、土地租金低廉的城市外围区域或者自然资源丰富但远离城市的地区。创意产业集聚主要依靠一个地区的文化资源和创意能力，同时还需要高知识水平的创意人才，因而创意人才密集的大城市成为创意产业集聚的首选。同时，大城市的基础设施、国际化的氛围，也为创意产业集聚提供了良好的发展条件。

（2）创意产业集聚的空间结构网状性

网络结构是创意产业空间集聚的本质特征。创意产业集聚表现为大量创意企业及相关的组织机构在空间上聚集，主要包括创意企业、高等院校、行业协会、研发机构、金融机构、商务代理机构以及教育培训机构等，这些数量众多、功能不同的创意产业企业相互联系、相互影响，从而形成了一种庞大而又紧密联系的网络结构。而传统产业集聚的相关企业及组织机构只是单纯地在空间上集中，它们大多是同质的企业，它们之间的关系往往是纯粹的竞争关系，很少有互补功能。

（3）创意产业集聚的人文根植性

创意产业的发展很大程度上依托文化资源，其核心要素是创意人才。文化资源和创意人才具有很强的地域性，这种地域性涉及政治、经济、文化和社会关系等多个方面。强地域性的结果就是创意产业集聚的形成依赖于特定的历史文化环境，如景德镇的青花瓷、潍坊的风筝等，这些地方之所以形成创意产业集聚，得益于城市深厚的历史人文沉淀。人文根植性是构筑创意产业集聚的基石，是吸引创意阶层入驻的磁场。

（4）创意产业集聚的环境宽松性

创意产业的主体是创意阶层，在整个创意产业环境中，创意产业企业、个体艺术家在集聚的同时又具有相对的独立性，因此，他们需要的是一个宽松的环境氛围。艺术家和创意者们创意火花的产生更容易出现在非正式的交流场所，在一个轻松愉悦的工作环境中，在一个新鲜刺激的生活体验中，更容易吸收新的文化元素，激发创作灵感。

3. 创意产业价值链

（1）创意产业基本价值链

1985 年，美国哈佛商学院教授波特第一个提出价值链概念。他在《竞争优势》一书中提到："每一个企业都是用来进行设计、生产、营销、交货等过程及对产品起辅助作用的各种相互分离的活动的集合。"而这一系列相互关联相互影响的价值生产活动就形成了企业的价值链，随着社会分工的细化，价值创造活动开始由多个企业共同来完成，这些企业之间所形成的相互依存互为影响的关系，便构成了产业的价值链。

创意产业以创意为核心，将抽象的文化赋予了经济价值，以实现文化的产业化。这样一个产业化的过程，必然包含了作为生产要素的创意内容、生产创意产品的各个环节，以及最终以创意商品形态实现经济价值的购买阶段。因此，我们可以把创意产业价值链分解为以下几个部分（见图 2-1）。

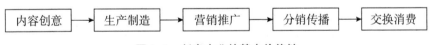

图 2-1　创意产业的基本价值链

内容创意，也就是创意内容的一个形成环节，创意通常是由创意阶层所生产出来。这一个环节位于创意产业价值链的最顶端，是控制创意产业价值链的关键之举，是创意产业价值增值的最主要组成部分。生产制造，也就是将创意的内容从意识形态变成实物形态的创意产品，通过技术、工艺等传统意义上的生产流程，批量地生产出创意产品的环节。营销推广，也就是创意产品的推广过程，代理商、策划人、经纪人运用各种各样的营销手段，将创意产品推介给大众，将创意产品的价值传递到消费者的一个过程。分销传播，产品要变成产业的关键在于渠道，电影、电视的播映机构、报刊、电台、演出经营场所以及网络运营商，这些传播载体构成创意产业价值链上分销渠道主体，从事创意产品的分销传播活动。交换消费，创意产品必须通过交换消费，才能够最终实现其价值。消费者不断增长的需求，是创意产业价值链上实现价值的最终决定环节，也是最重要的环节。同时，通过创意产品的消费过程得到满足，消费者反过来对整个价值链条还具有一个反馈和互动的影响。

创意产业具有创新性、渗透性、高增值性、强辐射性、高科技含量以及高风险性几个方面的特点，其价值链也有别于传统产业的价值链，主要体现在以下几个方面：①价值的非消耗性。创意产业是以创意为核心，提供以文化创意为主的产品与服务，每一次的使用都不会对创意造成任何的损害，创意可以被无限次数地复制和使用。②盈利的不确定性。创意产品通常情况是用来满足人们的精神文化需求的，而非物质需求，人们对于精神文化的需求往往又是不确定且容易更改的。③消费者需求决定性。从创意产品到最终实现创意的价值，最终受到消费者需求的制约，只有消费者消费了产品，才能最终实现从创意到消费品的价值增值，才能创造出价值。④价值实现过程中注重个性化。传统产品的生产过程追求的是标准化、批量化，但是创意产品正是由于创意的独特性与个性化，才吸引人们的眼光，才能受到人们的关注。

（2）创意产业全景价值链系统

在创意产业的价值创造过程中，人力资本、产业资本、文化资本和社会资本是必不可少的。其中，人力资本是发展创意产业、实现价值增值的关键。佛罗里达认为，社会已经分化成四个主要的职业群体：农业阶层、工业阶层、服务业阶层和创意阶层。创意阶层包括了社会的核心人物，如科学家、工程师、建筑设计师与艺术家等，他们对社会最大的贡献在于为社会提供创造性内容，这些创意要素为整个国民经济有着重大的作用。产业资本是实现创意产业实现价值增值的保障，创意本身的非物质性使得创意产业的价值实现必须依赖于传统的产业基础。文化资本是创意产业价值链不可缺少的基础要素，创意产业提供的产品与服务就是以文化创意为主，创意产业的价值实现离不开文化资本。同时，存在于社会结构关系中的资源，社会资本是一种基于信任合作的无形资产，反映的是整个社会的开放性与包容性，也是创意产业价值实现过程中的环境要素。

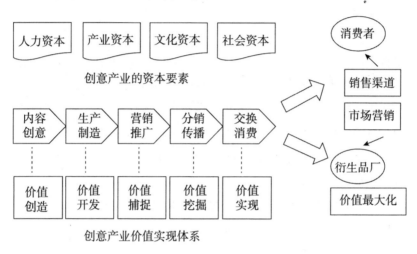

图 2-2　创意产业全景价值链系统示意图①

　　在创意产业基本价值链的基础上，将产业基本价值链、价值实现体系和四大资本要素共同构成上下联动、左右衔接、一次投入、多次产出的综合体系，就是创意产业全景价值链系统。内容创意、生产制造、营销推广、分销传播和交换消费五个价值链环节，通过价值创造、价值开发、价值捕捉、价值挖掘、价值实现和价值最大化的价值锻造过程，整合人力资本、产业资本、文化资本和社会资本四大生产要素，共同构成了创意产业全景价值链系统。

---

　　① 厉无畏．创意改变中国［M］．北京：新华出版社，2009：147．

4. 基于价值链的创意产业集聚①

按照创意产业价值的生成过程，即从创意作品到创意产品再到最后的创意商品，创意产业的本质特征就是创意的生成、制作和传播。因而，创意产业在集聚的过程中，一般会呈现出以下三个阶段：

（1）创意人才集聚

创意是创意产业价值链的源头，而创意又来源于艺术家、设计师、策划师等从事创意产业的人群的灵感与创造，这些从事创意产业的创意人才年轻、富有个性、勇于创新。佛罗里达在其《创意阶层的崛起》书中把这些创意产业的人才称为创意阶层（Creative Class），包括所有需要创意的职业，如科学家和工程师、诗人、艺术家、设计师、卫生及法律从业者、高科技和知识密集型行业的从业者。创意阶层对工作环境的要求较高，他们喜欢集聚在一种能够供他们之间相互交流、相互促进的地方，进而形成一种"自下而上的原发型集群"。② 一些具有相似意向、相似爱好的人集聚在一起，先选中一个地区，随着创意活动的开展，在创意产业发展的过程中，吸引越来越多的创意阶层加入，形成一种自发的集聚。

（2）创意生产集聚

创意产品的生产跟一般产品的生产从本质上来说都是一样的，都是需要通过传统的物质生产部门来进行生产。因而，创意产品的生产是依赖于传统制造业的。但创意产品的生产集聚与传统产业的生产集聚又有着不同，传统产业的生产集聚更多的是大中企业的集聚，而创意产业生产集聚的规模较小，通常是中小企业的集聚。创意产品在生产过程中"通常以中小企业的密集网络组织起来，这些中小企业为了专门的投入和服务紧密地依赖在一起"。创意产业生产集聚中的企业规模很小，我们可以称之为"微型企业"，其规

---

① 段杰，粟伟. 价值链视角下创意产业集聚与经济增长研究——以深圳为例［J］. 产业经济评论，2016，13（2）：92-102.

② 厉无畏. 创意产业导论［M］. 上海：学林出版社，2006：7.

模最小的可以只有3~5人，其典型的形式就是"工作室"。[1] 而这种极小规模形态的形成，既是社会化生产过程中专业分工的结果，又有赖于创意产业自身的特点。

（3）创意传播集聚

随着创意产品的生产在空间上形成集聚，创意产品逐渐具有了地域化特色，如好莱坞的电影。随着全球化进程的发展，创意产品的生产越来越集中于一个特定的区域，而创意产品的销售区域越来越广泛，创意产品在销售和传播环节呈现出全球化的发展趋势。因而，在创意产品销售的全球化过程中，需要更为专业的营销策划团队，需要更为雄厚的资金力量，以及更为强大的风险承受能力。随着全球化趋势的进一步发展，越来越多的企业开始强强联合，通过兼并和收购的方式，组建实力雄厚的跨国公司，来完成创意产品在全球范围的推广和销售，而越来越多的创意产品销售过程集中在越来越少的跨国巨头，进而实现了创意传播的集聚过程。当前，少数实力雄厚的跨国集团在创意产品的生产、推广和销售活动中发挥着越来越重要的作用，成为创意产品的推广和销售的重要支柱，为其所在创意产业集聚区的持续良好运行以及有效竞争做出了非常重要的贡献。

四、创意产业集群的组织生态特征[2]

1. 产业集群的内涵界定

产业集群的形成早在19世纪就开始了，诸多学者对这一领域的研究也为后人积累了丰富的理论财富。因此，厘清产业集群相关理论，也成为分析创意产业集群的逻辑起点。

---

① 董树宝. 基于产业价值链的创意产业集聚分析 [J]. 北方工业大学学报，2008（2）：90-94.

② 龙瑚. 组织生态视角下创意产业集群形成机制和效应研究 [D]. 深圳：深圳大学，2016：36-39.

对产业集群的研究，早在 1826 年，德国经济学家冯·杜能提出著名的"杜能圈"这一理论，将空间概念引入经济学领域，即最初的产业集群构想。此后，1890 年，马歇尔在《经济学原理》一书中提出"产业区"理论，他把专业化产业集聚的特定地区称为"产业区"。当企业集聚在"产业区"内，人才相对集中，专用设备的能效更高，信息的溢出均使集聚企业的生产效率高于零星分布的企业。因此，马歇尔认为外部规模经济效应有利于产业集聚现象的发生。20 世纪初，德国经济学家韦伯也提出了他的"产业区"概念——工业区位论。韦伯是最早提出聚集经济概念的学者，这一理论的主旨就是企业将选址在生产费用最小、成本节省最多的地区，而呈现出一种地理性聚集的经济状态，即区位因子决定生产场所。

在哈佛商学院教授波特的《国家竞争优势》一书中，产业集群的概念被正式提出。波特在项目研究中发现一国的优势产业在空间上有聚合倾向，着手对这一现象进行了深入研究，形成了产业集群理论的雏形。他把产业集群定义为在一定区域内集中的具有竞合关系的企业实体、上下游客户、金融机构及其他中介机构等组成的集合。同时，他提出了竞争优势的"钻石体系"：生产要素、需求条件、企业战略、结构与同业竞争、相关及支持性产业。随着波特提出产业集群概念，这一领域的研究也开始引起学者关注，逐渐成为国内外理论研究的热点领域。

2. 创意产业集群的概念

创意产业集群的内涵是对产业集群概念的延伸。目前学术界多从两个维度进行界定：一类是要素维度，这一维度是将创意产业集群视为一个完整的有机体，核心是创意阶层作用的发挥，聘请相关领域具有发散性思维的专业人才进行创作与生产。另一类是空间维度，从这一维度对创意产业集群进行定义更为普遍。这一维度认为创意产业集群是由众多独立而又彼此联系的创意型企业诸如政府、律所、中介等相关支撑机构，根据专业化分工和业务往来建立关系，并在特定区域内集中而形成的一类组织。创意产业集群应该包括一条完整的价值链，即创作主体、生产主体、销售主体、传播主体和延伸主体等五大主体。

创意产业集群是产业特性和区域个性相结合的一种极具竞争力的组织形态。结合创意产业与产业集群的概念，综合两个维度比较分析，我们认为，创意产业集群是以创意为核心，将满足消费者精神需求作为宗旨的相互关联的众多企业以及相关专业机构在特定空间集聚而形成的集合。

3. 创意产业集群的组织生态特性

创意产业集群作为一个组织生态系统，在创意企业种群内，不同种群间都和这一集群空间区域的外界社会环境发生类似于自然界的物质、信息、能量交换，为保持这一动态体系的平衡，创意产业集群组织生态系统也具有一定的生态特征。

（1）宏观特性

首先，创意产业集群组织生态系统的三个层次具有统一性，对创意产业集群的形成和发展进行分析时应将这几个层次串联起来，视为一个整体。其次，创意产业集群中的各类企业种群处于动态演化过程，集群可从外界引入技术、人才等有效能量，并与集群内的创意企业种群相结合，使整个组织生态系统长期维持，实现动态平衡。第三，创意产业集群生态系统不仅是有机整体，而且各要素之间存在有机关联性。若要维持创意产业集群组织生态系统其他要素成分恒定，引进更多物质资本，就会造成集群形态的变化，反之环境要素的改变也将受到集群内其他要素的制约。

（2）微观特性

首先，创意主体种类多，规模小。创意产业集群的组成主体不同，吸引不同种类的创意企业和机构，形成了各类不同的创意产业集群。另外，创意产业集群通常规模都较小，创意企业通常是由独立艺术家和有创新技术的人群建立，资金并不十分充裕，基本上都是小微企业。其次，创意产业集群具有一定的内部结构。集群内各相互平行的创意企业，或上下游之间的企业或机构也可通过不同类型的产业链，表现出不同的相互作用关系。

第三章

创意城市构建的理论基础

近年来，世界许多国家都将创意城市建设作为城市发展的一种新理念，制定发展战略，并将其纳入城市发展规划。英国经济学家汤姆·坎农认为，未来的城市尤其是大城市的发展将主要依靠人的创意和创造力来推动其在全球经济中的竞争，创意的思维和理念将渗透到城市社会和经济的各个领域。创意城市是一种以创新理念推动城市发展的新举措，它颠覆了城市发展的传统逻辑，拓展了城市发展的新视野。在全球城市面临传统产业衰退、城市生活品质恶化等严峻的结构性变化时期，创意城市已成为实现城市持续发展的一种转型战略。

一、创意城市的内涵

创意城市理念的提出可以追溯到 20 世纪 70 年代后期，而国外对创意城市的研究则起源于 20 世纪 90 年代，西方学者观察到城市衰退及面临的危机，开始认真思考城市未来的发展出路，由此展开了一系列关于城市创意战略的研究。创意城市的崛起为城市重塑形象，重获生机开辟了新的通道和空间，也引发了全球城市在发展理念上的重新思考，以及在发展模式和发展路径等不同领域的全方位创新与实践。近年来，发展创意产业、构建创意城市成为许多国家的重点发展战略。国际公认的著名创意城市如伦敦、纽约、东京等，在其发展中所表现出来的一些共同特征及积累的经验，值得中国在创意城市建设中加以审视和借鉴。

Hall（2000）尝试提出了创意城市的概念，并认为拥有高度创意的城市大多是那些旧秩序正遭受挑战或刚被推翻的城市。正式提出并全面阐述创意城市的概念是英国学者兰德利（2009），他认为创意城市的最终形成代表着城市成了创意产业集聚的大型载体和场所①。兰德利（2002）认为当代大都市发展面临严峻的结构问题，而这些问题往往需要创意的方法才能加以解决，因而创意城市将成为城市发展的新范式。美国学者佛罗里达（2002）则提出了创意城市的"3T"原则，即技术（Technology）、人的才能（Talent）和包容性（Tolerance），三者之间的关系表现为：包容性吸引人才，人的才能创造技术②。佛罗里达"3T"理论的重点在于"包容性"（Tolerance），也是其主要创新之处。为什么有些地区可以吸引更多、更优秀的人才和技术等关键要素？佛罗里达认为其原因在于这些区域的开放性、多样性和包容性。在"3T"理论基础上，佛罗里达又在对相关社区进行深入调研之后，提出了第4个"T"——Territory assets，可以理解为地域资产，实质上就是现在所说的"创意氛围"。高素质人才或者说国际之间的人口流动，更容易被特别的创意创新氛围所打动，创意阶层及创意人才更看重社会环境的包容，文化设施的多样性，如别具特色的咖啡馆、酒吧、书店、艺术俱乐部等，这些要素才是构建创意城市的基础。另外，美国学者伊丽莎白·科瑞德（Elizabeth Currid）在其著作《创意城市：百年纽约的时尚、艺术与音乐》一书中也对创意城市的构建进行了探讨。她认为非正式社交网络在培育艺术、绘画、音乐及设计和时尚产业间勃发的创造力和互动共生的关系方面发挥了重要作用。她还运用社会网络分析方法中的"弱连接"概念解释创意空间及创意集群的出现，认为"弱连接"与社交网络的有机结合正是创意经济最显著的特色。

现有的研究认为创意城市的发展具有一些共同的特征，主要包括：第

---

① 兰德利. 创意城市：如何打造都市创意生活圈［M］. 杨幼兰，译，北京：清华大学出版社，2009：31-35.
② 佛罗里达. 创意阶层的崛起［M］. 司徒爱勤，译. 北京：中信出版社，2010：52-55.

一，人才的多元化是促进创意城市发展的关键。兰德利认为"人力的多元性与各种人才的发展管道"是决定城市创意发挥的先决条件之一，提出城市多族群特征突出时，有利于增进城市活力，发挥城市创意。佛罗里达的"文化熔炉"指数和波西米亚人指数也说明了人力多元化对于创意城市建设及创意经济发展的重要性。第二，包容性是创意城市取得成功的最重要因素。佛罗里达的"3T"理论把包容性看作创意城市构建的最重要的一个"T"，并采用同性恋指数等方法对其进行特别的阐述。兰德利也强调包容性是形成良好社会氛围，吸引并留住人才的关键因素。第三，营造创意氛围是创意城市永葆活力的根本。兰德利指出创意氛围是一种空间概念，必须重视城市中能够激发创意的所有软、硬件设施。佛罗里达新提出的第4个"T"也认为，对于创意阶层来说，城市良好的环境、发达的基础设施，以及由咖啡馆、酒吧、书店、艺术博物馆等元素构成的社会文化氛围激发了他们的创意潜能。①

建设创意城市已经成为城市复兴转型与可持续发展的新方向，而创意也成为城市最重要的特质之一。创意城市作为新世纪城市发展的新理念，正深刻地改变着城市产业结构形态与生产方式，改变着城市民众的消费内容与生活方式，具有增强城市财富的增长效应和就业效应之功能。当前中国大多数城市正处于转变经济发展方式和城市发展模式的关键阶段，如何实现城市转型发展，是未来实现新跨越所面临的最重要的任务。因此，如何进一步增强城市的文化软实力，推动创意城市建设，便成为增强城市竞争力、实现城市转型发展的一个关键环节。

二、创意城市的特征

从学术界的研究与探讨来看，创意城市不是一个十分严格的学术概念。它是在全球化与知识经济的背景下，由产业转移升级所推动，伴随城市更新

① 黄阳. 我国创意城市评价研究 [D]. 泉州：华侨大学，2012：21-24.

和创意产业兴起而出现的，相对于传统的城市发展模式而言的一种全新的城市发展理念。它是建立在创新文化和创意产业基础上向社会经济生活领域延伸并不断推动城市重生与复兴的发展模式。它强调以创意驱动经济、创新引导经济发展。创意城市的崛起为城市重塑形象，重获生机开辟了新的通道和空间，也引发了全球城市在发展理念上的重新思考，以及在发展模式和发展路径等不同领域的全方位创新与实践。创意城市大多具有共同的特征：发达的创意产业，密集的创意阶层，宽松开放的创意氛围，知名的高校与研究机构，强大的技术创新能力，高效的知识产权保护体系。对特征进行深入分析，有助于阐明创意城市的发展进程与发展途径，推动建设可持续发展的创意城市。①

1. 创意创新是创意城市的源泉

创意城市最基本的特征是创意创新，这种创意性表现为城市的发展理念和模式的新颖与独特性。创意的内涵就是通过思维的碰撞、智慧的对接，酝酿出具有新颖性和创造性的思想，并产生出其不意的效果。在创意经济时代，创意阶层大脑中的创意通过与高新技术紧密结合，成为全球城市发展的重要驱动力。城市的发展理念决定了一个城市的发展前景和路径选择，它对城市未来发展的战略构想、城市规划设计、指导创意实践具有十分重要的意义。只有当创意思想贯穿于城市的每个空间与各个环节，才能为创意城市构建与可持续发展提供可行途径。

2. 发达的创意产业是重要的支撑

著名的国际大都市如纽约、伦敦、巴黎、柏林等都拥有相当发达的文化创意产业。创意产业具有极强的渗透力和整合力，可融合创意、文化、科技等诸多无形资产，实现跨界发展。创意产品的生产过程会涉及种类不同、数量众多的行业，且生产的商品多是基于科技与文化有机融合后的结果。另

---

① 厉无畏. 迈向创意城市 [J]. 理论前沿，2009（4）：5-7.

外，文化创意产业会沿着产业价值链向上下游进行延伸，与传统产业之间形成横向或纵向的联动，可以创造更高的价值。以"迪士尼"为例，早期的迪士尼仅是制作系列卡通动画片，但现在已经发展成为集主题公园、系列电影、衍生产品等为一体的跨国企业集团，通过创意、文化、科技的有机融合，"迪士尼"这一品牌的高附加值令人惊叹。

3. 良好的技术和经济基础是有力保证

创意产业作为新兴战略性产业，其发展不能是"无源之水、无本之木"，需要大量的资金投入支持，城市良好的经济发展水平才能为其提供足够的资金支撑。从众多城市的发展实践来看，现在城市政府都在为文化创意产业的发展设立文化发展基金，还包括许多民间组织设立的支持文化和科技发展的公益性基金，另外还有发达的金融服务企业提供的风险投资、创业投资、产业投资等多种服务。创意城市的发展离不开科学技术的有力保障。随着信息时代的到来，科学技术的创新被认为是新世纪促进经济增长的重要因素，引起了广泛关注。第四次科技革命以来，科学技术创新突飞猛进，尤其是信息网络、数字化、虚拟化、电子通信、IT技术等使人类的创造潜能得到巨大释放。以文化为基础，借助科技的"翅膀"，人类的创意天赋得以施展，在产业化的推动下，创意产品和服务迎来了创意产业的高速发展期。可以预见，在网络化、信息化和数字化的时代，创意城市将取代传统城市发展模式而成为新世纪城市发展的新方向。

4. 密集的创意阶层是重要的先决条件

在创意时代，创意创新成为经济增长和创造财富的主要源泉，而创意人才则是重要的核心要素。佛罗里达在《创意阶层的崛起》中通过实证分析提出，具有创造力的人才喜欢居住在"3T"高的环境，即技术（Technology）、人的才能（Talent）和包容性（Tolerance）比较高的城市。创意阶层喜欢较高的科学技术水平，需要较为开放包容的文化环境，因而经济发达的大城市，往往成为创意阶层的首选。创意城市的建设可以吸引大批优秀的创意人才和经营管理人才，并能为创意阶层提供适宜其发展的优美的生态环境。创意阶层在城市中集聚，可以使得智力资源发挥规模优势，提升城市的创意氛围，进一步促进城市创意空间的生产。同时，大量创意产品的生产、营销与设计为城市带来丰厚的回报，各类相关设施的建设又有了充分的保障，从而可以吸引更多的创意人才来到城市。

5. 宽松的创意氛围是创意城市的核心要素

创意城市通常是围绕生产系统而形成的，一个创意系统应当包括新灵感、新思想、敏锐的洞察力等关键要素，在产业综合体内促进这类学习和创新效应的这种结构便是创意氛围。浓厚的创意氛围不但具有一定水平和数量的受众，而且宽松包容，允许多样性文化的传播和发展，以使创意活动得以顺利开展。对创意城市而言，多样性的文化交流更有利于创意的产生，而包容性的意义则在于能够吸引创意阶层并能容忍各种奇思妙想，这种文化氛围就可以吸引更多的创意企业和创意人才，产出更多的创意成果。

6. 开放睿智的创意文化是基础因素

创意城市是以发展创意驱动型经济为契机，运用文化创意整合集聚创意经济能量的城市。某种意义上来说，创意城市的发展理念包含了经济学、社会学、文化学等全方位的视角。创意城市的发展脱离不了"文化"的特征，一方面，文化是创意城市存在的物质内容和基础，另一方面，文化存在于一切创意活动当中。

三、创意城市的发展阶段与类型

1. 创意城市的发展阶段

创意城市理念认为，激发城市内部个体和各种机构的创新活力是城市发展的永动力。著名学者兰德利在其著作《创意城市：如何打造都市创意生活

圈》中系统地分析了创意城市的发展阶段。他指出，创意城市是一个动态的
发展过程，可以划分为从停滞、萌芽、起飞、活跃、普及到最终形成自我更
新的创意城市等十个阶段。在等级的递进中，创意对部门的重要性递增，城
市对人才的吸引力增强，创新与创意的实现、扩散机制从刻意强调与推行向
自主发展、自我循环演变，城市竞争力增强。①

表 3-1　创意城市发展阶段

发展阶段	过程描述
第一阶段 （停滞阶段）	创意未被看作属于城市发展循环周期的特定阶段，在社会经济中仅存在非常简单的创意活动或者微弱的创意意识
第二、三阶段 （萌芽阶段）	城市决策者意识到创意的重要性，但缺乏战略性考虑，城市创意处于萌芽阶段，但城市留不住创意人才
第四阶段 （起飞阶段）	产业从业者和公共机构开始关注创意经济，城市开始出现创意文化，创意人才的流失与回归开始走向平衡
第五、六阶段 （活跃阶段）	创意开始由局部走向普遍，创意人才出现明显的回流
第七、八阶段 （普及阶段）	公共部门与私人机构均意识到创意经济的重要性，城市已经可以自己培养创意人才，但是高级的优秀人才仍然缺乏
第九阶段 （创意中心形成）	城市利用自身优势吸引大量创意人才集聚，成为全国甚至国际知名的创意中心，大量的创意企业与机构集聚在城市中
第十阶段 （创意城市形成）	城市已形成高效的自我更新、自我反思的发展循环周期，城市成为吸引创意阶层的磁石，可以提供各种类型的专业服务

资料来源：LANDRY C. The Creative City: A Toolkit for Urban Innovators, London: Earthscan Publications Ltd, 2000.

2. 创意城市的类型

关于创意城市类型与模式的理论研究，国内外学者有着不同的见解。早

---

① 兰德利. 创意城市：如何打造都市创意生活圈 [M]. 杨幼兰，译. 北京：清华大学
出版社，2009：73-75.

在 20 世纪 90 年代，著名学者彼得·霍尔（Hall，1998）就指出，拥有高度创意的城市，在很大程度上是那些旧秩序正遭受挑战或刚被推翻的城市。Neil Bradford 认为，创意城市是一个动态的、实验的创新场所。厉无畏则指出，创意城市不是严格的学术概念，而是一种推动城市复兴和重生的模式。盛垒和杜德斌预测，创意经济将渗入城市发展的方方面面，城市将成为创新枢纽。林钦荣认为，创意城市所倡议的概念性工具、方法及流程，对于当代城乡规划与城市设计策略有启发效应。具体而言，霍斯伯斯（Hospers，2003）根据经济与城市发展的历史进程总结出四种类型的创意城市（见表 3-2）。

表 3-2　创意城市的四种类型

创意城市类型	特点	早期的创意城市	现代的创意城市
技术创新型	多为新技术得到发展或者技术革命的发源地	1900 年的"汽车之城"底特律（亨利·福特在此奠定了美国汽车工业的基础）；19 世纪的"纺织之城"曼彻斯特、"造船之城"格拉斯哥、"钢铁之城"鲁尔（采煤和钢铁业）；柏林（电力）；	美国的硅谷（旧金山和 Polo Alto）、剑桥（同为信息技术的圣地）
文化智力型	更偏重于文化"软"条件，由主张改革的艺术家、哲学家、知识分子的创造性活动引起文化艺术上的创新革命，随后吸引了大量的外来者	古典时代的雅典；文艺复兴时期的佛罗伦萨；17 世纪的伦敦（舞台剧）、巴黎（绘画）和维也纳（科学和艺术）；20 世纪早期的柏林（歌剧）	大学城，如：德国的海德堡；爱尔兰的都柏林；法国的图卢兹；荷兰的阿姆斯特丹；比利时的卢维恩
文化技术型	兼有技术创新型和文化智力型两类城市的特点，将技术与文化结合起来，形成所谓的"文化产业"	20 世纪 20 年代的好莱坞和宝莱坞的电影产业、孟菲斯的音乐产业、巴黎和米兰的时尚产业；20 世纪 90 年代的曼彻斯特的新摇滚乐和柏林墙推倒后的莱比锡多媒体产业等都代表了该类城市最鲜明的形象气质	阿姆斯特丹和鹿特丹（后者被选为 2001 年欧洲"文化之都"）

续表

创意城市类型	特点	早期的创意城市	现代的创意城市
技术组织型	是在政府主导下与当地商业团体公司合作，共同应对人口大规模聚集给城市带来的种种问题，比如城市生活用水的供给，基础设施、交通和住房的需求等，对这些问题的原创性解决造就了技术组织型的创意城市。	恺撒时期的罗马拥有著名的引水工程；19世纪的伦敦和巴黎建造了庞大的地铁系统；20世纪初的纽约建立了引人注目的摩天大楼；1980年代的伦敦道克兰地区改造；战后斯德哥尔摩修建的耐久住宅等都引领了世界风潮	提耳堡（公司制管理城市）；鹿特丹（港口区复兴）

国内学者根据我国城市发展的现状对创意城市的构建做了研究。张婷婷、徐逸伦（2007）从发展方式的角度将创意城市分为四类（见表3-3）。

表3-3　创意城市类型

创意城市类型	特点	代表城市
创意产业导向型	那些历史文化特点不突出，但拥有相对完善的产业结构和开放的城市氛围的城市，可以以当地特色产业集群和技术力量为支撑，引入或培育与之相适应的创意产业，从而推动创意城市的构建	深圳，东莞
文化资源导向型	那些拥有深厚文化内涵和人文环境，但现代工业并不发达的城市，可利用本地的文化遗产发展创意城市	西安
城市更新导向型	那些面临衰退的老工业城市，可构建工业建筑改造和产业结构转型的创意城市	沈阳
混合型创意城市	那些经济发达、社会结构复杂的大都市，单一的发展类型不能满足其发展需求，因此可根据自身特色与条件进行多方面发展	上海，北京

四、全球创意城市网络

2004 年 10 月，根据联合国教科文组织的文化多样性全球联盟的创议，联合国教科文组织第 170 届执行理事会决定设立全球创意城市网络的评选项目。这个项目旨在通过对某一城市促进当地文化发展的经验进行评价，并授予其相应称号，从而达到在全球化背景下倡导和维护文化多样性的总体目标。入选全球创意城市网络，意味着对这些城市在全球化浪潮中保持和发扬自身独特的文化创意元素的高度认可。

联合国教科文组织在倡导和保护文化多样性的前提下，鼓励并希望教科文组织成员国家的特色城市自愿提出申请，将自己国家城市在社会、经济和文化发展中的成功经验、创意理念和创新实践，向世界各国城市的经营管理者及全体市民推广，从而使世界各国主要城市之间能够建立起一种相互学习、互动交流的紧密联系，推进发达国家和发展中国家不同类型城市之间社会、经济和文化的健康可持续发展。

加入创意城市网络的城市可以划分为文学之都、设计之都、电影之都、民间手工艺之都、音乐之都、媒体艺术之都、美食之都等共七种类型。截至 2017 年，成为全球创意城市网络成员的城市已达 75 个，其中中国共有 14 座城市入选，分别是："设计之都"——深圳、上海、北京、武汉；"美食之都"——成都、顺德、鹤岗、澳门；"民间手工艺之都"——杭州、苏州、景德镇；"媒体艺术之都"——长沙；"电影之都"——青岛；"音乐之都"——哈尔滨。

1. 创意城市网络的产生

联合国教科文组织成员城市加入全球创意城市网络时需要撰写申请，突出以下几个方面内容：

（1）申请城市的文化资产在创意城市网络平台上的位置。

（2）申请城市在地区经济和社会发展方面的核心创意因素。

（3）重点介绍申请城市在培训当地文化工作者的专业能力和地方优势。

（4）列举申请城市通过知识、经验和技术方面的交流来培养创意人才的经验。

（5）列举申请城市在国内和国际市场上促进文化产品多样化的事例。

申请城市只有得到联合国教科文组织认可，才能授予其称号。创意城市网络内的成员可以自由退出，联合国教科文组织也会长期对网络内城市进行考察，在其失去代表性后也可建议其退出。

2. 创意城市网络的构成

"创意城市网络"项目代表了一种具有时代意义的崭新发展观，即通过不同创意城市间的国际合作与交流，建立共同发展的长期伙伴关系，实现促进全球文化多样性和城市可持续发展的共同使命。此项目同更早推出的全球非物质文化遗产保护项目比较类似，二者均属于优先进行"文化和发展"与"可持续发展"的全球战略框架之内。来自全球 31 个国家的 75 个城市能够入选"创意城市网络"，必然具有独特的文化艺术特征。

（1）城市文化的独特魅力

进入全球创意城市网络的成员，大多依靠城市的文化个性魅力。德国的曼海姆当选"音乐之都"，因为其是"曼海姆乐派"的起源地。曼海姆乐派是早期古典时期最重要的音乐流派，由当时聚集在德国曼海姆地区的艺术家们构成，他们为交响曲的进一步发展奠定了不可或缺的基础。"美食之都"顺德是中国广东佛山市的一个区，之所以能成为继成都之后的中国第二个美食之都，与顺德是全球知名菜系粤菜的发源地有直接的关系。顺德也是我国著名的"烹饪之乡"和"粤菜之源"，善于博采众长，推陈出新，烹饪河鲜和蒸炒各种菜肴，以风味鲜美、清淡香脆驰誉海内外。此外，"凤城名厨"获得外界普遍公认，广州、香港、澳门和海外粤人聚居地的酒楼餐馆，大多乐于聘用顺德厨师。

（2）非物质文化遗产的传承

城市若要加入创意城市网络，有一项非常重要的考察指标就是对传统文化的保护，特别是非物质文化遗产的传承和可持续发展。作为"民间手工业之都"的中国苏州，目前拥有联合国教科文组织人类非物质文化遗产代表作6项，居我国各类城市之首，其中民间手工艺类就有缂丝、宋锦和香山帮传统建筑营造技艺等3项；拥有国家级非物质文化遗产代表性名录项目29项，列我国同类城市前茅，其中民间手工艺类有18项。如此突出的民间艺术财富，为苏州创意之路的发展带来了巨大优势。

（3）打造"节庆文化"特色产业

创意城市在保护传承特色文化的同时，还要注重对于文化创意产业的投资和商业经营，对当地文化特色进行大力宣传，使其在世界各国众多城市中拥有美誉度和知名度。如深圳作为中国最早加入创意城市网络的城市，被授予"设计之都"的称号，每年5月深圳都会举行"中国文化创意产业博览会"，每年12月则会举行"创意十二月"的大型活动，还包括深圳读书月、国际创客周、深港双城双年展等各类活动，使得深圳现在已经成为国际知名的创意之都和创新型城市。

"文学之都"爱丁堡通过各种艺术节上演了一幕又一幕文化产业大戏。创办于1947年的爱丁堡艺术节现已成为世界性的艺术盛会。爱丁堡国际图书节，每两年举行一次，每次延续半个月，不但展出来自全球知名出版社的文学图书，还举办逾500场作家论坛、作品朗读会和主题论坛。"媒体艺术之都"光州位于韩国西南部，素有韩国"文化艺术之乡"之称。光州国际艺术双年展和国际电影节通过多年的实践，已经成为世界范围内拥有一定影响力的文化节庆。作为韩国传统文化的中心之一，光州通过光州泡菜文化节、光州阿里郎庆典等传统文化节庆，在推广韩国传统文化方面发挥了很大作用。"音乐之都"滨松本身就被称为"日本的音乐之都"，是日本第一个生产钢琴的城市，以滨松国际钢琴大赛为代表的多项国际性音乐活动的举办使之蜚声海内外。而"文学之都"墨尔本举办的墨尔本国际喜剧节是世界三大喜剧节之一，也是南半球最具规模的喜剧节。

表 3-4 全球创意城市网络名单

称号类别	城市
文学之都	爱丁堡、墨尔本、爱荷华城、都柏林、雷克雅未克、诺利奇、克拉科夫、格拉纳达、海德堡、布拉格、但丁尼
电影之都	布拉德福、悉尼、釜山、戈尔韦、索菲亚、青岛、布里斯托
音乐之都	塞维利亚、波隆纳、格拉斯哥、根特、哈尔滨、波哥大、布拉柴维尔、浜松市、汉诺威、曼海姆
民间手工艺之都	圣达菲、阿斯旺、金泽、利川、杭州、苏州、法布里亚诺、帕迪尤卡、雅克梅勒、景德镇、拿骚、北加浪岸
设计之都	布宜诺斯艾利斯、柏林、蒙特利尔、神户、名古屋、深圳、上海、北京、圣埃蒂安、首尔、格拉茨、毕尔巴鄂、库里奇巴、邓迪、赫尔辛基、都灵、武汉
媒体艺术之都	里昂、札幌、昂吉安莱班、达喀尔、光州广域市、林茨、特拉维夫、约克、长沙
美食之都	波帕扬、成都、顺德、厄斯特松德、全州市、黎巴嫩、弗洛里亚诺波利斯、鹤岗、澳门

说明:全球创意城市网络名单统计截止 2017 年。

第四章

创意城市构建的国际借鉴与启示

近年来，世界许多城市都将创意城市建设作为城市发展的一种理念，制定发展战略，并将其纳入城市发展规划，如瑞典斯德哥尔摩、德国汉堡、韩国首尔、日本名古屋、美国波士顿等。学习及借鉴这些成功的创意城市案例，对于深圳构建创意城市将有极大的启示作用。

一、瑞典斯德哥尔摩创意城市发展历程

1. 斯德哥尔摩的发展历程

斯德哥尔摩是瑞典首都，也是瑞典第一大城市，位于瑞典的东海岸，濒临波罗的海，风景秀丽，是著名的旅游胜地。市区分布在 14 座岛屿和一个半岛上，70 余座桥梁将这些岛屿联为一体，因此享有"北方威尼斯"的美誉。从 13 世纪起，斯德哥尔摩就已经成为瑞典的政治、文化、经济和交通中心。斯德哥尔摩不仅有 100 多座博物馆和名胜古迹，也是一个高科技的城市，拥有众多大学，工业发达。斯德哥尔摩是瑞典的经济中心，其工业总产值和商品零售总额均占全国的 20% 以上。拥有钢铁、机器制造、化工、造纸、印刷、食品等各类重要行业。全国各大企业的总部有 45% 设在这里。服务业是斯德哥尔摩最大的产业，提供了大约 85% 的就业职位。斯德哥尔摩几乎没有重工业，城市北部的西斯塔卫星城是北欧最大的资讯科技中心，多家世界一流的计算机、电子、通讯企业如爱立信、微软、IBM、诺基亚、惠普在此落

户，中国的华为通讯、中兴电子等也在此设有研发基地。斯德哥尔摩是瑞典的金融中心，如瑞典银行、瑞典商业银行和北欧斯安银行等的总部设在这里。大部分保险公司的总部和瑞典股票交易中心也都设在斯德哥尔摩。

从信任、容忍度、法律、科学、国家创新指数这五个方面来打分，瑞典（主要是斯德哥尔摩地区）是世界上最具创意的地区之一，具体排名如表4-1。

表4-1　国家创意指数：最具创意的 14 个国家及地区

排名	国家主要地区	信任（最高分=100）	容忍度（最高分=100）	法律（最高分=100）	科学（最高分=100）	国家创新指数（最高分=100）
1	瑞典（斯德哥尔摩）	92	100	80	83	100
2	瑞士（苏黎世）	73	92	89	100	99
3	丹麦（哥本哈根）	90	96	83	79	98
4	挪威（奥斯陆）	100	96	81	45	91
5	荷兰（兰斯塔德）	61	99	81	80	90
6	芬兰（赫尔辛基）	79	80	84	55	84
7	加拿大（多伦多）	58	88	87	62	83
8	澳大利亚（悉尼）	62	81	89	49	79
9	新西兰（奥克兰）	69	85	91	33	78
10	中国香港	55	61	100	61	78
11	美国（旧金山、纽约、波士顿）	53	77	84	54	76
12	英国（伦敦）	41	85	86	56	75
13	比利时（布鲁塞尔）	41	86	79	55	74
14	德国（汉堡）	50	87	83	32	70

2. 斯德哥尔摩的创意城市发展分析

斯德哥尔摩的创意特征主要体现在以下几个方面：

（1）人才聚集，科研实力突出，科技产业发达

斯德哥尔摩是瑞典的创意之都。瑞典四分之一的人口和三分之一的大学生居住在斯德哥尔摩地区。这一区域内拥有大学学历的人口比例超出了全国平均水平的 35%，而高等院校的科研比例更是比全国平均水平高 50%。同

时，斯德哥尔摩还占据了瑞典工业研发总量的35%。这一地区的工业结构有两个突出特征：经济多元化及知识密集型。近600个不同的生产部门聚集在斯德哥尔摩，其中170个可以归为知识密集型。约40%的地区劳动力在创意及其他知识密集型经济部门就业。

斯德哥尔摩的科研实力在瑞典经济发展中占有举足轻重的地位，无论就大学还是工业研发而言。该地区是世界领先的科研中心之一，最新的文献计量数据显示，斯德哥尔摩在科学索引（SCI）期刊中发表的文章数居世界第25位，欧盟第9位。近几十年来，斯德哥尔摩地区的科学创新地位在欧洲得以巩固，而具有相当科研发表量的美国地区，如圣地亚哥或休斯顿都拥有更大的人口基数。瑞典，尤其是斯德哥尔摩地区在生命科学领域具有优势，并多聚焦于生物医学、临床医学、生物学等学科。斯德哥尔摩超过一半在SCI期刊上发表的科学研究报告来自生命科学领域。生命科学研究方面最重要的地区研究机构包括卡罗林斯卡学院、乌普萨拉大学和瑞典农业科学大学。

2005—2009年间，斯德哥尔摩的人均科技产出是国家平均水平的2.27倍（占瑞典全国科技产出的53%）。这意味着这一地区的科技产业具有127%的超额表现。斯德哥尔摩地区的四大创意产业集群为金融服务、信息和通信技术产品及服务、媒体和艺术以及企业服务，这些产业2008年的超额比例分别为104%、73%、65%以及35%。2004年，斯德哥尔摩地区占瑞典全国人口的23%，却占据进口及出口值的57%与51%。

（2）艺术表现显著，政府支持艺术投资

斯德哥尔摩在艺术上表现得更为显著。众多的画家、作家、作曲家和其他创造性艺术家聚集在斯德哥尔摩地区，在特定街区形成了创意集群。大多数销售与推广艺术产品的企业（如画廊、出版商和大众文化传播媒体）在此建立，形成了规模经济，使得斯德哥尔摩地区的艺术文化产业特别突出。斯德哥尔摩的地铁不仅仅是交通工具，更是世界上最长的艺术走廊。如今，这里已成为世界上最美的地方之一，令来访者惊叹。各种颜色、各种图案、各种风格的装饰充满了各个地铁站，装载着北欧人民无尽的创造力。

斯德哥尔摩在表演艺术及其他高雅艺术领域占有主导地位，如表4-2所示。斯德哥尔摩拥有皇家剧院、皇家歌剧院、国家博物馆等众多文化机构，政府对艺术投资特别重视。2009年，斯德哥尔摩的国家文化机构得到国家近10亿欧元的补助，可见政府对艺术发展的支持。

表4-2　2001—2010年16~64岁员工按职业分类

作家和创作或表演艺术家										
名称＼年份	2001	2002	2003	2004	2005	2006	2007	2008	2009	2010
瑞典（人）	32880	33768	33793	34296	35123	36753	38517	39097	38501	38115
斯德哥尔摩（人）	15886	16052	16114	16412	16843	17761	18708	18918	18717	18411
斯德哥尔摩/瑞典（%）	48.3	47.5	47.7	47.9	48.0	48.3	48.6	48.4	48.6	48.3

资料来源：瑞典SCB职业数据统计，2012年。

（3）设计突出

作为北欧最早发展工业设计和出现设计运动的国家，瑞典不光家具设计闻名全球，其工业设计、建筑设计，特别是住宅设计，都达到了无可比拟的高水平。瑞典工贸大臣乌本·安德森在出国访问时，经常挂在嘴边的一句话就是"瑞典的出口是设计"，从中可见瑞典的工业设计在其经济中的特殊地位。在瑞典，"工业设计师"这个职业在"二战"结束后开始普及，瑞典汽车工业和精密仪器工业也正是在这一时期奠定了基础。同时，瑞典还是世界无障碍设计的发源地，玻璃陶瓷艺术品的盛产地之一。好的设计已经渗透到整个瑞典文化之中，成为瑞典文化的重要组成部分。作为首都的斯德哥尔摩更是设计的聚集地，领导着瑞典整个国家的设计文化，并向全世界扩展。斯德哥尔摩不仅以H&M的时装设计和宜家家居的现代设计享誉全球，更以各种设计周、设计展览展示着瑞典雅致、简洁的设计文化。

（4）注重绿色节能，城市发展低碳环保

作为2010年的"欧洲绿色首都"，斯德哥尔摩在城市发展方面非常注重低碳环保。在斯德哥尔摩的街头，随处可见垃圾分类回收箱和自行车租借站，当地人都以搭乘公共交通为荣。斯德哥尔摩虽然雨量充沛，但市政府都要把雨水收集起来回到污水处理厂处理后再循环利用。

位于斯德哥尔摩城区东南部的哈马比地区，过去曾是一处非法运行的小型工业港口，有许多临时搭建的建筑，垃圾遍地、污水横流，土壤遭受严重工业废弃物的污染。经过政府高度规划，结合众多最新的能源节约型科技，哈马比已成为一个低碳环保、功能复合的新型社区。哈马比社区有望在2015年全面实现碳排放减半的目标，作为一个基于低碳目标的重建开发案例，哈马比社区是欧洲众多低碳社区试验项目中的优秀典范。

另一个基于低碳目标的城市发展的典型案例是斯德哥尔摩的哈默比湖城，它以其突出的实施效果享誉欧洲和全世界。哈默比湖城都市绿道建设和交通组织的重要目标就是尽量减少、限制私人小汽车的使用，采取的主要措施包括：提供快捷完善的公共交通设施，组建汽车共享俱乐部，修建自行车专用道，实行小汽车停车场地的有限供给等。同时，绿道主动连接主要的交通枢纽和轨道换乘设施，实现绿道与其他交通方式的"零距离换乘"和"无缝连接"，形成良好的衔接转换交通体系；合理设置交通站点的公共设施，如哈默比湖城22有轨线路 LUMA 公园站，在停靠站旁边设置支架，可以同时停放多辆自行车，为绿道的骑行者提供了极大的方便。公共交通、自行车交通和都市型绿道的结合应用，基本上使小汽车无用武之地，截至目前，约80%的居民采用非小汽车的方式出行（其中52%公共交通、28%非机动交通）。

二、德国汉堡创意城市发展历程

1. 汉堡的发展历程①

汉堡是德国北部一座美丽的港口城市，也是仅次于首都柏林的德国第二

---

① 莱纳·穆勒，刘源. 德国汉堡的创意城市发展策略［J］. 国际城市规划，2012（3）：25-29.

大城市，是德国最重要的海港和最大的外贸中心，还是德国第二金融中心。汉堡能够成为德国最富有的城市，一方面要归功于它所拥有的世界上最大的内陆港之一——汉堡港。而另一方面则是，在大都市的全球竞争中，它独特的区位因素对于吸引投资和聚集专业人才也发挥着重要作用。为了不断提升城市的国际影响力，汉堡采取了一系列促进措施。如建筑和文化方面的示范项目和为全球流动精英提供住房等。在城市发展政策中，对创意工作者的支持也越来越多地受到关注。

虽然德国的很多城市和区域目前都面临着人口减少、老龄化加剧、经济衰退等诸多问题，可汉堡却在蓬勃发展：居民不断增加，经济实力日益提升，居住区面积持续扩大。如今，生活在汉堡的人口有 180 万之多，整个汉堡大区的人口更多达 430 万。在欧盟的 200 多个区域中，汉堡拥有最高的国内生产总值，城市配套的文化和休闲设施也数不胜数。这些条件使得汉堡无论对于企业还是求职者来说，都充满了吸引力。

文化创意产业对汉堡的发展具有极其深远的意义。汉堡有超过 6.4 万人从事媒体、广告、音乐产业、建筑、表演艺术、应用艺术和文学等行业，每年这些行业可创造约 190 亿美元的收入，占汉堡经济总收入的 4.6% 左右。由此带来的旅游效益也相当可观：城市每年约有 400 万人的酒店过夜量和约 1 亿人的日访问游客量。他们大多数是来观看戏剧、音乐会或参观博物馆的，由此产生的文化消费在 10 亿美元左右。

2. 汉堡的创意城市发展分析①

汉堡的创意特色主要体现在改造旧区、建设新区以及支持环保等几个方面，具体分析如下：

（1）建设示范性项目——港城

为了满足城市发展对居住、办公室和商业用地日益增长的需求。汉堡不得不设法开发出更多的可建设用地。针对这个目标，位于城市南部的"港

---

① 莱纳·穆勒，刘源. 德国汉堡的创意城市发展策略［J］. 国际城市规划，2012（3）：25-29.

城"成为汉堡在 21 世纪头 10 年中最大的开发建设工地。作为欧洲最大的内城发展项目和世界最有名的滨水区项目，预计至 2025 年，这里将会因此诞生一个新的城区。这个新城区占地约 1.57 平方千米，能容纳 1.2 万居民和 4 万雇员，同时还将有办公室、小商店、餐饮、酒店和文化设施进驻。相应的配套设施，如住房、公园、广场、街道、独立地铁线、休闲设施、学校、幼儿园和汉堡港城大学等也会逐步建立并完善。目前，港城约有一半的设施正在建设或已完工。大量建筑名流的参与将给港城带来类似于"名牌制造"的特殊效应。这些建筑名流和他们杰出的示范项目把一个富有活力的现代化大都市的形象传达给了全世界，为提升港城乃至汉堡的国际知名度做出了巨大贡献。港城的地标是由曾设计过北京奥运会国家体育馆的瑞士建筑师雅克·赫尔佐格（Jacques Herzog）和皮埃尔·德·梅隆（Pierre de Meuron）设计的易北交响乐厅。

为了改善港城由于租金太高导致人员冷清的局面，2010 年，汉堡修订了港城总体规划，并鼓励在新的建设用地上给家庭、中等收入人群甚至大学生们提供更多的居住空间。当然，引入文化和创意工作者也将给城市注入更多丰富的都市元素。为此，城市发展公司"港城汉堡公司"支持并促进了不少文化活动的开展，比如古典节、爵士节和文学节等。为给港城增光添彩，赋予城区年轻"创意"的形象，很多先锋艺术活动也成为城市重点支持的对象。

（2）为"创意氛围"寻找公共空间

修订后的港城总体规划中有一个名为"上港区"的创意城区。与原先设想不同的是，这一片地区的土地并未被出售，而是由城市自己经营。在港城的边缘区域，有一排普通仓库和砖瓦结构的行政楼，对于这些现存建筑，城市会给予充分保护并在日后通过插入新的建设项目进行完善补充，以便给创意者们提供更多的使用空间。

城市发展局在《汉堡的创意氛围和公共空间》分析报告中，重点研究了汉堡的其他潜力地区以及"上港区"的发展远景，并给出了乐观的评价和建议。建议指出，要极力促进"有活力的空间利用倾向和空间产品"，特别是一些临时性的空间使用。这些地区涵盖了转型地带和传统功能被逐渐弃置的一些区域，比如工业荒地、未利用的铁路建筑、坐落于城市附近衰落城区里的空置办公用地和商铺等。这类地区很多都位于内城，有的分布在铁路和快速公路之间，或者工业设施的背侧，有的处在港口和集装箱仓库之间的夹缝中。所有这些被调查的地区都已被创意空间的先锋者们发现并不同程度地加以利用。分析报告还提出了一些影响未来发展的应对措施。措施的影响范围很广：从"上港区"给创意工作者提供建筑使用，一直到"开放性"空间策略的形成。"开放性"策略的实施主要依赖于沟通手段，对于功能尚不确定的那些小型商业区里的私营业主，该策略表明，商业区对接纳新的工作与居住形式是完全开放的。与此同时，城市针对每一个被研究的潜力地区都制定了发展方案和处理措施。

（3）改造传统工人街区

自 20 世纪八九十年代，汉堡就将传统工人街区确定为改造区，并且从那时起就开始为基础设施的改善进行投资。这些街区包括内城西部的创意热点区：善泽区、圣保利区和阿尔托纳区。在这三个传统工人住宅区中，分布着密集的建筑和保存完整的建于经济繁荣时期的外墙，其中不乏历史悠久的厂房、屠宰场和一些商用内院。其中一部分建筑早在二三十年前就被文化创意产业加以利用。如今，这些城区已经发生了翻天覆地的变化：工人们基本都已迁出，取而代之的是艺术家、创意者、学生和不断增加的收入较高的高级学者。为改造这些街区，汉堡市于 1989 年特别成立了"城市更新和发展公司"。公司的主要任务是将这些街区作为住宅和中小型企业聚集的地点进行保护和更新，并逐步改善地区居住条件。到 2009 年改造措施接近尾声的时候，善泽区有将近 300 套住宅在公共资金的帮助下粉饰一新，50 套社会福利住房也已配套齐全，院内的绿化和游戏设施都已安置就位。

此外，"城市更新和发展公司"更是通过推行创意孵化器和主题性地产开发，对地区的升值起着一定的促进作用。比如，为计算机游戏开发者提供的"游戏城港"、为音乐家和小规模录音师提供的"卡罗之星"等项目。提供给工作在各个领域中的个体工程师、多媒体页面设计师、自由撰稿人等所谓的"共同工作空间",眼下也越来越多地出现在人们的视野当中。

（4）举办国际建筑展（IBA 汉堡方案）

为了刺激对预留土地的开发以及抑制城区向贫民区单方面发展的势头，汉堡市特别将艺术和创意氛围当作城区发展的政策口号。2007 年开始运作的汉堡国际建筑展（IBA）就是重要的应对手段之一。在德国不同城市不定期举办的 IBA 迄今已有超过 100 年的历史，其主旨在于不断尝试新的建造和居住形式。此外，它还逐步发展成为城市重建和城市营销的手段。截至 2013 年，IBA 汉堡项目会在威廉堡区继续推进城建工程，IBA 公司特意为此举办了各种各样的建筑竞赛。随着建造在水边或者水上的具有革命性的"混合房屋"和"水房子"的落成，新的居住阶层将被吸引到这里。目前，"混合房屋"正在建设当中。

同时，IBA 还有意识地支持文化产业的进驻和艺术家在当地的介入。IBA 汉堡方案更趋近于对创意的广义理解。这个方案试图将重点从创意领域单纯的经济促进政策，转移到艺术和文化的非物质功能上。为了集中参与者的内部和外部潜力，一个个切合当地社会和文化实际状况的项目将逐步实施。

正在计划的创业中心"音乐工坊"就是一个很好的范例。作为一个文化多元的城区，港城南侧易北河上的一座小岛上的威廉堡区拥有众多的来自非洲、亚洲和东欧的居民。文化多样性和大量移民的青少年后代，使他们在打破种族和文化隔离、实现融洽的日常生活过程中问题重重。IBA 却将这些问题看作发展的潜力，这种潜力机会蕴藏在不同的文化和年轻人对音乐的热情之中，可以通过不同的措施将其引上创意的轨道。在就业指导日上，专业的音乐家、DJ 和音效师向年轻人展示了通过音乐行业，如大大小小的音乐节和城区活动等，可以获得广泛的就业机会。学校也在致力于唤醒年轻人创造的激情以及对团队合作的支持。从 2012 年开始，"音乐工坊"会给对音乐感兴趣的青少年和专业人士提供相互认识的空间以及排练和演出的机会。

还有一个名为"艺术家联盟"的项目展示出了完全不同的发展意图——因为它同时面向城区外的创意工作者。在一个汉堡市所属的工业企业过去的行政楼里，汉堡市联合未来的使用者共同打造拥有摄影棚、艺术工作室、办公室、活动室和住房等的综合功能区。大约60位画家、雕刻家、建筑师、版画家、摄影师、舞蹈家和演员将集体进驻此地，并因此获得较低的租金和长期租赁合同。在改造的过程中，IBA和当地的艺术家联盟还联合举办了展览、音乐会和一些临时的文化活动项目，并邀请当地的居民一同参加。

（5）重视环保，欧洲"绿色之都"

作为欧洲绿色城市的代表之一，汉堡2011年已被评为欧洲"绿色之都"。汉堡的获奖原因是该市把整体规划和公众参与以及政策承诺结合在一起，制定了宏伟的气候保护目标——到2020年将城市二氧化碳排放量减少40%，到2050年减少80%。《汉堡气候保护法案》包括一项特别的成本收益指标，目的是促进在公共建筑中采用更换灯具、锅炉和空调等节能措施。汉堡已经更换了超过400栋公共建筑物中20万盏非节能型灯具，每年节约能源费用340万欧元。另外，近年来汉堡投资了1800万欧元将600多个锅炉系统更换为现代冷凝锅炉。

此外，一体化垃圾处理系统，以及水资源消费、计量和泄露控制方面，汉堡也取得了良好的成绩。在"港城"的设计建造中，大量生态型建筑的建立也标志着汉堡的绿色环保建设上升到一个新的高度。

（6）建立"创意公司"

汉堡的发展不只体现在IBA项目所呈现的成就上，更体现在城市更新思想的根本转变上。为了进一步实践这些新思想，汉堡市特别成立了一个"创意公司"。作为一个支持创意产业的城市服务性企业，这个"创意公司"主要致力于为创意和文化的临时活动提供相应的空间，并全力发展城市总体规划修订过程中确定的创意街区和其他创意性城市区域。

（7）采用"自下而上"战略

艺术行业最活跃的从业者们最大的成就是运用"自下而上"的战略自主创造了一个创意街区。自2009年夏天起，他们拥有并重塑了甘厄街区。甘厄是一个历史悠久的城区，早先由政府卖给了房地产开发商，它是城市里最后一个人们还能看得见历史的地方。但由于承受了过大的社会压力，政府很快买回了这块地并和艺术家们一起制定修缮和开发方案。目前，甘厄区已经逐渐发展成为汉堡市最生机勃勃的地方之一。

汉堡在诠释创意街区的过程中积累了很多经验，这在无形中推动了当地规划者和政客们对于城市发展思想的根本性转变。他们意识到，由国家调控的"自上而下"规划和升值战略在不结合"自下而上"战略的情况下常常是行不通的。另外，如果仅仅通过传统的城市发展方式和经济政策打造城市的创意环境，结果也常会事与愿违。他们也进一步认识到，自由的活动空间对于创意本身来说是必不可少的。因此，汉堡对于城市发展的过程基本形成了一种开放包容的态度，而这种态度的形成却是无法规划的。

三、韩国首尔创意城市发展历程

1. 首尔的发展历程①

位于半岛心脏位置的首尔是韩国经济、政治、文化、艺术及教育的中心，也是常住人口超过 1000 万的大城市。作为一个历史超过 600 年的古都，首尔保存着大量文化遗产，大量外国人的涌入也丰富了城市的内涵，增加了其多元化。另外，这里也是成功举办过奥运会和足球世界杯的国际化城市。首尔还是广受欢迎的"韩流"音乐、电影、电视剧等文化商品的最大生产地。首尔具有丰富的发展潜能，通过实施"Culturenomics"战略，首尔实现了建设"创意城市"的目标，并最终利用创意产业的成长动力成为"世界第十大城市"。

20 世纪 60 年代以前，首尔以传统农业为主，资源匮乏，工业基础薄弱，经济发展缓慢。从 60 年代开始，在美日援助下，首尔突破了资金和技术瓶颈，首先利用人力资源优势，发展劳动密集型产业，通过进口替代战略完成了从农业经济向工业经济的过渡。同时，也因对援助的过度依赖，导致首尔

---

① 吴维平. 创意产业及其地方性［J］. 世界地理研究，2010（4）：1-15.

在历次经济危机中都未那么幸运。但是，每次危机也给首尔带来了产业升级与转型的机遇，以发展生产性服务业和高新技术产业为主，首尔形成了资本密集型和技术密集型产业为主导的产业结构。进入21世纪后，首尔积极探索全球化时代的知识经济发展之路，利用政治、经济和文化优势，出台优惠政策，吸引、培养人才，在引进国外技术的同时积极推进本土自主研发；此外，注重连贯性城市建设，启动连贯的可持续性城市项目，以"江"和"山"开发为中心，在城市生态建设过程中寻找新的经济增长点。

首尔市于2008年制定了《创意文化城市计划大纲》，努力向"艺术城市""设计城市""创意城市""世界化城市"前进。"艺术城市"是指城市生活中文化艺术如水、空气一样流动的城市状态；"设计城市"是指城市以设计为媒介打造具有文化气质的城市；"创意城市"则是以创意为基础、积蓄文化资本创造就业机会的城市，而吸纳创意型人才、增加观光游客及全球企业的城市是"世界化城市"的概念。这四个领域实现了良性循环的架构，正是首尔的魅力所在。

创意文化城市建设带来了深刻的变化：曾经是纤维及家电产品的厂房园区——九老（位于首尔西南），在2000年改名为G-valley（正式名称为"首尔数字工业园区"），一扫昔日落后的形象，一跃成为韩国IT产业的中心地带。曾是韩国第一的钢铁贩卖市场——文来洞，现在也转变为以绘画、雕塑、摄影、设计等多样艺术形式共同繁荣的艺术创作村。首尔著名的东大门也摆脱了传统市场的形象，发展成为亚洲时尚购物的天堂。此外，20世纪90年代初曾是垃圾填埋场的岩洞一带如今聚集了韩国文化产业振兴院、各大广播电台及报社等媒体企业，被称为高新数码城市（Digital Media City）。

2. 首尔的创意城市发展分析

（1）"设计首尔"战略[①]

"设计"是首尔建设创意城市的核心内容。在现代社会，设计不仅只是

---

① 金世源. 首尔，引领创意城建 [J]. 上海经济，2011（11）：28-29.

单纯的美学概念，更是成为主导政治、经济、社会、文化的一种新模式。首尔通过设计来给予城市养分，强化设计产业的竞争力，提高市民的生活满足度，最终设计也带动了经济的发展。

首尔是韩国设计的中心，全国 73%的设计者集聚在首尔。设计产业在首尔分布广泛，尤其是 IT 相关设计产业密集。从 IT 设备设计、家庭数字电器设计和汽车工业设计到各种其他产业的设计，都为本地 1000 多万居民提供服务。设计产业作为首尔新的经济增长引擎，是产业创造新价值的核心。首尔设计行业创造了超过 17 万个岗位。其中，有 5.7 万个设计者从事制造业设计和顾问工作，5 万人从事时尚产业，其余的就业者则从事广告设计、建筑设计、游戏动漫设计、数字内容发展设计以及其他领域的设计。

文化软实力是城市创新发展的核心竞争力。1997 年，韩国为了冲破亚洲危机所带来的阻力，促进经济转型，提出了"设计韩国"战略，强调重视设计的创新文化，要求各产业在生产与发展过程中要体现这一精神，逐渐由"韩国制造"走向"韩国创造"。在这一战略指引下，韩国的数字化产业、时装设计产业已成为亚洲市场的佼佼者。这一理念也影响着首尔。2006 年，首尔市长吴世勋在演说中提出了"设计首尔"的理念，即"通过设计，提高首尔的城市竞争力，提高首尔的品牌价值"。面对 2008 年来的金融危机，首尔选择了文化、设计产业作为其发展的产业转型重点。首尔集中了 90%的韩国文化、设计产业，全国 90%的关键人才资源亦集中于首尔都市圈，席卷亚洲的韩剧、韩星、韩服、韩宴等"韩流"大多数起源于首尔，这些都为首尔借助文化、设计产业的发展，推动产业进一步升级提供了重要基础。

首尔实施了城市再造工种，专门设立了"设计首尔总部"专家小组，以"创意市政"推行市政府的相关工作，在"汉江复兴""南山复兴"和"街道复兴"三大项目中贯穿"设计首尔"的理念。

为了提升城市形象，选定"獬豸"为首尔的象征物。"獬豸"能辨是非曲直，能识善恶忠奸，是维护正义的动物，在灾难时守护宫阙的守护神。如同新加坡的"鱼尾狮"、柏林的"熊"等象征图案一样，首尔推出这一象征物，意在让人们一提起它就会联想到首尔。

此外，首尔的街道布局、盖楼建物等均要历经政府严格的设计审查，出租车统一使用"首尔色彩"和"首尔字体"等，积极推广设计理念、营造设计氛围。在公共设施设计改造上，制定了首尔市 50 条街道为"设计首尔街道"。

此外，首尔制定并实施了文化艺术空间运营战略。这一战略首先着眼于对艺术家的培养，计划通过量身定做的扶持体系，集中支持年轻艺术家。并且以亨利·列菲费尔的"城市是个作品"为口号，"城市画廊工程"在全市各处摆放艺术品，给市民提供分享艺术的机会。

"设计首尔"，人人参与。从 2007 年开设了"公共设施设计市民征召"活动，让市民的想法可以被应用到公共设施中来；入选的作品在公园等地展示。从 2008 年开始，首尔每年举办一场冠名"奥运"的设计主题活动，该活动以"I DESIGN"（我设计）为主题。这一方面吸引广大市民积极参与、营造人人均是设计师的氛围，提升市民设计意识；另一方面向世界宣传首尔，以设计产业推进经济发展。2009 年，首尔市政府在曾点燃过 1988 年奥运会火炬的地方，选择蚕室综合运动场作为"首尔设计奥运 2009"活动的主会场，表明首尔将设计作为后金融危机时期产业发展的新定位。

鉴于首尔在通过设计促进城市社会、经济、文化发展中的表率作用，国际产业设计团体协议（ICSID）授予首尔 2010 年"世界设计之城"（World Design City）的荣誉称号。2010 年的首尔设计节又给城市增添了浓墨重彩的一笔，设计节吸引了大量的设计师、设计专家、市民和外国游客积极参与到"设计首尔"建设活动中。2010 年 7 月 20 日，联合国教科文组织授予首尔"设计之都"称号，以表扬首尔丰富的文化遗产、创新潜能以及对于多元设计政策的不懈追求。通过设计城市方面的政策和项目，首尔提升了国际地位，通过培育创意人才和设计产业，首尔正在向成为国际设计中心迈进。

（2）"绿色首尔"战略

如果说"设计首尔"让首尔市民更富有的话，那么"绿色首尔"使首尔市民所享有的这种富有变得更长久。首尔根据自身特点，推出了一系列节能环保政策与措施，使绿色增长在全体市民中形成共识，从而逐步走上经济的绿色增长之路。首尔市政府规定，家用垃圾必须经过分类，然后装入政府统一出售的垃圾袋，垃圾处理费按袋征收，引导市民减少制造垃圾。

2009年1月，为完成2010年节约能源15%，减少25%温室气体排放的目标，首尔首次在韩国制定并开始执行《气候变化应对条例》，还专门设立了气候变化基金。《气候变化应对条例》主要强调首尔市政府的责任与义务，鼓励并奖励市民积极参与节能环保、减少温室气体排放活动。此外，首尔还出台其他措施，举办相关活动，使清洁发展的理念深入人心。例如，"汉江复兴计划""气候变化适应对策""首尔气候行动合作伙伴""温室气体存量数据库""首尔市气候能源地图""城市气候观测监控系统"等。

"绿色首尔"理念立即带动了整个韩国的发展。2009年年底，韩国国会通过了《绿色增长基本法》。2010年韩国政府在广泛听取业界意见的基础上制定了实施细则和相关计划，这意味着"绿色增长"正式启动，发展绿色产业，构建新的增长动力，成为首尔及韩国政府未来一段时间内经济发展的重点。

四、日本名古屋创意城市发展历程①

1. 名古屋的发展历程②

名古屋位于日本爱知县西部，是爱知县首府，也是日本三大都市圈之一名古屋都市圈的中心城市。它濒临伊势湾，位于东京和京都之间，是日本中部地方的商业、工业、教育和交通中心，全市总面积326.45平方千米，总人口228.4万人。

1998年3月日本颁布的《全国综合开发计划》（简称"新全综"）和爱知县关于区域规划的指导下，名古屋从20世纪80年代中期就开始从工业转

---

① 褚劲风. 创意城市：国际比较与路径选择［M］. 北京：北京大学出版社，2014：192-213.

② www. creative-nagoya. jp/

向发展设计产业，以此进行本市的产业结构转型。1989 年，名古屋发表了《设计城市宣言》，宣布名古屋希望成为一个"设计城市"。同年，名古屋成功举办了第十六届世界设计大会（ICSID），吸引了来自 46 个国家和地区的 3765 名参会者；而其举办的"世界设计博览会"更是吸引了 1518 余万人前来参观。

90 年代名古屋的设计探索之路仍在继续。1992 年，名古屋国际设计中心有限公司成立，该公司并于 1996 年 11 月成立了国际设计中心，此中心是创造和传播设计文化的基地。1995 年，第十七届国际室内设计大会（IFI）在名古屋召开，来自 36 个国家和地区的 1351 人前来参会；此外，同年的国际室内设计展参观访客达到 8600 人。

新世纪以来，名古屋的设计产业发展更是欣欣向荣。2003 年名古屋召开了世界平面设计大会（以国际平面设计协会联合会 Icograda 大会为核心的国际会议）和世界平面设计博览，分别吸引的参会或参观人数达 49 个国家的 3807 人和 120463 人；同年爱知县举办世博会。至此，名古屋是世界上第一个举行所有"世界三大设计会议"（ICSID，IFI 和 Icograda 的国际设计会议）的城市。2005 年，名古屋与意大利都灵结为姐妹城进行合作，通过设计实施交换项目。2008 年，联合国教科文组织认定名古屋加盟世界创意城市网络（设计领域）。

2. 名古屋的创意城市发展分析

（1）深厚的历史文化艺术氛围

名古屋是由 1610 年德川家康家族迁移至此建立名古屋城堡发展而来，由于特殊的历史原因，名古屋拥有不同于东京和大阪的独特的武士文化和建筑风格，名古屋城堡的建立也创造了许多先进的设计和技术。除此之外，名古屋人对文化艺术的热情还体现在当地的节日中（详细见表 4-3）。这些节日表明了名古屋人对文化艺术的热爱，同时也是对历史文化的继承和保护。

表 4-3 名古屋主要的著名节日

时间	节日名称	节日内容	
2 月	丰年节	庆祝丰收	全国性节日，名古屋为全国之最
3 月	玩偶节	玩偶展示	全国性节日，名古屋制造的玩偶为全国最好之一
6 月	热田节	游行，放焰火、纸灯等	名古屋独有
7 月	港口节	游行，放焰火、纸灯等	名古屋独有
8 月	名古屋城堡夏日节	各种艺术节目，包括舞蹈、能剧等	名古屋独有
10 月	名古屋节	纪念名古屋的三大英雄豪杰	名古屋独有
10 月	大须大道町人节	游行	名古屋独有

除传统节日外，名古屋还会举办多元化的活动及项目。不仅有诸如"名古屋设计周""爱知三年展""名古屋时尚大赛""名古屋设计国际大赛"等的大型国际活动，还会举办研讨会，以鼓励学术界、产业界和政府之间的合作交流，诸如"可持续设计"的"Eco-Pro-Net"活动，构建产学官共同协作的网络，共探举措以形成"循环型社会"的环境友好型城市。此外，在国际设计中心，名古屋会利用其"设计之都"的条件开展各种儿童设计项目，帮助儿童亲身感受思考和设计，促进教育及人力资源开发，如 2021 年 1~2 月名古屋亲子设计工作坊召开小学生的"让我们在世界上做一个面罩"设计活动，参加活动者通过设计创建原始面罩了解新冠肺炎疫情，益智有趣。这些活动及项目使名古屋人置身文化艺术之中，将设计艺术常态化，内化的历史文化积淀和艺术素养是名古屋成为世界设计之都的核心竞争力。

（2）拥有大量创意人才资源及基础设施

名古屋及周边有大量的教育机构，包括名古屋大学在内的五十多所院校中，有十多所专门的设计院校，如爱知县立艺术大学、名古屋艺术大学、名古屋造型大学、爱知文化服装专门学校、名古屋 HAL 技术与设计大学等，也有十多所综合性大学设有相关设计专业。这些院校涵盖了几乎所有设计方向，既有热门的室内设计、建筑工业设计、游戏设计、图像视觉设计、广告设计、时装发型设计，也有比较冷僻的宠物时尚设计、美容顾问等。同时，这些专业院校还吸引了全世界的设计专业人才前来学习参会，为名古屋创意设计产业的发展提供充足的人才资源及不断更新的专业知识。

名古屋有完善的基础设施。有"制造之县"之称的爱知县是日本中部的工业发达地区，汽车制造、陶瓷、纤维、电气机械等许多产业在全国占有重要地位。丰田公司、三菱研发机构、著名陶瓷生产商 Noritake 总部都位于名古屋，许多工业博物馆、展览馆也因此建立。雄厚的工业基础是名古屋工业设计发展的契机，设计与工业的融合也为名古屋产业转型做出一定贡献。此外，名古屋国际设计中心拥有完善的硬件设施及开放展示的各种设计藏品，它不仅是日本第一个一体化的设计中心，也是世界上最大的设计推广机构之一，许多设计界的大型活动在此举办，名古屋则利用此中心推进实施各种设计振兴政策，对相关入驻企业进行补助及孵化。

（3）支持创意产业发展的策略与政策

在国家层面上，日本从国家战略高度支持创意产业的发展。首先，知识产权总部和总务部等相关政府主体出台针对创意产业的法律法规政策，保护创意产业生产者的权益，具体包括"数字创意产业振兴战略""强化提升创意产业的国际竞争力的纲领"等文件；其次，日本政府和民间企业共同成立投资基金，并完善相关制度，为创意产业发展提供必要的投融资服务。

爱知县和名古屋市精准落实每项政策，采取产学官合作的形式，专门设立"联合国教科文组织名古屋设计之都推进事业执行委员会"，联合相关者实施推进设计之都名古屋的相关事业。该机构由政府与民间机构共同参与管理，管理体制完善。名古屋设计之都官网显示，其政策主要包括三个方面：培养人才——振兴本地产业，发现和培养才华横溢的年轻创作者；成为环保城市——从生态环境课题的经验出发，以形成"循环型社会"和向环境友好城市转变为目标，探索各种各样的对策；多元化的文化网络——借助与世界各国共同完成各种项目的经验，包括与教科文组织共同发起的项目，在全球化的角度上促进不同文化背景的人进行沟通交流，与全球其他成员城市一起引领下一代。

（4）建立统一徽标，打造设计品牌

在通过联合国"设计之都"的认定之后，名古屋设计了结合联合国教科文组织符号和名古屋市徽"丸八"标志的统一徽标。该徽标已成为名古屋市的一张城市名片，寓意是通过产学官形式及联合国教科文组织创意城市网络的活动来充分展现名古屋的魅力，用象征着富饶自然的地球的蓝色来表现。名古屋市联合国教科文组织徽标仅可用于由联合国教科文组织设计城市名古屋促进项目执行委员会及其组成组织赞助的项目，必须申请通过才可使用，因此独有的徽标是名古屋独特的设计品牌。名古屋还分别实施冠以此标的"推进项目"和"合作项目"等来推进名古屋设计之都的建设，在此进程中，名古屋具备较强的品牌意识，无处不彰显其设计理念。

五、美国波士顿创意城市发展历程[①]

1. 波士顿的发展历程

波士顿是美国马萨诸塞州首府和最大城市，位于美国东北部大西洋沿岸，创建于 1630 年，是美国最古老、最有文化价值的城市之一。在经济总量方面，2010 年波士顿 GDP 为 3136.9 亿美元，人均 GDP 达 6.89 万美元，高于马萨诸塞州和美国同期水平，是美国经济的重要组成部分，是马萨诸塞州经济发展的重要推动力量。波士顿只占据了马萨诸塞州 9% 的人口，却创造了 23% 的总产值，其创造就业占整个州的 16%，纳税额达到了 19%，占州总产值的 23%，可以看出波士顿是该州重要的经济引擎。

---

① 吴维平. 创意产业及其地方性 ［J］. 世界地理研究，2010（4）：1-15.

2. 波士顿的创意城市发展分析

（1）创意人才聚集，大型企业众多

波士顿一直被认为是教育、创新和知识方面的领导者。波士顿拥有100多所大学，这些大学为波士顿地区产业发展提供了众多的创意人才，也为波士顿这个城市增添了浓厚的学术氛围。波士顿，还是目前世界最大的生物技术产业中心。大型制药公司如默克、阿斯利康、雅培、辉瑞、诺华等总部都在波士顿。

波士顿所谓的研究轴——由麻省理工学院、哈佛和别的地方大学还有不断集聚的工业实验室组成——提供了一个在深度和多样性方面属全国一流的智力和技术储备。特别是，和从事前沿研究的教授一起学习甚至工作的机会极大地提高了教学质量。这样一个知识社区的存在也使得这一区域对于著名学者和科学家更有吸引力。特别是对于生物技术，在这个地区可能可以找到生物科学研究方面最好的科学家和技术人员。对于软件公司，在麻省理工学院附近形成的全新的计算机文化（叫作技术广场）提供了一种吸引人的行为准则。这里允许开放的信息共享、自由而无限制地使用计算机、实行精英管理制度，这也部分地解释了企业在那里集聚的原因。

（2）大量的联邦资助支持科学研究

大学的研究已经对产业的增长产生了根本性的影响，帮助界定了如计算机、IT、医疗器械、生物技术与遗传学等行业。特别是当地的八所研究型大学，他们是主要的联邦研究经费的接受者和专利的创造者，吸引着大型的国内和国际公司将研究业务安排在这个地区。其中包括安进、思科、默克、诺华、辉瑞和太阳微系统公司。大部分的生物技术研究由获得了大量联邦资助（特别是来自NIH的资助）的医学院和其他的医疗研究机构承担。大部分生物技术公司的智识根源和人力资本可以追溯到这些机构。波士顿有三个全美最重要的医学研究机构，波士顿得到的NIH的资助金额比美国任何别的都市区都多。大学实际上是支持领先的地方集群持续增长的智力基础设施。但科学研究不单单只在象牙塔里开展，而是在大学、医院和别的附属机构、企业和企业家组成的复杂网络中进行。

（3）悠久的产学研联盟历史

波士顿拥有产业增长必须的两个能力，即强大的研究能力和将研究成功转化为商业价值的能力，这两个能力确立了其领先的优势。波士顿不仅仅是研究纯学术，更是拥有悠久的产学研联盟历史。"二战"以来，麻省理工学院的研究者是国防和航天合同主要的受益者，雷达和计算机技术创新的先驱。到1970年，波士顿地区已经成为美国领先的电子学研究的创新中心。麻省理工学院在20世纪20年代建立的工业合作与研究部一直坚持将研究结果向企业发布。这个地区其他的研究型大学也有类似的研究合作关系，比如波士顿大学的光子学中心、东北大学的巴尼特研究所以及哈佛的化学和细胞生物学研究所。

大学不仅和企业建立产学研联盟，更把学生和企业挂钩。研究型大学努力使自己的教学和培训计划能满足当地对劳动力的要求。除了传统的继续教育机会，几个大学还组织了正规的项目，旨在将学生培养成为企业家并建立新企业。

（4）建立技术转化办公室，支持创新成果商业化

对商业企业的专利出售可能是科研成果转化成为产业增长的最直接方式。所有的研究型大学都已经建立了技术转化办公室，致力于促进创新成果的商业化，为创建新企业的大学有关人员提供广泛的支持。这类支持包括为进一步开发发明提供种子资金、协助制订商业计划、引见风险投资者、协助组建初创企业的团队、提供孵化场地。这是除了它本身的研究实力外，波士顿的生物技术研究商业转化出色的原因。麻省理工学院以鼓励教师创业的制度文化而闻名。研究型大学的教师成为当地著名的IT、生物技术和建筑咨询公司的创始人。许多公司是由大学校友创建的。另一个因素就是获得风险资本的便利性，波士顿获得这类投资的数量仅次于旧金山，并拥有历史悠久的投资于地方企业成长的风险投资产业。波士顿还从成熟的产业中受益，因为这些产业获得的投资资金比消费资金多。

（5）大学改善地区生活品质，支持地区基础教育

大学还为地区的生活品质改善做出了极大的贡献，大学提供经济的住

房、为社区改善项目做贡献并有助于提供卫生服务。他们都积极地参与了一系列改善地方中小学教育系统的项目,还为这些年轻的学生提供了广泛的教育机会。几个大学还积极开发支持知识产业持续增长需要的场所。比如,大学资助的房地产开发项目——塔夫茨大学塔夫茨科学园,为研发、先导制造和其他与生物技术相关的活动提供场所。

六、国内外创意城市建设比较分析

目前,全球创意城市建设正在如火如荼阶段,不同的城市拥有不同的历史与优势,导致各个城市建设重点也不一样,但是全球创意城市发展也呈现出一定的共性。

1. 共同特征

上文所列举的五个创意城市发展均存在着一定的共性,共同特征如下①:

(1) 创意产业发达,并呈现集聚发展态势

创意产业与创意城市之间存在着相辅相成关系。城市的创意氛围和创意环境吸引、集聚和培育创意人才与创意产品消费市场,从而形成创意产业。创意产业发达促进构筑创意城市,吸引、集聚更多创意人才、创意企业,促进创意城市发展。创意产业在创意城市所营造的创意氛围和创意环境中往往形成集聚发展的态势,斯德哥尔摩、汉堡、首尔、名古屋、波士顿都是创意产业集聚发展的代表性城市。

(2) 创意人才集聚,科研院校众多

创意产业的发展和创意城市的形成,都离不开创意人才的创意和努力,创意人才的多寡是创意产业乃至创意城市发展程度的决定性因素之一。国际一流创意城市无不集聚了大量创意人才。

---

① 刘平. 国外创意城市的实践与经验启示 [J]. 社会科学,2010 (11):26-34.

这五个创意城市都建立在人力资源密集的地区。如斯德哥尔摩地区拥有 22 所综合性高校和 14 所非综合性高校；汉堡有 12 所高校，除了汉堡大学外，还有汉堡商学院、汉堡法学院、汉堡港口城市大学、汉堡音乐和戏剧学院等著名院校；首尔聚集了韩国 46 所院校，如著名的首尔大学、建国大学、高丽大学、延世大学、汉阳大学等；名古屋共有 50 多所院校，其中艺术类院校或含有艺术类专业的院校共有 20 多所，如名古屋大学、名古屋艺术大学、爱知县立艺术大学等；波士顿更是名校遍地，拥有超过 100 所大学，除了享誉全球的哈佛大学、麻省理工学院外，还有波士顿大学、东北大学等，许多研究机构也汇聚在此。

（3）经济基础雄厚

创意城市都拥有雄厚的经济基础，即使小城市也不例外，只有雄厚的经济基础才能够为创意产品的生产源源不断地提供资金和市场。发达国家的历史经验表明，人均国民生产总值突破 8500~9000 美元水平，文化消费占居民消费的比重就开始进入明显提高的阶段。上文所列五个创意城市人均 GDP 都处于较高水平。在尚未走出工业化大生产时代的城市和生活水平低下的城市，缺乏对满足精神需要的创意产品的需求和市场，也缺少吸引创意人才的环境和氛围，不可能发展创意经济，也就不可能形成创意城市。

（4）文化创意氛围浓厚

浓郁的文化创意氛围是创意城市区别于其他城市的一大主要特征。这种特征有利于诞生和培育富于个性、创新性和创造力的创意人才，营造适于创意人才和企业生存发展的优良环境，形成巨大的创意产品消费市场。其主要表现在以下两个方面：

第一，对多元文化的包容与融合。许多创意城市由于其地理位置、发展历史以及对外来文化的包容与学习传统、开放的政策等原因，而使其形成多种族、多民族以及多元文化共存、交流融合的文化氛围。创新诞生于各种文化、思想、人物的交流，多元文化的交流融合特别有利于引发创新，产生各种各样的创意。

最早被联合国教科文组织授予"设计之都"称号的布宜诺斯艾利斯也有

着与其他创意城市相似的多元文化兼容并蓄的特点，它容纳了来自不同文化背景，包括意大利、黎巴嫩、亚美尼亚等不同国家和地区的大量移民，从而发展出一种显著的多元融合性文化，其文化产业创造了本地7%的经济收入和4%的本地就业。根据《经济学家》杂志调查，布宜诺斯艾利斯因其充满活力的文化氛围被评为拉丁美洲的最佳城市，这个城市集中了全国80%的文化创意产业及其10%的产出。

其他创意城市如斯德哥尔摩、汉堡、首尔、名古屋、波士顿等，都是包容外来文化而融合多元文化形成了开放、宽松、富于创新与时尚的文化氛围，这些成为其形成创意城市的基础优势。

第二，文化、教育设施充实，文化活动丰富。文化、教育设施以及文化活动的数量是最能体现一个城市文化环境和氛围的要素之一。丰富的文化、教育设施以及各种文化活动能够为他们提供足够充分的培育、表现、交流的平台和舞台，能够吸引、培育一批又一批年轻创意人才和创意产品的受众，营造浓郁的文化创意氛围。尤其是国际一流创意城市，这方面的表现非同寻常。

波士顿拥有90多所大学，其中的多所高校开设6大类设计专业，每年都会举办各种各样的设计比赛以及丰富多彩的创意活动，吸引众多参赛者和参会者，这对于营造城市的创意氛围，进一步吸引创意人才集聚产生极大的促进作用。

其他创意城市如斯德哥尔摩、汉堡、首尔、名古屋等，也都拥有众多大学、博物馆、图书馆等文化教育设施，文化活动也异常丰富，营造了浓厚的文化创意氛围。

（5）政府的大力支持

尽管各地政府对创意城市的支持力度不同，使用的策略也不尽相同，但都对它们的发展起到了不可替代的作用，极大地促进了城市创意能力的提高。其中，斯德哥尔摩、汉堡、波士顿政府的作用较小。首尔、名古屋政府的作用较大，直接参与创意城市的规划与建设，改善基础设施，实行产业支持政策，还给予人才、技术、资金方面的支持。

（6）注重环保宜居

这五个城市在创意城市建设中都注重绿色环保，特别是斯德哥尔摩、汉堡和首尔，建设"绿色之都"已经达到战略高度。城市不仅节能减排，大力提倡公共交通，设置垃圾分类回收，变废为宝，提倡节约资源，更在新城建造和改造老城的过程中秉承环保理念，建立环保型建筑，使用新能源，大力发展环保产业。

2. 差异分析

这些创意城市的差异主要体现在实践模式、产业结构、融资机制等方面。①

（1）创意城市实践模式不同

世界各国的城市基于独特的资源基础、不同的发展路径，形成了千姿百态的创意城市，演绎着各自的创意。从创意城市的发展动因来看，有传承历史文化传统的"轨迹延续式"发展，如斯德哥尔摩、汉堡、名古屋、波士顿；也有通过断裂式革新以适应竞争压力的"另起炉灶式"发展，如首尔。

从不同人群在创意城市建设中的参与程度和地位来看，创意城市的建设可以划分为：政府与民间鼎立合作的欧洲模式，如斯德哥尔摩、汉堡；政府扶持、民间主导实施的美国模式，如波士顿；政府主导结合民间参与的亚洲模式，如首尔、名古屋。

从创意城市的特色构成来看，可以划分为单一特色、多种特色和综合特色三种类型。其中，首尔、波士顿属于单一特色；斯德哥尔摩、汉堡、名古屋属于多种特色。

---

① 甘霖，唐燕. 创意城市的国际经验与本土化建构［J］. 国际城市规划，2012（3）：54–59.

表4-7 多种视角下的创意城市实践模式

分类标准	模式	特征	运行背景	代表城市
发展动因和目的	轨迹延续型	稳健，渐进式地改变	城市发展进程从未割断与历史的联系；城市发展能持续适应经济转型需求	斯德哥尔摩、汉堡、名古屋、波士顿
	另起炉灶型	断裂式改革，通过全面的产业升级、经济转型、城市更新提高城市竞争力	主要适用于非传统文化中心城市，创意城市运作依靠利益相关者的广泛参与和政府部门的强力干预	首尔
主导力量	欧洲模式	政府与民间智慧的鼎力合作	城市拥有悠久的历史和深厚的文化积淀	斯德哥尔摩、汉堡
	美国模式	政府决策或扶持，民间主导并实施	"大社会小政府"崇尚个人主义、冒险和创新的社会文化	波士顿
	亚洲模式	政府主导与民间参与相结合；学习、模仿欧美经验	东方文化、权威主义、后发性	首尔、名古屋
创意特色	单一特色	大学城、科学城、电影城、会展城市、文学出版、设计之都、烹饪之都、美食之都、时装之都等	城市创意特色单一，且该特色发展基础较好	首尔、波士顿
	多种特色	一个城市同时并存多种创意特色	区域性的创意中心	斯德哥尔摩、汉堡、名古屋
	综合特色	城市创意特色综合全面，在全球经济中具有重要战略地位	具备创意化的城市基础设施、多中心的城市结构、国际联动性的创意产业	无

（2）产业结构不同

这五个创意城市产业结构侧重点不同。斯德哥尔摩和汉堡工业发达，斯德哥尔摩在机器制造，汉堡在航空工业、飞机制造方面都有优势。另外，斯德哥尔摩作为瑞典的金融中心，金融保险行业也很发达。汉堡作为德国最大的港口城市，港口和物流行业尤其发达。首尔以金融、文化产业、软件、电子信息服务、设计为主。波士顿则在计算机硬件与软件、生物工程领域占有主导地位。各个创意城市具体产业结构如表4-8所示。

表4-8 各创意城市产业结构比较

城市	产业结构
斯德哥尔摩	金融、保险、通讯、钢铁、机器制造、化工、造纸、印刷、食品
汉堡	港口和物流、再生能源、航空工业、生命科学、媒体、IT、通讯行业、金融
首尔	文化、设计、软件、电子、信息服务、金融、生物技术、通讯、旅游观光
名古屋	设计产业、汽车制造、纤维、陶瓷、塑料、电气机械、橡胶制品
波士顿	计算机硬件与软件、生物工程、医疗保健、金融、保险、基金、旅游观光

（3）融资机制不同

这五个创意城市在发展过程中依靠的资本来源都不相同。如波士顿主要是依靠风险投资资本，资金来源主要是民间私人资本。波士顿许多大型企业在创业初期都得到过风险资本的支持。波士顿风险公司、资本市场、投资银行和风险基金的发育和发展，使其产业实现了快速发展。当然，许多研究，特别是生物工程也得到了大量联邦资助。

斯德哥尔摩、汉堡和名古屋主要是政府投资和民间资本相结合，还有外国资本。首尔主要靠政府投资，当然，它们也在积极吸收私人资本和外国资本。

（4）政府地位不同

斯德哥尔摩和汉堡，政府积极吸引民间参与创意城市建设。在汉堡，政府不仅主导开发港城，也积极听取民众建议，建设创意城区——上港区，改造传统工人街区，同时还成立"创意公司"为创意产业服务；同样，名古屋在创意产业发展上有着高度一致的官民共识，产学官三方互相响应。首尔、布宜诺斯艾利斯建设创意城市，政府起了绝对的主导作用。而在波士顿，政府只扮演了一个小角色，仅仅制定一些法律政策规划创意产业发展，同时建立技术转化办公室，支持创新成果商业化。

七、国外创意城市经验借鉴及启示

虽然瑞典斯德哥尔摩、德国汉堡、韩国首尔、日本名古屋、美国波士顿这五个创意城市建设存在一定的差异，但是通过对它们的发展历程及创意特色进行比较分析研究，借鉴它们发展的成功经验，对深圳建设创意城市将带来很大的启示。[①]

1. 结合实际，形成自己的创意特色

城市文脉是城市独有的魅力和价值，城市文脉延续的关键在于城市历史文化的保护与开发。建设创意城市要利用创意产业实现历史建筑的改造与恢复，良好地保留历史街区的原貌，而丰富的历史遗存和悠久的传统文化则为创意产业的发展提供了肥田沃土。每个城市文化背景、优势劣势都是不相同的，所以建设创意城市要结合自己的实际情况和具体环境，发展具有自己特色的创意模式。

名古屋就很好地保留了它的传统，在传统的雄厚的工业基础上改造更新，使都市再生和文创产业结合起来，名古屋的工业设计位于世界前列。深圳的条件和环境与上述六个创意城市都不相同，不能硬套用它们的模式，但是可以借鉴它们的共同成功经验，根据自己的特点，建立一种属于深圳特色的创意模式。

2. 将建设创意城市纳入城市发展战略

大多数创意城市都将建设创意城市或设计之都纳入了城市规划或城市发

---

① 刘平. 国外创意城市的实践与经验启示［J］. 社会科学，2010（11）：26-34.

展战略，从整个城市未来发展战略的高度来考虑和实施创意城市发展计划和措施，将创意城市建设与未来城市发展，以及经济、社会、文化发展目标相结合。这样，创意城市建设的目标就不仅仅只是一个创意产业的发展，或者仅仅只是某些经济指标的实现，也不仅仅只是某些文化目标的实现，而是整个城市以及社会发展目标的一部分。

创意产业集聚发展是创意城市的共同特征之一。各个创意城市都把发展创意产业作为创意城市建设的主要内容之一，根据自身优势明确重点发展的产业领域，出台重点支持措施。各个城市重点发展的创意产业领域虽然各有特点，不尽相同，但有一些产业领域是共同特别关注的。例如，多数"设计之都"都明确设计产业为重点发展产业，以设计为中心开展创意城市建设，首尔就将设计产业和时尚产业纳入重点发展产业领域。设计与时尚两个产业领域与创意城市尤其是设计之都建设具有较强的关联性，也是最能够表现设计之都含义和形象并实现设计之都目标的途径。

深圳的文化科技产业发展虽然具备了一定的基础，呈现强劲的发展势头，但是也应看到，深圳文化科技产业正处于起步阶段，总量规模较小，技术创新能力较低，积极主动应用高新技术还很不够，自主知识产权的产品匮乏，文化科技产业发展的环境仍然有待进一步完善，市场体系与发达国家相比还不够完善。为此，深圳要建设创意城市，必须把文化与科技结合作为基本路径，采取更为有力的对策和举措，进一步加快文化科技产业发展。①

3. 成立专门的推进机构

许多创意城市都成立了专门的推进机构，机构组成既具有权威性，又有城市建设相关各方参与（包括市民的参与）而便于协调和组织各方力量，还有具体负责落实实施事项的行动小组和办事机构，有利于推进设计之都建设的各项措施能够确实落到实处，得到贯彻执行。如首尔就专门设立了副市长级别的"设计首尔总部"专家小组来指导创意城市建设。

---

① 彭立勋，黄发玉，乌半察夫. 创意城市建设与城市转型发展——深圳的创意城市发展之路［J］. 广西城镇建设，2010（12）：24-26.

4. 充分利用设计进行城市规划和建设

由于创意城市建设的目标不仅是发展创意产业，而且是涉及到整个城市和社会、经济发展目标的城市发展战略的实现，因此，将设计运用于城市规划和城市建设成为许多创意城市，如汉堡、首尔的选择。汉堡邀请了许多国际知名建筑师参与港城的规划和设计；而首尔则通过实施城市再造工程，积极推广设计理念、营造设计氛围。这些都是值得深圳借鉴的经验。

5. 实施多种资金支持措施

创意城市建设离不开政府的资金支持，但是，不能仅仅依靠政府投资，而需要调动和发挥各方力量，尤其是民间资金力量。斯德哥尔摩和汉堡都有政府资金的支持；首尔主要靠政府投资；名古屋则是由政府和民间企业共同成立投资基金；波士顿在政府加大资助力度的同时，主要采取寻求风险投资的手段，支持企业研发资金的需求。结合深圳的实际情况，政府必须加大对创意城市建设的投资，并努力吸收民间投资，形成完善的投资市场。

6. 建立公共服务平台提供多种服务

这是多数创意城市或设计之都建设的主要措施之一。由政府出资或者由政府和民间共同出资设立能够提供孵化、培训、辅导、指导、展示、咨询、技术、信息、网络等多种服务的公共服务平台。如汉堡就特别成立了一个"创意公司"，作为一个支持创意产业的城市服务型企业，这种模式极其值得我们借鉴。深圳也应该积极建立公共服务平台，为创意城市建设提供多种服务。

7. 重点支持中小企业

中小企业是创意产业的主体，也是构成创意城市的主体之一。无论是集聚了众多富于创造性、技巧和高质量劳动者的专业化中小企业群的创意城市，还是像首尔这样的大都市，都存在数量上占绝对优势的中小企业。它们的生产模式与工业化大生产模式完全不同，它们具有灵活性、高效率、适应性，拥有依靠创新和想象力、熟练技术、灵敏感性生产出具有国际竞争力的个性化商品的能力。因此，它们构成了创意城市的一个重要主体，也成为创意城市建设不可忽视的一种力量。斯德哥尔摩、汉堡、首尔、名古屋、波士顿都将支持中小企业开展创新活动和积极利用设计作为重要措施。深圳要建设创意城市，也要重点全面支持中小企业，要发挥出中小企业对创意城市建设的重要作用。

8. 注重吸引培养创意人才

高等院校和科研机构是国际创意城市的重要基础条件。在工业化时代，主要由企业引导城市和人才；而在知识时代，则是主要由大学引导城市和人才。大学和各类科研机构是科学技术的发生器和繁殖场，是创意人才的吸铁石。目前深圳城市综合竞争力名列全国前茅，但深圳的高等教育水平与经济发展远远不相适应。正是因为深圳缺少一流大学，人才培养根基不深，造成创意原创动力不足。深圳经济规模已经十分庞大，经济活跃度高，急需大量各类人才，但单靠引进是不够的，从长远看，解决深圳人才问题的关键还要立足于自己培养。因此，深圳要采取超常规方式发展高等教育，近期尽快把南方科技大学和深圳大学城办成国家级人才基地、国内外知名的知识创新基地，中长期应考虑建设更多各类型高水平大学。

建设创意城市，创意人才是关键。随着深圳创意产业的快速发展，文化创意人才和高端人才的匮乏，已成为深圳大力发展文化创意产业的最大软肋。当前，要围绕创意产业发展的重点领域，加快培养和引进文化创意人才、软件开发人才和经营管理人才；要加大创意人才教育投入，从专业设置、学历教育和职业培训等方面，全方位、多层次地加强创意人才培养，形成满足创意产业需求的人才队伍；要加强国际人才交流与合作，促进创意人才国际化。不断完善人才引进机制，利用政策杠杆吸引世界各地的优秀创意人才，特别是要引进既有深厚传统文化底蕴又具备宽阔国际视野的海外高端人才。①

9. 举办数量繁多、高级别的创意文化活动

这是各个创意城市都强调和具体实施的必要措施。数量繁多而又丰富多彩的文化创意活动，如各种竞赛、比赛、会展、论坛、研讨会、节庆等。一是能够促进创意、设计意识的普及和对创意产品的了解，有利于培育创意人才和创意产品市场；二是营造创意氛围；三是发现优秀创意人才和创意作品；四是为创意人士和创意作品被企业、消费者乃至世界所了解和接受、扩大国际知名度，进而开拓国际市场创造条件。开展节庆活动，一方面要以数量取胜，每天、每周都有令人眼花缭乱的各种节庆活动举行，能够充分展现城市的创意氛围。另一方面要以规模或级别取胜，举办一次世界顶级的大规模活动，其影响和效果可能超过十次、数十次小规模活动。深圳在开展节庆活动上无论是数量还是规模、级别都还很欠缺，有必要打造几个规模大、有影响力的世界顶级创意节庆活动。②

10. 建设环保宜居城市

建设环保宜居城市有利于吸引创意人才，提高城市竞争力和影响力，也是城市创意的体现。深圳已经开始了生态城市和宜居城市建设，但还不够，应该多参照国际经验，特别是斯德哥尔摩和汉堡的经验，让全民都参与到城市环保建设中来，尽自己的一份力。相信，深圳只要继续保持这样的城市发展方式，让民众参与城市建设，以其环保宜居的城市生态环境，一定能吸引更多的人才加入创意城市的建设进程中。

---

① 彭立勋，黄发玉，乌兰察夫. 论文化科技结合与创意城市建设［J］. 南方论丛，2010（1）：1-9.
② 彭立勋，黄发玉，乌兰察夫. 创意城市建设与城市转型发展——深圳的创意城市发展之路［J］. 广西城镇建设，2010（12）：24-26.

第五章

深圳创意产业集聚发展特征分析[①]

新世纪以来，第四次科技革命推动信息技术飞速发展，经济增长方式也在悄然发生变革，由资源消耗的粗放型生产方式向以知识、创新为中心的集约型新时代转变，意味着进入了蓬勃发展的创意经济时代。从目前中国创意产业发展现状来看，2019年全国文化及相关产业增加值为44363亿元，占GDP的比重达到4.5%，且创意产业增加值占GDP比重逐年增长。从各城市发展情况来看，创意产业在香港、台湾等地正飞速崛起，成为新时代经济发展的中坚力量。北京、上海及深圳等一线城市亦将创意产业作为支柱产业扶持，并积极制定相关政策，提升城市活力。从细分行业布局来看，影视动漫、工业设计、工艺时尚等行业发展迅速。深圳积极顺应经济全球化浪潮，借鉴纽约、伦敦等国际大都市的成功经验，结合自身条件，将发展创意产业、建设"两城一都"（即"图书馆之城""钢琴之城"和"设计之都"）作为城市及经济发展的重点，创意产业集聚发展特征明显。

一、深圳创意产业发展现状[②]

20世纪90年代以来，创意产业以其低消耗、无污染性、高附加值性和

---

① 本章由段杰、粟伟、朱丽萍、龙珊共同撰写。

② 朱丽萍. 深圳创意产业园演化与城市空间转型研究［D］. 深圳：深圳大学，2014：30-35.

强渗透性的特征，被视为全球经济增长的新亮点。在此背景下，深圳积极响应经济全球化浪潮，借鉴伦敦、纽约等城市的成功经验，结合自身特色，将发展创意产业、建设"两城一都"作为提升城市竞争力的重点。截至 2017 年年底，中国已有 14 个城市加入全球创意城市网络，深圳则是中国最早被授予"设计之都"称号的城市。

1. 发展态势迅猛

创意产业已成为带动深圳经济发展的新引擎。2004 年以来，创意产业增加值以年均 20% 的增速稳步上升。2018 年深圳创意产业增加值超过 2621.77 亿元，占全市 GDP 的 10.38% 左右；同时创意产业发展还创造了大量就业机会，2008—2018 年十年间，创意产业从业者人数从 8 万飙升至 102.94 万，增长率超 10 倍。深圳创意产业的快速发展也得到世界认可，2008 年 11 月，深圳获批加入全球创意城市网络，并获得由联合国教科文组织认定颁布的"设计之都"称号，逐步向世界一流创意城市迈进。

表 5-1　深圳主要年份创意产业发展指标

年份	创意产业增加值（亿元）	创意产业增加值占 GDP 比重	创意产业从业者人数（万人）	创意产业从业者占劳动者比重
2004	237.64	7.03%	8.0735	1.44%
2008	499.12	7.55%	12.7298	1.87%
2012	966.75	8.07%	15.5804	2.30%
2014	1553.64	9.80%	52.07	5.79%
2016	1949.7	11%	51.79	5.59%
2017	2243.95	10%	90	9.54%
2018	2621.77	10.38%	102.94	9.80%

资料来源：深圳历年统计年鉴。

2. 初步形成特色发展模式

依靠坚实的科技基础、区域性金融中心地位和优美的海滨旅游资源，深圳已初步形成了以"文化+科技""文化+旅游""文化+金融"为核心的创意产业发展模式。腾讯、华强文化、天威视讯等企业在掌握自主产权高新技术的同时，融入大众文化娱乐需求，树立了在经营模式和创新能力的全国领先地位。华侨城集团等建立的融文化与旅游于一体的主题公园和创意产业园区，不仅有效延伸创意产业链，还成为中国建设此类休闲旅游胜地的学习典范。以文化产权交易所为代表的创新金融机构，有效提高社会对创意企业的金融支持强度，搭建创意产业投融资和创意企业孵化的公共平台。

3. 空间集聚逐步显现

以引导创意产业健康发展为目的，深圳通过实施行业集聚、空间集中的发展策略，培育建设了一批重点项目与园区，创意产业集聚效应逐渐显现。

为了定量测定行业在空间分布的均衡水平，克鲁格曼等结合洛伦茨曲线和基尼系数的原理及方法，创造性地构造了空间基尼系数，其计算公式为：

$$G_{ini} = \frac{1}{2(N-1)} \sum_{i=1}^{N} \sum_{j=1}^{N} |\lambda_i^s - \lambda_j^s| \ ①$$

表 5-2　主要年份深圳创意产业及主导产业空间基尼系数

年份	创意产业	信息传输、软件和信息技术服务业	科学研究、技术服务业	文化、体育和娱乐业
2004（按区计算）	0.55	0.71	0.53	0.36
2008（按区计算）	0.61	0.72	0.60	0.52
2012（按区计算）	0.65	0.73	0.63	0.58
2016（按区计算）	0.67	0.74	0.65	0.60
2019（按区计算）	0.70	0.86	0.75	0.68
涨幅（%）	18.2	2.8	18.7	6.11

总体而言，深圳创意产业空间基尼系数均大于 0.5，表明其空间集聚程度在 2004 年已经达到较高的水平。近几年来，政府部门在税收及投资等方面

---

① G_{ini} 为空间基尼系数，N 指全市共有的行政区划，λ_i^s 和 λ_j^s 指地区 i 和 j 的 s 产业占全市该产业就业人数的比重。当 $G_{ini} = 0$ 时，产业在空间分布是均匀的，G_{ini}（最大值为 1）越大，表明地区产业的集聚程度越高。

对产业园区的选址进行宏观调控引导，使创意产业进一步集聚，空间基尼系数上涨 0.3，涨幅达 18.2%。从各主导行业而言，信息传输、计算机服务和软件业的空间基尼系数最高，这归因于其发展初期即根据政府的导向，有计划有目的地进行集聚。文化、体育和娱乐业的空间集聚程度剧增，其空间基尼系数的增幅达到 61.1%，原因主要在于政府对文化娱乐的重视程度提高，文化基础设施的数量激增，且所增设的设备大部分集中于原关内区域。

4. 产业环境不断优化

良好的产业环境是促进创意产业发展的主要因素。深圳市政府先后出台了《深圳市文化产业发展规划纲要（2007—2020）》《深圳市文化产业发展促进条例》《关于支持和促进深圳文化产权交易所发展的若干意见》等专项文件，初步构建了保障创意产业发展的政策法规体系。此外，深圳积极建设文化创意产业的展示平台，形成良好的展销一体化模式。深圳文博会自 2004 年举办到 2017 年（公布数据的最后一年）以来，历届累计总成交额超过 1.3 万亿元，出口成交额累计超过 1200 亿元①。文博会为深圳甚至全国的创意产业提供优秀的展销平台，成为引领中国文化产业发展的重要风向标。同时，市民文化大课堂，以及"深圳读书月""创意十二月"等相关活动的开展，有效促进创意文化氛围的形成及市民文化素质的提高。

二、深圳创意产业集聚特征②

1. 创意产业集聚空间特性

在传统区位论中，影响产业的区位因子主要是交通、资源等，而创意产业作为新兴产业，以其不同于传统产业的特征，影响其区位的因子也不同于

---

① 数据来源：深圳市文化产业信息网。
② 粟伟．价值链视角下深圳创意产业集聚与经济增长研究［D］．深圳：深圳大学，2014：28-31．

传统产业，最先形成创意产业集聚的地方通常有以下几种：

（1）闲置的旧厂房、旧仓库

在城市化进程中，随着城市范围的扩张、城市产业结构的更新，城市的工业区从城市中心逐渐向城市外围转移，城市中心区原有的厂房仓库就被闲置下来。这些闲置的旧厂房租金廉价、室内空间宽敞，正适合年轻的创意阶层进行艺术创造。他们保留旧厂房原有的砖石墙体、房梁结构，同时将现代化材料及设备，以艺术手法布局安置其中，将旧厂房本身的沧桑与现代化艺术所具有的时尚结合，营造出一个充满艺术特色的创意产业集聚区。深圳的华侨城创意产业园，是深圳早期工业区，随着深圳的城市发展、工业的外移，遗留下来的工业厂房被改造成了创意产业园区，进而吸引了大量的创意阶层和创意企业，成为全国闻名的创意产业集聚地。

（2）大学、研发机构周边

创意产业作为一个新兴产业，是知识经济时代和信息时代的产物，对科技和创意的依赖性较大，特别是设计类和多媒体类的产业，因而需要高品质的大学和研发机构。在深圳职业技术学院创意产业园区和深圳大学的"3号艺栈"，就是依托大学为其提供了人才保证和技术支持，同时，开放包容的大学氛围也是创意产业发展的重要条件。大学培养出大量的创意人才，在这些大学周边从事创意产业实践活动，逐步形成创意人才的集聚，最终实现了创意产业的集聚。

（3）有特色的古村落、老社区

深圳布吉大芬油画村，就是老社区的一个典型。大芬村最初只是一个很小很普通的社区，由于偶然的机会，开始制作油画，随后，越来越多的油画人士来到这里，从事油画制作，形成了现在的大芬油画村，有了完整的油画产业链。深圳观澜版画村，原本是一个在城市化进程中衰败的古老村落，因为其古朴的建筑风格和优美的环境，成了艺术家偏爱的工作场所，进而吸引了越来越多的版画创作者入驻其中，进而成为今天的观澜版画原创基地。

2. 创意产业集聚发展特性

（1）政府政策主导性

通过分析可以看出影响深圳创意产业集聚发展各因素的作用力。其中，政府政策因素作为一个很突出的部分以44%的比重成为推动深圳创意产业集聚发展的主导性力量。在实际调研中也不难发现，政府政策在深圳创意产业发展过程中扮演了重要的角色。

深圳的创意产业虽尚未走入全国领先行列，但深圳政府对文化创意产业，尤其是创意产业基地（园区）的各项政策措施，成为深圳创意产业集聚的坚强后盾。一是一系列促进创意产业集聚和发展的法规政策的相继出台。《深圳市文化产业促进条例》《关于建设文化产业基地的实施意见》《深圳市鼓励三旧改造建设文化园区（基地）若干措施（试行）》《深圳市文化产业园区和基地认定管理办法（试行）》等，为创意产业集聚发展营造了良好的政策性机遇。二是加强对知识产权的保护力度。创意产业在美国被归纳到版权产业中，足见版权等知识产权对创意产业的重要作用。2006年，深圳出台《深圳市知识产权战略纲要（2006—2010）》保护文化创新成果，强化了企业创新创意源头的主体地位；启动《深圳市知识产权发展与保护条例》立法工作，专门对设计类版权进行立法保护；同时启动"深圳市知识产权优势提升计划"，培育优势企业自主进行知识产权保护和产权创新。三是政府管理体制的创新，成立了全国首个地方政府直属的文化产业发展办公室，专门推动文化及创意产业的发展。四是利用产业升级、结构调整的时机将创意产业推上主导平台，比如定位文化创意产业为深圳四大支柱产业之一、在综合配套改革中提出深港合作打造全球创意中心等，都为创意产业在深圳的集聚与发展提供了极好的机遇。

政府政策对深圳创意产业集聚发展的推动，除了上述政策环境和优惠条件外，更重要的表现在对要素配给的影响上。创意产业虽然对土地等资源的依赖远小于传统产业，但创意产业在空间上的集聚也需要相对便捷且环境优美的集中地。城市旧改释放的优质空间，甚至黄金位置上的空间，成为特色创意集聚园区发展的空间机遇。据统计，全市一半以上创意产业园区属于"三旧"改造项目。这种模式由于资源可持续利用及相对低廉的租金优势，也被很多国际创意城市所用，像纽约 SOHO、伦敦泰德、北京 798 等，甚至在一个阶段代表了创意产业集聚的主要趋势。

（2）传统要素倚重性

对深圳创意产业集聚发展形成推动的另一个重要因素是要素供给因素，在各要素中占据 25% 的权重，是仅次于政府政策的影响力。考究深圳创意产业集聚过程对要素供给，尤其是土地、资本等传统要素的依赖性，一方面从市场力量和集聚本质入手，另一方面还得从政策引导入手。

深圳市进行的"三旧"改造，腾出了大片可重新利用城市优质空间资源，并以相对低廉的使用成本向创意产业集聚区开放，这就形成了集聚区内明显的"租金"优势。"租金"优势带有孵化的性质，但其本质是政策对创意园区建设的倾斜。一方面，其为创意产业的集聚提供了空间可能性，另一方面也形成了创意产业入园模式发展的强迫力。对于无法入园或是不想入园的企业，必须承担高额的土地使用成本和资源使用费用，除非其本身已经具有其他庇护性栖身之所，比如深圳大学附近的环球数码等。和土地要素一样，资本要素对深圳创意产业也形成了某种吸引力。创意企业普遍融资困难，而我国金融市场对创意活动的相关服务又很不成熟。在此背景下，以孵化和培育性质为主的资本供给渠道主要面向各种基地、园区开放，形成了深圳创意产业集聚的资本推动力。也就是说，要获得资金支持和相对便捷的融资服务，除了入园，基本没有其他渠道。

（3）空间资源集聚性

创意产业是一种新的产业范式，其发展或集聚建立在相关产业的雄厚基础上。深圳发展创意产业的产业基础包括：平面设计、工业设计的良好声誉；印刷、媒体行业的坚实积淀；信息技术及基础设施的先进便捷；等等。而谈到创意产业集聚，包括对传统产业的双轨依托：一是在传统产业集聚形态上加以升级，使之纳入创意产业的行列并加速产业更新；二是通过创意产业的创新要素形式和产业模式，构建传统产业与创新产业、传统产业间的产业链条，完善区域内的产业体系，促进以创意为核心的各产业的融合与升级。

深圳创意产业的集聚，很多都是建立在原有空间资源集聚基础上的。比如，OCT-LOFT 依托华侨城原有建筑、设计、展览业，3 号艺栈和深职院动漫街利用高校产业资源，等等。这种方式符合创意产业优化产业体系的本质，是创意激励下的产业重组，即创意产业集聚的原因，也是集聚的结果。

（4）创意人才挖掘性

创意、创新人才不同于传统专业人才，其要求有良好的国际视野和强劲的综合实力，因此不能简单地用学历和专业本领来标识。调研中发现的如创意企业从业人员学历偏低、专业素养不强等问题，本研究认为都不能反映深圳创意人才的真实状况。相反，广阔的专业来源和偏低的年龄结构，形成深圳创意人才的巨大潜力，在一定的激励模式和管理方法下会产生极大的创意源泉。

深圳集聚了大量创意设计人才，虽然很多人才只局限于技术制作，缺乏从创作到营销的整体创意观念，但技术上的坚实基础和能力上的巨大潜力，还是形成了深圳区别于典型创意城市的创意人才集聚优势。如果创意企业和创意产业集聚区在人才管理上考虑创作性、技术性、营销性、管理性等多方人才集合，则可以方便搭起创意集聚的人才链条。

三、深圳创意产业集聚水平的测算①

1. 量化产业集聚度的指标

产业集聚指的是产业在空间上的集中，也就是一个产业一个区域范围内的集中情况。在衡量某一特定区域、某一特定产业的集聚情况时，我们可以借助某些指标，如区位熵、产业集中度和空间基尼系数等，来将产业集聚水

---

① 粟伟. 价值链视角下深圳创意产业集聚与经济增长研究 [D]. 深圳：深圳大学，2014：36-39.

平量化，量化的集聚程度可以得到关于该产业资源集聚程度的了解，也能够更好地进行横向和纵向的比较。

（1）区位熵

区位熵也称为专业化指数，经常用于衡量一个地区产业结构和全国平均水平之间的差异，可以反映某一产业部门的专业化程度，评价某一区域在高层次区域的地位和作用。其计算公式为：

$$LQ_{ij} = (S_{ij}/S_j)/(P_{ij}/P_j)$$

其中，LQ_{ij}为i区域j产业区位熵，S_{ij}为i区域j产业的经济水平（产业增加值、就业人数等），S_j为全国j产业的经济水平；P_{ij}为i区域的生产总值（GDP），P_j为全国的GDP。区位熵能够测度一个地区的生产结构与全国平均水平之间的差异，借此可以评价一个地区的专业化水平。$LQ>1$，表明该地区该产业有比较优势，呈现出较强的产业集聚；$LQ=1$，表明该地区该产业处于均势，产业的集聚能力不明显；$LQ<1$，表明该地区该产业处于比较劣势，还没有形成专业化生产，并未形成产业集聚。

（2）产业集中度

产业集中度（Concentration Ratio of industry）是一种较为简单的衡量产业聚集程度的指标，是指某一地区某一产业中规模最大的前n家企业的增加值（如产值、销售额、销售量、职工人数、资产总额等）在整个行业的比重。其计算公式如下：

$$CR_n = \frac{\sum_{i=1}^{n} X_i}{\sum_{i=1}^{N} X_i}$$

其中，CR_n表示的是 X 产业的市场集中度，$\sum_{i=1}^{n} X_i$表示的是在 X 产业中规模排在第 i 名的企业的增加值，$\sum_{i=1}^{N} X_i$表示在某一地区 X 产业所有企业的增加值之和，N 表示在某一地区 X 产业的全部企业数量，n 表示 X 行业中规模排在前 n 的企业数目。产业集中度简单明了地反映了产业的市场集中水平，是一个较为常用的指标，但它没有反映出规模最大地区产业内部之间的产业结构与分布情况。

（3）空间基尼系数

空间基尼系数是一个衡量产业空间分布均衡性的指标，是由克鲁格曼提出的，他将洛伦兹曲线和基尼系数引入产业集聚程度的衡量中，其计算公式为：

$$G = \sum_i (S_i - X_i)^2$$

其中，G 为空间基尼系数，$0 \leq G \leq 1$，当 $G = 0$ 时，表明该产业在空间上是均匀分布的，G 越大，表明某一地区某一产业的集聚程度就越高。S_i 是第 i 地区某产业指标（如就业人数、产值）在全国该产业指标（如就业人数、产值）的比重，X_i 是第 i 区域指标（如就业人数、产值）在全国指标（如就业人数、产值）的比重。

2. 深圳创意产业集聚水平的测算①

在这里，我们用创意产业增加值作为创意产业发展水平的代表。目前国内没有形成统一的创意产业行业标准，为了使得数据具有一致性，本研究采用第三产业中的信息传输、计算机服务和软件业，科学研究、技术服务和地质勘查业，教育以及文化体育和娱乐业四个部分加总来进行衡量。根据上述区位熵的计算公式以及从统计年鉴得到的数据，我们可以计算出从 2000—2019 年深圳创意产业的区位熵（见表 5-3）。总体而言，深圳创意产业的区位熵呈现出上升趋势，从 2008 年之后，深圳创意产业的区位熵大于 1，意味着深圳创意产业集聚开始形成，至 2019 年，深圳创意产业的区位熵已经达到 1.82，创意产业已经呈现出了较为明显的集聚特征。

表 5-3　2000—2019 年深圳创意产业区位熵　　　　单位：亿元

年份	深圳创意产业增加值	深圳 GDP	全国创意产业增加值	全国 GDP	LQ
2000	131.11	2187.452	6595.70	98000.50	0.8905678

① 段杰，粟伟. 价值链视角下创意产业集聚与经济增长研究——以深圳为例 [J]. 产业经济评论，2016，13（2）：92-102.

续表

年份	深圳创意产业增加值	深圳 GDP	全国创意产业增加值	全国 GDP	LQ
2001	165.03	2482.487	7670.20	108068.20	0.9366553
2002	192.53	2969.518	8615.70	119095.70	0.8962497
2003	204.67	3585.724	9527.70	134977.00	0.8086376
2004	293.95	4182.143	11931.60	159453.60	0.9393137
2005	300.00	4950.908	13663.10	183617.40	0.8143302
2006	353.83	5813.562	15242.70	215904.40	0.8620935
2007	429.61	6801.571	19471.40	266422.00	0.8642485
2008	587.79	7786.792	22663.00	316030.30	1.0526223
2009	647.32	8201.318	25598.30	340320.00	1.0493320
2010	766.21	9581.51	29056.70	399759.50	1.1001918
2011	928.25	11505.53	33568.00	472115.00	1.1346959
2012	1134.57	13319.68	41554.4	540367.4	1.1076680
2013	1477.9	14979.45	47559	595244.4	1.2348431
2014	1689.27	16449.48	53624.7	643974	1.2332478
2015	1992.68	18014.07	61210	689052.1	1.2452466
2016	2431.36	20079.7	68743.9	743585.5	1.3097511
2017	2244.68	22490.06	34722	832035.9	2.3916694
2018	2621.77	25266.08	41171	919281.1	2.3169339
2019	2200	26927.09	44362.7	990865.1	1.8248611

除了区位熵，空间基尼系数同样可以反映出一个地区某一产业的集聚程度。就总体情况来看（见表5-4），2004年以来，深圳创意产业的空间基尼系数就已经大于0.5，表明深圳创意产业在空间集聚程度上已经达到较高的集聚水平。这与2004年深圳市政府明确将文化产业作为四大支柱产业之一，并在税收及政府投资等方面对创意产业园区的选址进行宏观调控引导有着密切的关系。至2019年，深圳创意产业空间基尼系数上升至0.7，产业集聚水平进一步提高，涨幅达18.2%。在深圳创意产业中，信息传输、计算机服务和软件业的空间基尼系数在三个主要子产业中是最大的，这得益于发展初期政府政策的引导，进而形成的政府主导型集聚。在三个主要子产业中，文

化、体育和娱乐业的空间集聚程度增长最为迅猛，其空间基尼系数的增幅达到 61.1%，其原因主要在于深圳作为全球化大都市，对文化娱乐的重视程度有所提高，文化基础设施的数量大增，且所增设的设备大部分集中于特定区域。

表 5-4　深圳主要年份创意产业及其主要子产业空间基尼系数

年份	创意产业	信息传输、计算机服务和软件业	科学研究、技术服务业	文化、体育和娱乐业
2004	0.55	0.71	0.53	0.36
2008	0.61	0.72	0.60	0.52
2012	0.65	0.73	0.63	0.58
2016	0.67	0.74	0.65	0.60
2019	0.70	0.86	0.75	0.68
涨幅（%）	18.2	2.8	18.7	61.1

资料来源：全国第一次经济普查，全国第二次经济普查，深圳统计年鉴，作者计算整理所得。

四、深圳创意产业集聚发展的影响因素

1. 社区环境因素

社区环境是个很综合的概念，包括社区自然环境、人文环境、商业环境等。之所以将其纳入一个概念讨论，是因为创意产业空间集聚虽并不特别倚重某区的自然环境，像很多传统产业所依赖的原材料、土地、水源、气候等要素，但人文历史环境、现代商业环境等，往往和自然环境交错在一起综合发生影响，构成影响创意产业集聚的社区创意环境。

创意活动是以人的精神世界为主要市场的活动，与其说是智力的运用，不如说是情致的展现，安逸舒适，或和谐自然，或独立前卫。创意的社区环境首先要是安静的、稳定的，嘈杂、浮躁和不安全的环境孕育不出丰富的创

意。过去的很多文人墨客喜欢躲到荒郊去创作也是基于这个道理。现代的创意生产与传播不一定非得那么"出世"或"阳春白雪"，但优美的自然风景、安逸的生态社区、独立的个性区域都是创意者的理想之城，催发人性深处的美好所在。

历史文化古迹可能成为天然良好的创意展示基地，也便于创意产业对历史的挖掘；大型图书馆、艺术馆、音乐厅等，不仅是创意产品和创意人才的交流所，也是创意作品的市场，类似一个大的"文化场"，吸引更多创意元素的加入和迸发；繁荣有序的商业环境和便利的交通也是创意产业集聚的重要推动力，商业中心、CBD、交通集散地、文化中心等，在深圳也是城市核心地区，是思维最为活跃、创新最为发达的社区。

另外，社区人际网络也是催发创意集聚的重要因子。通常所说的"圈子"，具有价值判断的一致性和审美兴趣的多样性。创意人才或创意产品往往是"出凡脱俗"的，甚至短时间不会被大众世界认同，然而会得到"圈子"的理解和支持。在创新包容性不能广而普及的情况下，"圈子"的存在成为宽容失败、鼓励独立创新的前沿阵地。即便是包容性很好的深圳，"圈子"也使特殊创意交流更为便捷和顺畅，是各种情绪和意识激荡碰撞而后成熟的培养所。"圈子"的舆论领袖可能导致一段时间的创意主导，引领某一方面的时尚，并吸引众多追随者。

2. 配套设施因素

配套设施包括交通、信息、管理等对企业运作具有辅助性的公共设施。配套设施的完备和共享是节约交易费用的基础，创意企业则会基于交易费用节省而选择信息网络发达、管理机制完善的区域发展。

相比而言，深圳在信息网络建设和市场管理上还是走在全国前列的，为创意产业提供了良好的发展平台。本研究认为，除了传统意义上的设施外，对于创意产业的配套设施还可以包括展览场所、演出场地及设备、公共文化交流场地等，这些是创意环境的硬件条件。

深圳的创意产业集聚是以商业盈利为前提的，要求创意的易达性，包括交通地理上的便捷和信息上的易达。信息网络的建设和各种演出、展示设备场所的完善，保证了创意表达渠道的畅通，其共享又带来成本节省，自然便于为企业构建商业盈利模式。

3. 政府政策因素

政府政策对产业集聚的作用是多方面综合作用的结果，有直接作用也有间接作用。在对深圳创意产业集聚的考察过程中，本研究发现最为突出的政府政策作用来自两方面，一个是优惠条件的作用力，另一个是服务平台的作用力。

深圳市《关于建设文化产业基地的实施意见》明确：政府性质的文化产业专项资金对基地内公共技术服务平台建设和入驻企业生产性用房给予补贴；公益性文化设施和相关配套设施可全部或部分免缴工程二类费用；基地内创新文化项目按所需资金的10%给予补贴；基地内文化服务出口达一定数额则给予相应资金扶持；区内技术性服务收入免征企业所得税。政策构成了推动创意产业在政府规划区域集聚的巨大动力：基地（园区）开发者以远低于其他商业用地的费用取得土地使用权；入驻企业享受租金、税收、水电费用等一系列优惠；入驻项目享受部分费用减免；入驻人才享有创业、发展等机遇与优惠条件。

2007年出台的文化产业发展"十一五"规划又提出由政府带头规划建设文化产业园区和基地，加强公共技术、服务、信息平台建设。于是在政府政策带动下出现了以下集聚动因：

（1）"三旧"改造带来的可重新利用空间，成为创意产业集聚的专属用地，不仅保障了地理集中用地的可能性，还提供了极其低廉的使用成本。

（2）大型项目和配套设施建设费用的政策性减免减少了创意产业集聚的初期资金阻力，使配套设施类似自然环境一样易于获得且无偿使用。

（3）土地、房屋、水电等基础生产要素价格由政府补贴，企业以低要素成本享有城市优势资源，甚至包括黄金地理区位。

（4）政策带动优势土地资源、创意创业人才、研发服务组织的地理集中，企业又由于这些资源的空间集聚而趋于集聚。

（5）政府政策下对入园中小创意企业的强"孵化"力，使在短期内非入园中小企业面临边缘化危险而趋于消亡。

4. 要素供给因素

创意活动以盈利为目的出现产业化运作以后，也必须要接受市场对经济活动的资源配给。创意产业集聚的本质即对资源配置的重新利用，包括空间、资本、人才，是集聚的重要影响因素。

深圳市进行的"三旧"改造，腾出了大片可重新利用城市优质空间资源，并以相对低廉的使用成本向创意产业集聚区开放，这就形成了集聚区内明显的"租金"优势。国外创意产业发展初期也是以与这种情况相似的LOFT开始的。一些资本主义工业时代的工厂和房屋闲置下来，相对便宜的租金和改造成本吸引穷困艺术家在此建立工作室，并利用其废旧工业设备和高顶空间营造独特创作和生活环境。著名的纽约 SOHO 创意区即此种模式的代表。国内如北京大山子艺术区内的 798 工厂、上海莫干山路等，都启用老旧工业区进行了创意改造。深圳的旧工业区相对年代并不久远，可以看作产业置换后空间资源的重新分配，OCT-LOFT 创意产业园和南海意库的建设便是基于工业区改造。此外，深圳还存在大量城中村地带，这些空间资源本身就具有地理集中的特点。

和土地要素一样，资本要素对深圳创意产业也形成了某种吸引力。创意企业普遍融资困难，而我国金融市场对创意活动的相关服务又很不成熟。在此背景下，以孵化和培育性质为主的资本供给渠道主要面向各种基地、园区开放，形成了深圳创意产业集聚的资本推动力。也就是说，要获得资金支持和相对便捷的融资服务，除了入园，基本没有其他渠道。

社会资本也会构成产业集聚的向心力。早有学者发现人际网络对产业集群发展的作用，而深圳创意产业界又普遍存在依赖"人脉"的市场关系，尤以广告等行业为突出。也就是说，为了获得更多的信息和市场资源，需要朝着社会资本更加集中的区域发展。

创意人才的易得性和持续性也是集聚关注的焦点。深圳的人才流动大，对创意人才的培养和认定机制不完善，一些企业干脆集聚在高校周边进行创意生产，方便人才要素的获得。集聚园区人才优待和培养平台也会吸引一些创意人才的汇集，成为企业入园的主要目的。

5. 市场需求因素

当人均 GDP 达到 5000~10000 美元的时候，拉动经济增长的驱动力主要来自创新产业和服务业。深圳人均 GDP 在 2007 年已突破 10000 美元，居民消费中的文化、休闲类消费比重增加，市场对创意产品和服务的需求增加，这就为深圳创意产业的发展提供了市场背景和集聚动力。

首先是消费水平提高带来的对创新、创意产品需求的增加。以前那种小范围、工作室式的创意供给方式已经不能充分满足市场要求，产业化运作和集群式生产可以集聚市场资源，最大化供给市场所需，是深圳创意产业集聚的内在市场驱动力。

其次，高端服务业、生产性服务业在深圳的发展和扩大，即扩大了创意产品和服务的市场，也要求其创意要素不断与新兴产业加以融合，推动了创意产业链的完善和产业的集聚。

6. 相关产业因素

创意产业的运作呈现从客户到供应商的垂直联系，也呈现出从技术到市场的水平联动。因此，创意产业的集聚受众多产业的影响，既包括传统产业基础，也涉及信息、金融、高新技术等产业的发展。

深圳的印刷、设计等产业是创意产业发展的基础，其本身就存在集聚的特点。比如华侨城很早就集聚了一批建筑设计、平面设计工作室，在这个产业基础上，OCT-LOFT 将周边的创意环境整合在一起形成创意集聚区；再比如田面区域，很多设计、广告企业就设在那儿，但没有产业链或集群的概念，灵狮利用集团优势将资源整合利用，树立基地品牌。所以说，传统产业在深圳的成熟和其本身的集聚推动了在此基础上发展的创意产业的集聚。

创意产业是个人创造力与现代技术的集成，高新技术产业无疑是深圳创意产业的金色招牌和强大后盾。虽然说信息时代的技术不太受区域拘泥，但企业会考虑到创新网络、交易成本、品牌等因素，集聚于创新活跃的高新技术区域。深圳科技园附近的腾讯、TCL、联想等众多品牌形成了深圳高新科技特色的创意产业集聚区，而华强文化科技集团也位于此处不远的深圳大学北门对面高新产业集聚区。

五、深圳创意产业集聚水平的横向比较①

区位熵是目前衡量产业集聚程度最常见的指标，也是数据最容易获取的指标，区位熵能最直观的反映出一个地区产业的集聚水平。根据上述区位熵的计算公式，结合统计年鉴中的相关数据，我们可以计算出北京、上海、广州和深圳 1998—2018 年创意产业的区位熵值（见表 5-5）。

表 5-5 深圳、北京、上海、广州创意产业区位熵

年份	深圳	北京	上海	广州	年份	深圳	北京	上海	广州
1998	0.51	2.25	0.84	0.71	2008	1.05	2.91	1.37	1.40
1999	0.64	2.31	0.89	0.72	2009	1.09	2.95	1.47	1.43
2000	0.69	2.40	0.87	0.82	2010	1.10	2.99	1.55	1.45
2001	0.74	2.41	1.08	0.89	2011	1.13	2.04	1.63	1.50
2002	0.89	2.43	1.14	0.92	2012	1.11	2.82	1.43	1.39
2003	0.91	2.50	1.15	1.14	2013	1.23	2.80	1.43	1.24
2004	0.93	2.52	1.27	1.37	2014	1.23	2.78	1.41	1.22
2005	0.94	2.69	1.31	1.21	2015	1.25	2.97	1.19	1.20
2006	0.96	2.86	1.32	1.34	2016	1.31	2.97	1.14	1.36
2007	1.02	2.88	1.35	1.37	2018	2.32	2.98	1.50	1.34

---

① 粟伟. 价值链视角下深圳创意产业集聚与经济增长研究 [D]. 深圳：深圳大学，2014：35-39.

1998—2018 年，比较北京、上海、广州、深圳四个一线城市的创意产业集聚程度，均呈现出明显的上升趋势。其中，北京处于明显的优势地位，其每一年创意产业区位熵值均保持在 2 以上，具有明显的产业集聚；上海次之，从 2001 年开始区位熵就已经大于 1，说明从 2001 年开始就形成较为明显的创意产业集聚；而深圳的创意产业集聚现象形成时间较晚，直至 2007 年，深圳创意产业的区位熵值才开始大于 1，可见深圳的创意产业虽然取得了飞速的发展，但早期并未形成明显的集聚现象，并且其集聚程度比不上北京、上海和广州。从人力资本、产业资本、文化资本和社会资本四个方面来看，深圳较北京、上海和广州依然存在一定的差距，其中最明显的差距便是高校数量与经济规模。

（1）高校数量不足

就目前来看，北京、上海和广州都是我国高等教育院校集中的城市，无论是重点高校还是普通高校，北京作为我国的首都，高校数量远大于其他城市。深圳作为改革开放的后起之秀，在成立 40 年的过程中，高等院校数目屈指可数，除了一批名校的研究院之外，只有深圳大学一所普通本科院校和几所专科院校，高校缺乏的最直接后果就是人才的匮乏。

（2）经济规模相对较小

虽然深圳的经济增长速度在四个城市中是最快的，但从总体的经济规模来看，深圳的国内生产总值依然不如北京、上海和广州，而且受到边际报酬的影响，深圳经济的增长速度亦有所放缓，经济总量上的差距从根本上造成了深圳创意产业集聚与北京、上海以及广州的差距。

总体而言，北京、上海、广州、深圳四个城市的创意产业集聚都处于一个逐渐上升的趋势。从产业经济学的角度来看，产业的集聚会形成规模效益，对地区经济的发展具有一定的推动作用，区域经济的发展反过来又会促进该地区产业的集聚，下一章将对创意产业集聚与经济增长之间的关系进行实证分析。

第六章

创意产业集聚与城市经济增长[①]

一、创意产业集聚与经济增长的相关理论基础

1. 创意产业集聚促进经济增长的机制

产业集聚所形成的经济效益，我们可以把它叫作集聚经济。集聚经济是指因企业、居民在空间上集中而带来的经济利益或成本的节约。创意产业在空间上形成一定的集聚之后，也会对地区带来一定的经济效益，这些集聚效益主要表现在以下三个方面。

（1）外部规模经济

创意产业也是一种产业，其自身的发展会对一个区域的经济产生一定的影响，若一个地区创意产业呈现增长趋势，在其他条件不变的情况下，其经济必然也会呈现增长趋势，即创意产业作为一个产业，对地区的经济发展有着正向的促进作用。作为创意产业发展的必然结果，创意产业集聚对区域经济增长的影响，首先表现在其自身作为一个产业对经济的影响上。通过创意产业企业在空间上的集聚，企业获得由集聚所带来的规模经济，从而促进创意产业自身的发展，最终促进经济增长。马歇尔在其著作《经济学原理》中把规模经济分成了内部规模经济和外部规模经济两种，并系统阐述了外部规

[①] 说明：本章由段杰、粟伟共同撰写。

模经济理论，马歇尔认为单个企业的规模扩张、组织形式的改变、资源使用效率的提高等导致了内部规模经济，而外部规模经济则是由于一个区域内关联企业的集聚而带来的成本下降。创意产业企业在空间上形成集聚之后，会因为集聚而获得外部规模经济，从而实现创意产业本身的发展，最终推动地区经济的增长。

首先，在创意产业集聚所形成的集聚区内，各创意产业企业可以共同使用相应的基础设施，从而减少投资成本。这一点在政府主导的创意产业园区建设中尤为突出，政府在投资建设园区时，往往只需要投资建设一套完整的基础设施，就可以同时满足园区内大量创意企业的基础设施需要，从而帮助企业节省投资成本。

其次，创意产业企业多以小企业为主，一般情况下只从事创意产业价值链中的一个或几个环节。创意企业在集聚区内形成集聚，有助于这些各自分工的企业相互合作，形成一条完整的创意产业价值链，从而优化资源配置的效率，取得外部规模经济，最终影响地区的经济增长。

（2）产业结构的优化

产业融合是未来产业发展的大趋势。创意产业在发展的过程中，产业集聚越来越表现出文化、科技和经济的大融合，进而优化产业结构，实现区域的经济发展。创意产业集聚对产业结构的优化大致可以分为两种模式：一是对传统文化产业结构的优化，二是对传统产业结构的优化。

传统的文化产业只是单纯依赖于文化资源的产业，而创意产业的出现，借助高科技对传统文化产业的文化艺术资源进行了深入的挖掘，通过再创造、再提高，大大提升了传统文化产业的价值，从而优化了传统文化产业的结构。以创意为核心的创意产业是高附加值产业，创意产业的集聚能给传统产业带来更高的附加值。在第一产业中，创意旅游与传统农业的融合，使得传统农业结构发生巨大变化，低附加值的传统种植功能逐渐弱化，而高附加值的农业观光、农业旅游逐渐强化。创意生产必须依赖于传统的制造业才能从创意作品变为创意产品，正是因为创意作品所具有的创意，使得创意产品不同于一般产品，具有更高的附加价值。在以制造业为例的第二产业中，创意产业的集聚赋予了传统的制造业创意，优化了传统制造业的产品结构，提升了传统制造业的产品价值，大大提升了传统制造业的核心竞争力。对于以服务业为主的第三产业，创意产业的集聚同样优化了产业结构。例如，主题公园的出现，为传统的公园旅游业注入了新的活力，将创意产业中的核心创意融入传统的公园，不仅大大提升了传统公园的知名度，也提高了传统公园在人们心中的价值，进而创造出更高的经济价值，最终实现地区的经济发展。

（3）降低交易成本

交易成本是指为达成一笔交易所支出的成本，包括信息搜集、谈判协商、广告宣传等活动所花费的成本。交易成本是企业成本的一部分，因而，降低交易成本是提高企业利润的一个重要方法。产业集聚能从以下几个方面降低企业的交易成本。

首先，创意产业企业在空间上形成集聚后，形成网络化的信息交流渠道，方便企业与其客户接触，从而降低企业的信息搜寻成本和不确定性，最终降低企业的交易成本，实现企业的发展。

其次，创意产业企业的集聚，促进了企业之间的相互了解，从而形成良好的信誉机制，营造了良好的交易氛围，大大减少了合约的执行成本和监督成本，降低了单个企业的成本。

最后，创意产业集聚还可以为集聚区内的创意产业企业带来集群品牌效应，从而提升单个企业的品牌影响力，减少单个企业在广告宣传上的成本。同时，也可降低企业跟客户之间的信息不对称，促进企业跟客户的长期合作，最终实现企业长期的更好的发展。

2. 经济增长促进创意产业集聚的机制

创意产业集聚是创意产业发展的一个重要因素，最终推动了区域经济的发展，创意产业的集聚水平直接或间接地影响着区域经济发展的质量、方式与速度。在经济增长的同时，创意产业的集聚程度也直接或间接地受经济增长的影响，因而，分析经济增长对创意产业集聚的影响，明确其影响机理，对于研究创意产业集聚与经济增长之间的关系有着深刻的意义。创意产业集聚有创意人才集聚、创意生产集聚和创意传播集聚三个阶段。一个地区经济的增长，对创意产业集聚的三个阶段的作用机制是不同的。

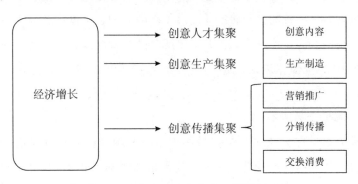

图6-1 经济增长促进创意产业集聚的机制

（1）经济增长引起的创意人才集聚

佛罗里达在《创意阶层的崛起》中通过实证提出，具有创造力的人才喜欢"3T"高的环境，即技术（Technology）、人的才能（Talent）和包容性（Tolerance）比较高的城市。创意阶层喜欢较高的科学技术水平，需要较为开放包容的文化环境，因而经济发达的大城市往往成为创意阶层的首选。高的经济增长意味着有高的产出，而高的产出意味着一个地区创造出了更多的资源，更多的资源也就可以用在更多的地方。首先，在经济发展较好的地区，基础设施建设通常较为完善，道路交通、城市绿化、市政设施等各方面都会相对较好，而这些完善的基础设施也就意味着可以提供更为便捷、更为舒适的生活水平，而对舒适生活的追求正是创意阶层的向往。在分工理论中，贸易可以使得贸易双方都获益。因此，在与外界交流多的地区，其经济也会相对发展，而随着经济交流的增加，在文化、社会等各方面的交流也会增加，因而具有更高的开放程度、更包容的社会氛围，这正符合了创意阶层对社会环境氛围的要求。

（2）经济增长引起的创意生产集聚

生产力水平决定了一个地区经济的发展程度。科技是第一生产力，一个地区有较高的生产力水平，其科学技术水平也会相对较高。文化与科技融合作为新兴创意产业的未来发展趋势，较高的科技发展水平对于创意产业的发展是至关重要的。此外，创意产品的生产阶段依赖于第二产业，在创意生产集聚的区域，必定有着良好的第二产业基础。先进的科技可以改进第二产业的生产过程，实现技术创新，提高第二产业的生产力水平，进而改善第二产业的发展水平，最终影响到创意生产过程的集聚。

（3）经济增长引起的创意传播集聚

经济增长意味着拥有更高的国内生产总值（GDP），也意味着人们有更高的收入水平。伴随着收入水平的上升，人的需求会从物质层面逐渐往精神层面发展，从而增加对文化产品的需求。以创意为核心的创意产业生产出来的创意产品，不仅具有高附加值，更是在生产过程中被赋予了极为丰富的文化意义，符合人们对精神层面的追求。同时，在经济发展的过程中，在全国范围内会形成几个经济高度发展的一线城市，而在一个城市的范围内，会形成城市的商业中心，由于这些商业中心引起的创意产品需求，最终形成了创意传播的集聚。

二、深圳经济增长与创意产业发展

1. 深圳经济发展历程

深圳地处中国南海之滨，位于珠江入海口东侧，背靠珠江三角洲平原，紧靠香港，地理位置十分优越。深圳作为改革开放的前沿阵地，从成立经济特区以来，经济飞速发展，从一个边陲小渔村成长为今天的国际化大都市，得益于其优越的地理位置和宽松的政策环境。其经济规模从 1979 年的 1.96 亿元到 2019 年的 26927.09 亿元，经济总量增长了约 13738 倍，GDP 年均增长率为 21.6%，如今，深圳已经超越广州成为我国第三大城市，其经济总量仅次于北京、上海。

表 6-1 深圳主要年份经济发展情况

年份	GDP（亿元）	GDP 增长率
1980	2.70	62.7%
1985	39.02	24.5%
1990	171.67	32.5%
1995	842.79	23.9%
2000	2219.20	16.3%
2005	5035.77	15.3%
2009	8514.47	11.5%
2010	10069.06	12.3%
2011	11922.81	10.1%
2012	13496.27	10.2%
2013	15234.24	10.6%
2014	16795.35	8.9%
2015	18436.84	9.0%
2016	20685.74	9.3%
2017	23280.27	8.8%
2018	25266.08	7.7%
2019	26927.09	6.7%

在 40 年的发展过程中，深圳的经济规模呈现出不断扩大的趋势，除了 2009 年受到全球金融海啸的影响，生产总值年增长率只有 5%，其他年份的增长率均保持在两位数水平，明显高于全国平均水平。这说明，深圳处在一个高速发展的过程中，经济发展状况良好，经济实力雄厚。

在深圳经济总量高速增长的同时，三次产业的比重也发生了相应的变化，产业结构逐渐趋向合理。40 年来，深圳第一产业的产值下降较快，农业用地面积急速减少，第一产业占总产值的比重从 30% 下降到 2019 年的 0.09%。第二、三产业在深圳经济发展的过程中，基本呈增长趋势，说明第

二、三产业是目前深圳发展的主导产业，是深圳经济增长的重要支柱。

表6-2 深圳主要年份三大产业产值及构成

年份	三大产业产值（亿元）			三大产业比重		
	第一产业	第二产业	第三产业	第一产业	第二产业	第三产业
1980	0.78	0.70	1.22	28.89%	26.05%	45.07%
1990	7.02	76.93	87.71	4.09%	44.81%	51.09%
1995	12.41	422.37	408.01	1.47%	50.12%	48.41%
2000	15.57	1108.76	1094.87	0.70%	49.96%	49.34%
2005	9.74	2709.69	2316.34	0.19%	53.81%	46.00%
2010	6.11	4727.94	5335.01	0.06%	46.96%	52.98%
2011	6.22	5601.94	6314.65	0.05%	46.99%	52.96%
2012	6.13	6045.39	7444.74	0.05%	44.79%	55.16%
2013	6.35	6664.75	8563.15	0.04%	43.75%	56.21%
2014	5.76	7232.17	9557.43	0.03%	43.06%	56.91%
2015	7.21	7687.41	10742.22	0.04%	41.70%	58.26%
2016	8.28	8324.09	12353.36	0.04%	40.24%	59.72%
2017	19.57	9337.52	13923.18	0.08%	40.11%	59.81%
2018	22.61	9995.87	15247.60	0.09%	39.56%	60.35%
2019	25.20	10495.84	16406.06	0.09%	38.98%	60.93%

　　第三产业除了本身能够创造巨大的经济价值外，还具有强大的劳动力吸纳能力，为城市经济的发展提供持续的动力需求。在现代城市发展进程中，第三产业的发展状况成了衡量一个地区城市化发展水平的重要指标，第三产业发达的地区，其城市化水平相对较高，经济发展程度也较为良好。深圳在经济发展的过程中，第三产业规模呈现不断扩大的趋势，其比重也不断上升，这充分说明，在深圳的城市化过程中，第三产业成了创意产业飞速发展的坚实保证和良好契机。

2. 深圳创意产业发展现状

（1）深圳创意产业发展总体情况

早在1998年，英国率先提出"创意产业"的概念，随后，创意产业在全球范围内迅速受到关注。深圳作为改革开放的前沿窗口，创意产业的发展起步相对较早。1998年，深圳创意产业增加值就已经占到 GDP 比重的6.89%，2003年提出"文化立市"之后，创意产业的发展更为迅速，2019年创意产业在 GDP 中的比重增加到了8.17%，上升态势平稳。

表6-3 深圳主要年份创意产业发展情况

年份	GDP（亿元）	创意产业增加值（亿元）	创意产业增加值占GDP 比重
1998	1534.73	105.79	6.89%
2000	2187.45	131.11	5.99%
2004	4182.14	293.95	7.03%
2008	7786.79	587.79	7.55%
2009	8201.318	647.32	7.89%
2010	9581.51	766.21	8.00%
2011	11505.53	928.25	8.07%
2012	13319.68	1134.57	8.52%
2013	14979.45	1477.9	9.87%
2014	16449.48	1689.27	10.27%
2015	18014.07	1992.68	11.06%
2016	20079.7	2431.36	12.11%
2017	22490.06	2244.68	9.98%
2018	25266.08	2621.77	10.38%
2019	26927.09	2200	8.17%

（2）深圳创意产业发展的横向比较

深圳作为中国第三大城市，虽然相比南京、天津、重庆等城市，无论是在经济发展还是创意产业的发展上具有一定的优势，但在一线城市的行列中，其经济发展程度和创意产业发展较北京、上海、广州还有一定差距。深圳作为一个年轻城市，相比有着数千年的历史的北京、上海、广州，存在先天的不足与缺陷。更重要的是深圳本土的高等院校数量远不如北京、上海、广州，直接导致本土培育的创意产业从业者人数相对较少，人才依然是制约深圳创意产业发展的一个重要因素。

表6-4 北京、上海、广州、深圳及全国主要年份创意产业增加值情况

单位：亿元

年份	深圳	北京	上海	广州	全国
1998	105.79	376.46	199.25	83.88	5246.10
2000	131.11	474.20	280.66	137.61	6595.70
2004	293.95	674.1	767.37	457.10	11931.60
2008	587.79	1346.4	1318.63	812.47	22663.00
2009	647.32	1489.9	1432.30	937.56	25598.30
2010	766.21	1697.7	1561.60	1133.40	29056.70
2011	928.25	3574.2	1923.75	1324.97	22663
2012	1134.57	3974.6	2269.76	1467.57	41554.4
2013	1477.9	4545.8	2555.39	1553.71	47559
2014	1689.27	5074	2833.08	1717.45	53624.7
2015	1992.68	6252	2705.97	1952.92	61210
2016	2431.36	7056.3	2960.64	2487.78	68743.9
2017	2968.16	8021.1	3340.14	2916.33	78769.53
2018	2621.77	–	2193.08	1369.69	41171

资料来源：通过对1999—2019年深圳、北京、上海、广州统计年鉴和中国统计年鉴整理计算所得。

（3）深圳创意产业对经济增长的贡献

我们用产业贡献率和产业拉动率来衡量深圳创意产业对经济增长的贡献程度。产业贡献率指产业增加值增量与GDP增量之比，产业拉动率指产业贡献率与 GDP 增速的乘积。1998 年以来，深圳创意产业对经济的贡献率均大于创意产业占 GDP 的比重，这说明创意产业对于整个深圳的经济发展有着巨大的驱动作用，对于深圳经济持续发展也起到了举足轻重的作用。而创意产业的拉动率除了受到金融海啸带来的经济低增速的影响外，一直保持在 1%以上。总体而言，创意产业在深圳经济的飞速发展过程中意义重大。

表 6-5　深圳主要年份创意产业贡献率和拉动率

年份	创意产业贡献率（%）	创意产业拉动率（%）
1998	7.75	1.42
2001	11.50	1.55
2004	14.97	2.49
2008	16.05	2.33
2009	14.36	0.76
2010	8.61	1.45
2011	8.42	1.69
2012	8.52	1.34
2013	9.87	1.23
2014	10.27	1.01
2015	11.06	1.05
2016	12.11	1.39
2017	13.2	1.58
2018	21.77	1.65

（4）扩张中的就业

创意产业在吸收就业方面相对稳定，创意产业从业人员的总数逐年增长，从 1998 年的 4.5 万增加至 2018 年的 102.94 万人，增长了约 22 倍。相对于创意产业的产值而言，增长较少，这反映出每个从业人员所创造的产值有很大增加，即创意产业从业人员的人均产值是相对较大的。创意产业的核心是人的创意，创意产业的发展离不开创意阶层，从 1998—2018 年，创意产业从业者所占比重有所增长，这也为创意产业的进一步发展提供了人才保障。

表 6-6　深圳主要年份创意产业从业人员情况

年份	劳动者总数（万人）	创意产业从业者人数（万人）	创意产业从业者百分比（％）
1998	390.33	4.5828	1.17
2000	474.97	5.0398	1.06
2004	562.17	8.0735	1.44
2008	682.35	12.7298	1.87
2009	723.61	13.5038	1.87
2010	758.14	15.2931	2.02
2011	764.54	17.5804	2.30
2012	771.19	15.5804	2.02
2013	899.24	50.16	5.58
2014	899.66	52.07	5.79
2015	906.14	48.22	5.32
2016	926.38	51.79	5.59
2017	943.29	90	9.54
2018	1050.25	102.94	9.80

总体而言，深圳创意产业的发展处于一个良好的状态，创意产业对经济的贡献越来越大，创意产业也吸纳了越来越多的人才，创造出了越来越多的价值，创意产业已经成为深圳名副其实的支柱产业。

三、深圳创意产业集聚与经济增长的实证分析

1. 基于价值链的深圳创意产业集聚评价指标体系的建立

产业集聚水平测算有许多不同的指标，如区位熵、产业集中度、空间基

尼系数等，各自有着自己的优势与不足，但都是从静态的视角来测度产业集聚水平的，对影响创意产业集聚程度的因素考虑得不够全面。静态视角的一般产业集聚的测算指标虽然也能够计算出创意产业集聚的水平，但创意产业作为一个新兴的产业，不同于传统产业，有着自身的创意性、强渗透性、高附加值、高风险性、强辐射性及高科技含量等鲜明特点。因此，根据创意产业自身的特点，在创意产业全景价值链系统的基础上，构建一个全新的从动态视角来量化创意产业集聚度的评价指标体系，对于我们更好地研究创意产业以及创意产业集聚有着重要的意义。

（1）创意产业集聚评价体系指标的选择

按照上述创意产业集聚评价指标体系的各项设计原则，结合深圳创意产业发展的实际情况，借鉴目前有关产业集聚评价指标体系的理论研究，本研究在创意产业全景价值链系统的理论基础上，从人力资本、产业资本、文化资本和社会资本四方面，共选取了 12 个二级指标，构建了创意产业集聚评价指标体系。

考虑到数据的可获得性，本研究统计分析所用的数据来源于 1990—2012年的《深圳统计年鉴》《中国统计年鉴》以及各年份的《深圳蓝皮书：深圳文化发展报告》。

表 6-7　创意产业集聚度评价指标体系

一级指标	符号	二级指标	单位
人力资本	X1	创意产业从业人员	千人
	X2	高校毕业生人数	千人
产业资本	X3	地区生产总值	亿元
	X4	地区各项贷款总额	亿元
	X5	专利申请数	件
	X6	第二产业增加值	亿元
文化资本	X7	人均文化娱乐消费额	元
	X8	创意产业增加值	亿元

续表

一级指标	符号	二级指标	单位
社会资本	X9	社会消费品零售总额	亿元
	X10	全社会固定资产投资总额	亿元
	X11	地方财政一般预算收入	亿元
	X12	对外贸易总额	亿美元

①人力资本

人力资本是影响经济增长的关键要素，人力资本存在的核心意义就在于其内生的、无限的、潜在的创造能力。本研究选取创意产业从业人员（X1）、高校毕业生人数（X2）来衡量创意产业的人力资本现状及规模。创意产业从业人员是一个存量，衡量的是整个创意产业中已经拥有的人力资本量；高校毕业生人数是一个流量，衡量的是社会中每年能够为创意产业新增加的潜在人力资本量。

②产业资本

创意产业的产业资本，是指进入产品生产制造阶段的资本，包括货币资本、技术资本和生产资本三种职能形式。本研究选取了地区生产总值（X3）、地区各项贷款总额（X4）、专利申请数（X5）、第二产业增加值（X6）来衡量创意产业的产业资本。地区生产总值作为地区经济发展的衡量指标，宏观地反映了该地区的经济发展总体概况水平。地区各项贷款总额反映了该地区可供给的货币资本情况。专利申请数衡量了该地区的技术水平，是地区的技术资本。第二产业增加值体现了生产制造业所拥有的生产资本现状。

③文化资本

文化资本衡量了一个社会的人群参与文化活动的广度和水准。本研究选取了人均文化娱乐消费额（X7）和创意产业增加值（X8）两个指标分别从投入和产出两个方面来衡量整个社会参与文化活动的基本情况。人均文化娱乐消费额反映的是整个社会参与文化活动的投入，而创意产业增加值反映了整个社会参与创意产业活动的产出。

④社会资本

社会资本是存在于社会结构关系中的资源，是一种基于信任合作的无形资产，反映的是整个社会的开放性与包容性。本研究选取了社会消费品零售总额（X9）、全社会固定资产投资总额（X10）、地方财政一般预算收入（X11）和对外贸易总额（X12）。社会消费品零售总额反映的是社会总需求，对创意产业的集聚起到积极的促进作用。全社会固定资产投资总额和地方财政一般预算收入反映的是社会的基础投资支出情况，能够减少交易费用、降低交易成本，对整个经济产生正外部性。对外贸易总额直观反映该地区与外界的经济交流程度，可以作为衡量该地区对外开放程度的指标。

（2）深圳创意产业集聚的动态评价

①相关性检验

指标体系构建完成后，本研究运用 SPSS 16.0 统计软件，对原始数据进行相关矩阵分析，以判定原始数据是否适合做因子分析。其中，KMO 统计量用于比较变量之间存在的简单相关系数矩阵和偏相关系数的指标，KMO 值越接近 1，表明越适合做因子分析。而 Bartlett（巴特利）球形度检验的原假设以相关系数矩阵为单位阵，如果 Sig 值拒绝原假设，表示变量之间存在相关性，因此适合做因子分析。从分析结果不难看出，各个指标间的相关系数都在 0.3 以上，呈正相关关系。同时，采用 KMO 和巴特利球形检验，KMO 的统计量为 0.687，巴特利球形检验 Sig 为 0。该结果表明，样本数据非常适合做因子分析，统计学意义显著。

表 6-8　创意产业集聚度的 KMO 和 Bartlett 的检验

取样足够度的 Kaiser-Meyer-Olkin 度量		0.687
Bartlett 的球形度检验	近似卡方	501.647
	Df	66
	Sig	0.000

②因子综合得分

运用 SPSS 软件，根据因子分析结果，得到深圳 1998—2012 年创意产业集聚综合得分。

从表6-9中可以看出，深圳创意产业的集聚程度呈现出明显的增长趋势，创意产业的集聚程度正在逐年上升。2008年之后，深圳创意产业集聚综合得分开始大于1，说明跟2008年之前的年份相比较，深圳创意产业开始呈现出明显的集聚现象，集聚程度也开始迅速加强。这里的结果与第三章中区位熵的计算结果一致，反映出深圳创意产业集聚显著形成的转折点在2008年。我们认为这一现象的形成主要基于两种原因：一是整体经济的增长，给创意产业的发展带来了空前的经济支撑，使得创意产业集聚的出现具备了一定的必然性；二是受到全球金融海啸的影响，实体经济陷入了困境，而创意产业作为新兴产业，受影响较小，以其独特的特点与强大的创新能力，成为萧条情况下经济增长的主要支撑，于是出现了明显的创意产业集聚。

表6-9 深圳创意产业集聚度 F 值

年份	1998	1999	2000	2001	2002
F 值	−1.15408	−1.106	−1.00782	−0.92969	−0.736
年份	2003	2004	2005	2006	2007
F 值	−0.53016	−0.31546	−0.09619	0.23425	0.52111
年份	2008	2009	2010	2011	2012
F 值	0.76416	1.02136	1.42207	1.91245	2.41933

2. 实证分析

深圳创意产业集聚和经济增长二者之间是否存在着相互关系，本研究采用 Granger 因果检验法对二者进行实证研究。Granger 因果检验法由格兰杰（Granger，1969）提出，用于分析两个时间序列间是否存在因果关系，主要是看当期的变量 Y 能够在多大程度上被以前的变量 X 解释，以及加入变量 X 的滞后期后，是否会提高对变量 Y 的解释程度。如果 X 对预测 Y 有帮助，或者 X 与 Y 的相关系数在统计上显著，那么变量 Y 就是变量 X "Granger"引起的。即 X 是 Y 的格兰杰原因，类似地定义 Y 是 X 的格兰杰原因。前文基于综合评价法对深圳 1998—2012 年的创意产业集聚度进行了测算，得到的集聚指数可作为本部分创意产业集聚度的基础指标，对于区域的经济增长，也应选择相应的测度指标。鉴于数据的可获得性和代表性，我们选择深圳历年 GDP 增长率作为该区域经济增长的衡量指标。深圳 1998—2012 年 GDP 增长率数据如表 6-10 所示。

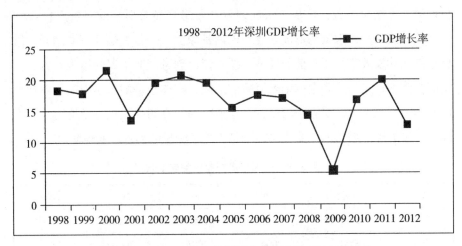

图 6-2　1998—2012 年深圳国内生产总值 GDP 增长率

表 6-10　1998—2012 年深圳国内生产总值 GDP 增长率　　　　单位:%

年份	1998	1999	2000	2001	2002
GDP 增长率	18.29	17.55	21.25	13.49	19.62
年份	2003	2004	2005	2006	2007
GDP 增长率	20.75	19.42	15.62	17.42	16.99
年份	2008	2009	2010	2011	2012
GDP 增长率	14.49	5.32	16.83	20.08	12.56

（1）时间序列平稳性的单位根检验

格兰杰因果检验的一个前提条件是所考察的对象的时间序列必须是平稳的，非平稳时间序列可能会导致"伪回归"。在检验之前，我们首先要用 ADF（Augmented Dickey-Fuller）单位根检验法对时间序列的平稳性进行检验。其基本原理是通过 N 阶差分的方法使序列趋向平稳化，若一个非平稳序列必须通过 d 阶差分才变为平稳序列，则原序列是"d 阶单整的"，表示为 I（d）。若一个序列不管差分多少次，也不能变为平稳序列，则称为"非单整的"。检验结果如表 6-11 所示。

表 6-11 ADF 检验结果统计表

变量	检验形式（C，T，K）	ADF 值	P 值	结论
F	（C，T，1）	−1.14922	0.868	不平稳
F（−1）	（C，T，2）	−3.500548	0.0951	不平稳
F（−2）	（C，0，1）	−3.98368	0.0181	平稳
Y	（C，T，2）	−2.823908	0.2207	不平稳
Y（−1）	（C，0，1）	−1.946781	0.3012	不平稳
Y（−2）	（0，0，1）	−2.631722	0.0143	平稳

计量分析结果显示，深圳创意产业集聚指数 F 值，GDP 增长率 Y 样本数据原序列及一阶差分序列均接受原假设，存在单位根，为不平稳序列；进行二阶差分后的序列在 5% 的显著水平下都拒绝了存在单位根的原假设，是平稳序列，表明创意产业集聚度和 GDP 增长率是二阶单整序列，它们之间可能存在协整关系。由此，我们需要进一步验证变量之间可能存在的协整关系。

（2）协整检验

为了验证反映创意产业集聚程度的集聚指数 F 和衡量区域经济发展水平的 GDP 增长率 Y 之间是否存在长期稳定的比例关系，必须进行协整检验。上文通过二阶差分形式形成的变量平稳性描述的是经济现象的短期状态，而两时间序列之间的协整则表示它们之间存在长期均衡的关系。因此，如果变量 F 和 Y 是协整的，并且均衡误差是平稳的又具有零均值，此种状况下就可以判断并确信方程不会产生"伪回归"。我们采用 EG（Engel-Granger）法检验两个变量之间的协整关系，首先，用普通最小二乘（OLS）进行回归，得到协整回归方程：

$Y = 60322.42 + 26372.82F$

（98.43）　（41.47）

$R^2 = 0.99307$　$DW = 0.8636763$　$F = 1719.76566$

然后，对回归残差序列进行 ADF 单位根检验，得到表 6-12。

如表 6-12 所示：残差序列的 ADF 值为 -2.026097，小于 5% 的显著水平的临界值为 -1.970978，且 P 值为 0.0448，小于 0.05，表明残差序列通过了单位根检验，为平稳序列，这就证明了深圳创意产业集聚指数 F 和 GDP 增长率 Y 存在长期稳定的均衡关系。为了进一步确定两者可能存在的因果关系，下面进行格兰杰因果检验。

表 6-12　残差序列单位根检验结果

变量	ADF 值	P 值	ADF 检验的临界值		
			1%的显著水平	5%的显著水平	10%的显著水平
R	-2.026097	0.0448	-2.754993	-1.970978	-1.603693

（3）格兰杰因果检验

通过上文的 EG 检验法我们验证了创意产业集聚指数（F）和 GDP 增长率（Y）的协整关系。格兰杰（1988）指出："如果变量之间是协整的，那么至少存在一个方向上的 Granger 原因"。为了进一步考察深圳创意产业集聚（F）与深圳经济增长（Y）的关系，需对数列进行格兰杰因果检验。同时为了考察创意产业集聚指标 F 的不同滞后期对深圳经济增长关系的因果关系，分别选取 F 的滞后一期、二期和三期与 Y 进行格兰杰因果检验，表 6-13 是用 Eviews 6 软件得到的检验结果。

表 6-13　格兰杰因果检验结果

滞后长度	格兰杰因果性	F 值	P 值	结论
1	Y 不是 F 的格兰杰原因	0.33297	0.5767	接受
	F 不是 Y 的格兰杰原因	3.23870	0.1021	接受

滞后长度	格兰杰因果性	F 值	P 值	结论
2	Y 不是 F 的格兰杰原因	0.86510	0.0416	拒绝
	F 不是 Y 的格兰杰原因	7.64522	0.0174	拒绝
3	Y 不是 F 的格兰杰原因	0.04325	0.9289	接受
	F 不是 Y 的格兰杰原因	2.39071	0.2094	接受

从表 6-13 的格兰杰因果检验结果,我们不难看到:在滞后期为 2 的时候,原假设 Y 不是 F 的格兰杰原因和 F 不是 Y 的格兰杰原因都被拒绝,表明在滞后期为 2 的时候,深圳创意产业集聚和经济增长之间存在着互为因果的关系。

(4)实证结果分析

实证分析结果表明:1998—2012 年间,深圳创意产业集聚呈现出稳步发展的趋势,尤其是在 2008 年后,创意产业集聚的势态更加明显。创意产业集聚与经济增长之间存在着协整关系和格兰杰因果关系:创意产业集聚和经济增长存在着互为因果、相互促进的关系。

第一,经过 40 年的发展,深圳的经济总量已经位居全国第三,达到一定的规模,结合前文对于深圳创意产业区位熵的测算以及创意产业集聚度指数的计算,得益于深圳巨大的经济总量,深圳创意产业处于日益集聚的势态。因此,在我们的实证分析结果上,就反映为经济增长对创意产业集聚的较为明显的主动因果关系,在给定的显著性水平下,经济增长都是创意产业集聚的格兰杰原因。

第二,深圳创意产业园区建设的发展,对于经济发展的促进作用已开始显现。近年来,深圳重视创意产业的政策支持,连续编制了《深圳文化创意产业振兴发展规划(2011—2015 年)》《深圳市文化产业发展规划纲要(2007—2020)》等文件,挂牌成立了数十家创意产业园区,形成了初具规模的创业产业集聚形态。创意产业集聚对经济增长的促进作用会随着创意产业园区的发展由弱变强。

　　结合实证分析结果，我们不难发现，在稳定经济增长速度的同时从各个层面推动深圳创意产业集聚能力以实现该区域经济和创意产业的良性互动，从而给地区经济发展注入源源不断的动力是目前亟待考虑的问题。

第七章

创意产业集群形成机制分析①②

一、创意产业集群生态系统结构与特征

1. 创意产业集群生态系统与自然生态系统的对比

在生态学领域，通常将生物群体分成三个不同的层次：种群（population）、群落（com-munity）和生态系统（ecosystem）。种群是指由有且仅有一类物种组成的群体；群落指在某一特定栖息环境下，具有一定生态特性的所有生物种群的集合；而生态系统是由具有生命特质的群落生物及无生命的自然环境相互作用、彼此影响所形成的统一有机体。

从组织生态的视角对创意产业集群的研究，就是把创意企业作为最小分析单元，将创意企业类比为物种，某一特定空间内一组经营范围、工艺要求相仿的创意企业群体形成创意企业种群，而若干联系紧密的创意企业种群形成的集合就称为创意产业集群，创意产业集群与周围环境的彼此互动构成了创意产业集群的组织生态系统。由此，我们得出了类似于自然生态系统的创意产业集群生态系统，见表7-1。

---

① 龙瑚．组织生态视角下创意产业集群形成机制和效应研究［D］．深圳：深圳大学，2016：42-48.
② 注明：本章由段杰、龙瑚共同撰写。

表7-1 创意产业集群生态系统与自然生态系统的对比

构成要素	自然生态系统	创意产业集群组织生态系统
个体	具有生长、发育和繁殖等功能的生物有机体	组织个体，如企业、高校、科研机构等
物种	自然界中具有相同基因和生理特征的生物个体的集合	具有类似文化资源和文化创新能力的组织集合
种群	在特定时空内，同一物种个体的集合，是物种存在、繁殖、进化的基本单位	在特定区域内，具有相似资源、文化创新能力的种群及其同类产品的创新实体的集合
群落	在特定生态环境下，不同生物种群相互作用、相互适应，形成的具有一定结构和功能的生物集合体	在特定区域内，不同创意产业种群相互作用、相互适应而形成的具有一定结构和功能的组织集合体
生态系统	在特定时空内，生物群落与环境不断进行物质、能量和信息交换而形成的统一体	在特定区域内，创意产业集群与环境相互作用而形成的具有内在创新能力的统一体
生态位	在特定时空内，一个生物单位对各类资源的利用和对环境适应性的总和	在特定区域内，创意产业集群内各种组织对各类资源的利用和对环境适应性的总和
生态因子	对生物生长有影响的环境要素	对创意产业集群有影响的环境要素

2. 创意产业集群组织生态系统的结构

组织生态系统指在某一区域内的组织群落与其所处的环境通过不断进行能量交换和资源流通而形成的统一整体。由于研究选取的时间和空间区域的不同，可以构造不同大小的组织生态系统，但它们的构造都基于共同的结构特征，见图7-1。

根据前文对创意产业集群的定义，它是由相互关联的众多企业以及相关专业机构在特定地理空间集聚而形成的集合，以文化为基础、以创意为根本、以满足消费者精神需求为目标。从组织生态角度出发，可将创意产业集群确定为以创意产业为主导种群，中介、金融机构等为辅助产业种群，与政府公共部门种群及其他相关企业种群融合而成。因此，创意产业集群组织生态系统涵盖内容相当广泛，包括创意企业、创意阶层、科研机构以及其他多种生态因子等，我们结合组织生态系统的结构共性，构建了创意产业集群的组织生态系统，将其划分为三个不同的层次，由内向外依次为内部核心区域、紧密层和外围松散环境。

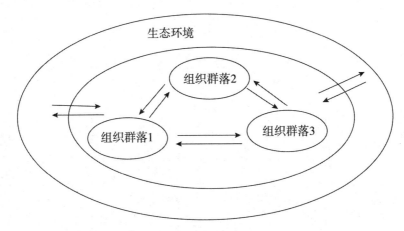

图7-1 组织生态系统的结构特征

内部核心区域。这一区域是整个创意产业集群组织生态系统的关键层，以具有竞合关系的创意企业为构成主体。创意企业在核心层内联系的纽带并不完全一致，有些是平等的水平关系，有些是上下游的垂直关系，它们都拥有竞争最核心的资源——知识与创意。

紧密层。这一区域作为核心层的外部环境，为创意产业集群内的企业提供成长所需的营养物质，是创意产业集群的支持体系，主要包括两个方面的要素：一是可供集群内创意企业直接利用的生产要素，如创意人才、技术资本、文化资源、基础设施等；二是有助于创意产业集群发展的相关辅助机构，如服务机构、中介机构、高校及科研机构、地方政府部门等。

外围松散环境。这一区域与核心层的联系更为疏远，可以将其看作创意产业集群所在的某一空间的整体大环境，包括该区域的经济环境、公共环境、制度环境等。松散层内关于创意企业的某一政策发生变动可直接作用于核心层，对创意产业集群产生直接影响；也可以通过作用于紧密层而间接影响核心层，例如，政策加强对创意人才的重视，继而影响紧密层的人力资本，从而间接影响核心层。

创意产业集群三个层次的主体通过持续不断的相互作用和相互联系，从而形成了具有一定动态平衡的创意产业集群组织生态结构，见图7-2。

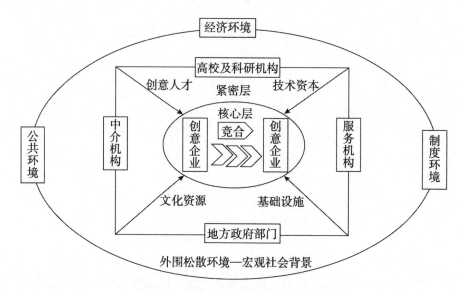

图7-2 创意产业集群生态系统结构

3. 创意产业集群生态系统的特性

自然生态系统是一个有机整体，包含诸多个体，但并不是每一个体的简单加总，而是具有复杂的相互作用关系。整个体系必须具备一些固有特征才能维持生态系统的动态平衡。同理，创意产业集群作为一个组织生态系统，在创意企业种群内，不同种群间都和这一集群空间区域的外界社会环境发生类似于自然界的物质、信息、能量交换，为保持这一动态体系的平衡，创意产业集群组织生态系统也具有一定的生态特征。

（1）创意产业集群组织生态系统的宏观特性

整体统一性。创意产业集群组织生态系统的三个层次具有统一性，对创意产业集群的形成和发展进行分析时应将这三个层次串联起来，视为一个整体。任何一个层次的因素都不是单独起作用的，而是对整体特性都会产生一定的效用，并形成之前本不具有的新特性，打破原生态系统的平衡而使这一整体开始寻找新的平衡状态。资源信息共享是创意产业集群组织生态系统整体性的显著表现。例如，新型技术的引进并不仅仅对某一个创意企业有利，而是可以提供给诸多企业共享，带动创意产业集群的整体进步。

动态演化性。创意产业集群中的各类企业种群处于动态演化的过程，主要特征是集群与外界进行连续不断的信息资源交换，即创意产品的流出、相关信息的流入等，以及集群内部组织体系构成的不断变化，无法适应集群发展需求的企业将面临淘汰，同时善于尝试的新企业选择进入，导致创意产业集群组织生态系统中各类种群数量发生变化、形态构成改变等。在实际过程中，创意产业集群可从外界引入技术、人才等有效能量，并与集群内的创意企业种群相结合，挖掘创意思想，生成创新产品，使整个组织生态系统长期维持，实现动态平衡。

有机关联性。创意产业集群生态系统不仅是有机整体，而且各要素之间存在着有机关联性，系统中的有机关联性可以用微分方程组来表达。

$$\frac{dQ_1}{dt}=f_i(Q_1, Q_2, Q_3, \cdots, Q_n)$$

$$\cdots$$

$$\frac{dQ_n}{dt}=f_i(Q_1, Q_2, Q_3, \cdots, Q_n)$$

式中 Q_i 表示集群中某要素 P_i（$i=1, 2, 3, \cdots, n$）的一定量。微分方程组表明，任意一个 Q_i 的变化，都要受到所有要素 Q（Q_1, Q_2, Q_3, $\cdots$, Q_n）的制约，因而自变量 Q_i 是所有 Q 的函数。所以，某一 Q_i 的变化也会影响到所有其他量甚至整个方程组的变化。因此，这个系统中的所有元素总是处于一定的关系之中，而且同一 P_i 在不同的关系中，由于要素权重的变化，可以使整个系统表现出不同的特性。这一数学描述形象地表明了创意产业集群中各要素之间的有机关联性。比如，在同一定条件下，维持创意产业集群组织生态系统的其他要素成分恒定，引进更多物质资本，就会造成集群形态的变化，反过来这一环境要素的改变也将受到集群内其他要素的制约。

（2）创意产业集群组织生态系统的微观特性

创意主体种类多、规模小。自然界的生物数不胜数，每个大小不一的生物群落都由各种动物、植物及微生物组成。同样，创意产业集群的组成主体不同，也将吸引不同种类的创意企业和机构，因此，也形成了各类不同的创意产业集群。其主体成分的差异也是区分不同创意产业集群的首要特质。

另外，创意产业集群通常规模都较小，相比较而言，传统产业集聚区中通常都是制造型企业，需要较大规模的厂房、接近资源利用地等。这导致在同一城市中，传统产业集群往往规模较大、占地较多，但集群数量则相对较少，从而适应传统产业的生产方式。而创意企业通常是由独立艺术家和有创新技术的人群建立的，资金并不雄厚，企业规模较小，通常拥有一间独立工作室，能够容纳2~6人办公即可。

具有一定的内部结构。生态学中，生物群落本身具有一定营养结构和组合形式，形成一条完备的食物链。与此相类似，创意产业集群内部相互平行的创意企业，或上下游之间的企业或机构种群也可通过不同类型的产业链，基于不同的角色扮演，从而表现出不同的作用关系。例如，平行企业的竞争关系，由于可用的资源相似性高，而资源是稀缺的，可能导致彼此无法和谐相处；具有吞并风险的捕食关系，即通常所说的大鱼吃小鱼；友好相处的共生关系，相互之间联系紧密，并且彼此均能获益。

二、影响创意产业集群形成的生态因子

根据上文分析，创意产业集群生态系统的外部生态环境分为与核心层关系更为密切的紧密层以及关系相对较远的外围松散环境。生态环境是创意产业集群形成的外部条件，在生态学中，构成外界环境的多种因素称为环境因子，而这些环境因子中能对生物种群起作用并产生直接或间接影响的成分称为生态因子。同理，在创意产业集群生态系统中，若外界环境中的生态因子发挥作用，也会对集群内多个企业种群起作用，并对创意产业集群的形成产

生影响。通过上文构建的创意产业集群生态系统，能够归纳出影响创意产业集群形成的生态因子，见表7-2。

表7-2　影响创意产业集群形成的生态因子

与集群内部关联的程度	要素分类	生态因子
紧密层生态因子	创意人才	人才生态因子
	文化资源	文化生态因子
	技术资本	技术生态因子
	基础设施	空间载体生态因子
外围松散环境生态因子	经济环境	经济生态因子
	公共环境	公共环境生态因子
	制度环境	制度生态因子

1. 紧密层生态因子

（1）人才生态因子

创意人才对于创意产业集群的发展具有至关重要的作用，缺乏创意人才将导致城市创意产业面临崩盘的危机。创意阶层结合个人经验积累及灵感积晶，为创意产业集群提供层出不穷的创意，提出新思想和新技术。

创意人才的培养途径主要有两个方面：一是高等院校的定向培养，二是职业培训机构的专业培养。高等院校毕业的创意人才具有完善的专业素养和突出的创意才能，他们扎实的理论基础能够成为创意企业的智慧源泉。专业培训机构旨在培养实践型的创意人才，能够迅速为创意企业带来直接利益，提高创意企业的生产效率。

（2）文化生态因子

创意产业集群的形成，是建立在独特的文化属性和创新精神的基础之上的。这一形成基础可以来源于城市本身的历史文化积淀，也可以是城市文化氛围的再创造。

历史文化氛围浓郁的地区对于创意产业集群的形成具有天然优势，大量的创意企业能够聚集于此，积极地开发和融合历史资源，设计生产和提供具有当地历史文化气息的产品或服务，能使其产品更有内涵和意义，使整个集群也更具有竞争力。由于历史文化资源的动态性特征，本身文化资源薄弱的国家或地区也能够吸收和利用其他地区的历史文化来发展创意产业集群。例如，美国的迪士尼，它的动漫作品中就渗透了东方文化和古希腊文化；同时，它在各地建设的迪士尼主题公园，也会融入当地的历史文化元素，形成独具特色的创意风格。

（3）技术生态因子

创意产业集群的形成需要领先的工艺技术支撑，当设计生产出更能满足消费者需求的创意产品或服务时，可进一步推动创意产业集群的形成。

一方面，创意产业集群的形成离不开技术的创新，随着信息技术和数字媒体的不断发展，可以大量吸收和传播创意信息，使创意信息流动的质量和数量得到有效提高进而加速创意产业发展，推动创意产业集群形成。另一方面，倘若没有先进的技术，创意企业的生存与发展将会面临瓶颈。例如，设计绘图将更加困难烦琐，制作周期和生产成本不可能降低；没有必要的技术设备，动漫产业也将难以生存发展。

（4）空间载体生态因子

创意产业集群的形成需要特殊的基础设施——空间载体，为创意企业种群提供容身之所。

闲置的旧厂房、旧仓库。在城市化进程中，工厂大量迁移至城市外围区域，尤其是一线城市，大批传统旧工业厂房被遗留在中心城区。最初建设这些建筑是为了满足工业生产要求，厂房大多具有较好的通风采光、宽敞的大跨结构空间。这些闲置的旧厂房租金低廉，室内空间宽敞，正适合年轻的创意阶层进行艺术创造，他们保留旧厂房原有的砖石墙体、房梁结构，同时又将新型材料及先进配置以当下最流行的手法进行装饰点缀，将旧厂房本身的沧桑与现代化艺术所具有的时尚结合，营造出一个充满艺术特色的创意产业集群。

大学、研究机构周边。创意产业作为一个新兴产业，是知识经济时代和信息时代的产物，对科技和创意的依赖性较大，特别是设计类和多媒体类的产业，因而需要高品质的大学和研发机构做指导。大学周边的创意产业集群，就依托高校为其提供人才保证和技术支持，同时，开放包容的大学氛围也是创意产业发展的重要条件。大学培养出大量的创意人才，在这些大学周边从事创意产业实践活动，逐步形成创意人才的集聚，最终实现了创意产业的集聚。

有特色的古村落、老社区。摩登现代的大都市中仍然有一些古村落，它们没有被城市发展的历史轨迹埋没，而是形成了充满艺术气息的一类特色创意产业集群。例如，深圳观澜版画村，其原本是一个在城市化进程中衰败的古老村落，但因其古朴的建筑风格和优美的环境，成了艺术家偏爱的工作场所，吸引了越来越多的版画创作者入驻其中，进而成为今天的观澜版画原创基地。

2. 外围松散环境生态因子

创意产业集群的形成，不仅需要依托人才和文化，宏观经济社会背景也为其形成与发展提供有力支撑。

（1）经济生态因子

经济生态因子主要包括两个方面：一方面，创意产业发展所获得的资本积累是集群持续发展的有利后盾，设备的购置、技术的研发、创意人才的聚集所需的资金投入都基本来源于此；另一方面是消费者对创意产品和服务的消费能力，消费者的购买力不足，价值链终端的价值增值将无法实现，创意产业集群发展的活力也会弱化。

（2）公共环境生态因子

影响创意产业集群的公共环境也有两个层面：一是指未经任何修饰的自然环境，二是指满足人们衣食住行的基础设施等。通过观察特定区域内公共社会环境的优劣，能够合理判断该地区是否能够吸引创意阶层，是否有利于创意产业集群的发展。

（3）制度生态因子

对一个城市而言，制度支持将是其发展的助燃剂，能够得到相关政策的支持，创意产业集群的发展可以少走弯路，从而提升城市竞争力。全国各地方政府都出台了与文化创意产业发展相关的规划纲要、制订了文化创意产业发展专项资金扶持计划等，并在逐步完善创意产业集群发展的政策法规体系。

三、创意产业集群的形成机制①

从生态学来看，创意产业集群的形成需要有充足数量的创意企业介入并发生集聚，有适宜的企业种群密度，密度过高或过低都会对集群的形成产生束缚。换言之，集群内企业生态位密度要合适，在外部生态因子的作用下，生态系统内的不同企业种群通过相互作用获取相宜的物质能量，占据与自身相符的生态位，促成内部集聚，使得一定数量的企业种群达到稳定共生的状态，形成创意产业集群。为达到平衡状态，企业种群中各个物种之间有着密切的相互关系，形成的关系复杂且多样。种间关系大致可分为三大类：有利、有害和无利无害的中性作用，分别用+、-、0表示。由此，创意企业间形成六种不同生态关系（见表7-3），要使不同种群达到稳定共存的状态，主要由竞争、互利共生、寄生三种作用机制推动创意产业集群的形成。

表7-3　种群间相互关系

相互作用类型	物种1	物种2	作用特征
互利共生	+	+	互利
偏利共生	+	0	偏利
零关系	0	0	中性作用
偏害共生	0	−	抗生

---

① 段杰，龙瑚. 基于组织生态视角的创意产业集群形成机制研究 [J]. 南京审计大学学报，2017，14（5）：48-57.

相互作用类型	物种 1	物种 2	作用特征
捕食、寄生	+	−	捕食、寄生
竞争	−	−	竞争

1. 竞争机制

在创意产业集群的形成过程中，面对竞争型的企业种群，必须使彼此保持相当的竞争实力，才能在不断竞争中达到稳定共存的状态，否则可能两败俱伤，导致集群破裂。以 A、B 两个竞争性的创意种群为例，在 t 时刻 A、B 两个创意企业种群内的组织数量为 x、y，由于集群内的资源是稀缺的，竞争种群 A、B 的组织数量存在最大值，设 k_1、k_2 分别为特定环境下竞争种群 A、B 内组织数量的最大增长率，r_1、r_2 分别为理想环境下竞争种群 A、B 内组织数量的最大增长率。企业种群单独存活能满足 Logistic 增长方程，当两者以竞争关系存在时，Logistic 竞争模型为：

$$\begin{cases} dx/dt = r_1 x \left[1 - x/k_1 - ay/k_2 \right] \\ dy/dt = r_2 y \left[1 - y/k_2 - bx/k_1 \right] \end{cases} \qquad (3-1)$$

由于竞争的存在，其中 a、b 为竞争力系数，这一指标的含义为 a 值越大，表明企业种群 B 对 A 的竞争威胁越大；同理 b 值越大，表明企业种群 A 对 B 的竞争威胁越大。创意产业集群形成的实质就是各创意企业种群能够稳定共存，各自都是先零增长率，从模型 3-1 可知，满足的条件即：dx/dt = dy/dt = 0。

种群间的竞争会产生四种结果：A 胜 B 负，B 胜 A 负，A、B 不能稳定共存，A、B 能达到共存的平衡状态。四种竞争结果如图 7-3 所示。

（1）如图 7-3（a）所示，当 $k_1 > k_1/b$，$k_2/a > k_2$ 时，即 a<1，b>1。b>1 意味着在对供养 B 的资源竞争中 A 比 B 强，而 a<1 意味着在对供养 A 的资源竞争中 B 弱于 A，于是企业 B 被 A 吞并，种群 B 在竞争中败下阵来。

（2）如图 7-3（b）所示，此时与情形（a）正好相反，$k_1 < k_1/b$，$k_2/a <$

k_2，即 a>1，b<1。a>1 意味着在对供养 A 的资源竞争中 B 比 A 强，而 b<1 意味着在对供养 B 的资源竞争中 A 弱于 B，于是企业 A 被 B 吞并，种群 A 在竞争中败下阵来。

（3）如图 7-3（c）所示，当 k_1>k_1/b，k_2>k_2/a 时，即 a>1，b>1。a>1 意味着在对供养 A 的资源竞争中 B 比 A 强，而 b>1 意味着在对供养 B 的资源竞争中 A 强于 B，两个企业种群的竞争异常激烈，不可能稳定共存。

（4）如图 7-3（d）所示，当且仅当 k_1<k_1/b，k_2<k_2/a 时，即 a<1，b<1，竞争关系的创意企业种群 A、B 能稳定共存。根据共存条件 dx/dt＝dy/dt ＝0，解得平衡点坐标为 $\left(\dfrac{k_1(1-a)}{1-ab}, \dfrac{k_2(1-b)}{1-ab}\right)$。

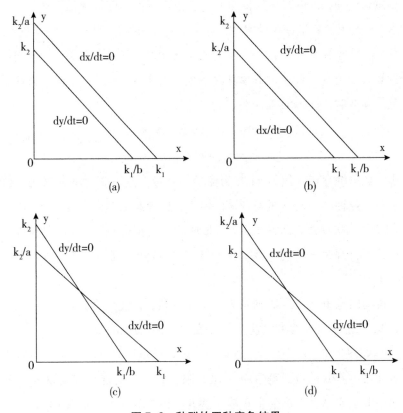

图 7-3　种群的四种竞争结果

现实意义即：a<1，在竞争供养 A 的资源过程中，A 强于 B；b<1 意味着在竞争供养 B 的资源过程中，B 强于 A。这样的竞争形式，才会维持两个企业种群的稳定并存，从而在空间内发生集聚，形成竞争型的创意产业集群，否则竞争力强的企业独吞资源，弱的一方面临灭亡，都将会阻止创意产业集群的形成。

2. 互利共生机制

互利共生是指不同种群间相互依存、各取所需，共同生存能产生相互促进的作用，而彼此离开仍然可以生存的状态。当共生条件形成，不同创意种群就具有相对稳定性，它们都能通过共生的方式提高自己的生存概率，促进创意产业集群的形成。

类似竞争机制的分析，以 A、B 两个互利性的创意种群为例，在 t 时刻 A、B 两个创意企业种群内的组织数量为 x、y，设 k_1、k_2 分别为特定环境下互利种群 A、B 内组织数量的最大增长率，r_1、r_2 分别为理想环境下互利种群 A、B 内组织数量的最大增长率。当两者以互利关系存在时，Logistic 互利模型为：

$$\begin{cases} dx/dt = r_1x\left[\,1-(x-py)/k_1\,\right] \\ dy/dt = r_2y\left[\,1-(y-qx)/k_2\,\right] \end{cases} \tag{3-2}$$

由于互利关系的存在，其中 p 为创意企业种群 B 对种群 A 的互利系数，同理，q 为创意企业种群 A 对种群 B 的互利系数。根据形成集群的平衡条件：$dx/dt = dy/dt = 0$，解得平衡点坐标为 $\left(\dfrac{k_1\,(1+p)}{1-pq},\ \dfrac{k_2\,(1+q)}{1-pq} \right)$，分析得：

（1）当 pq>1，两个创意种群都无法生存。

（2）当 pq<1，两个企业种群能共存，但存在三种情况。

①p<1 且 q<1，两个创意企业种群对彼此的依赖程度相当。

②p>1 且 q<1，此时创意企业种群 A 对创意企业种群 B 的依赖程度要大于 B 对 A。

③p<1 且 q>1，此时创意企业种群 B 对创意企业种群 A 的依赖程度要大于 A 对 B。

具体而言，当企业 A 提供的资源可以维持企业 B 的生存，同时企业 B 提供的资源也可以维持企业 A 的生存，且两者相互依赖共存时对资源的利用率更高，当众多创意企业 A、B 成对共生时，就形成了互利共生的创意产业集群。

在创意产业集群生态系统中，艺术家工作室与商业策划机构就形成互利共生的关系。艺术家工作室将艺术作品展览需求提供给各类商业策划机构；艺术家可在商业策划机构提供的商业活动中盈利。双方依靠彼此提供的资源能更舒适地生存，并减少了独自生存挖掘业务的阻力，这样的共生方式也是创意产业集群形成的一大途径。

3. 寄生机制

寄生现象是指共生中的一方 P 能够对另一方 Q 产生较大的积极影响，而 Q 对 P 仅具有有限的消极作用，此时，企业 P 称为宿主，企业 Q 称为寄生物。创意产业集群形成过程中，这一关系主要体现在产业链上下游企业种群的协同合作上，见图 7-4。

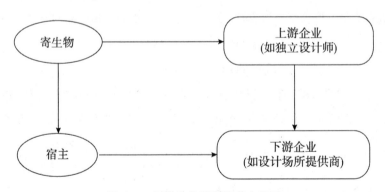

图 7-4　创意企业种群的寄生关系

类似上述两种形成机制的分析，以 A、B 两个存在寄生关系的创意种群为例，在 t 时刻宿主 A、寄生物 B 两个创意企业种群内的组织数量为 x、y，设 k 为特定环境下寄生种群 B 内组织数量的最大增长率，r_1、r_2 分别为理想环境下宿主种群 A、寄生种群 B 内组织数量的最大增长率。当存在寄生关系时，Logistic 增长模型为：

$$\begin{cases} dx/dt = -r_1x + w_1w_2xy \\ dy/dt = r_2y(1-y/k) - w_2xy \end{cases} \quad\quad (3-3)$$

由于寄生关系的存在，其中 w_1 为宿主种群 A 对寄生种群 B 的占有率，w_2 为寄生种群的寄生能力（寄存率）。由模型 3-3 可知，当上游寄生种群正好满足下游宿主种群的需要，而上游寄生创意企业种群的数量不再增加时，意味着存在寄生关系的创意企业种群达到了平衡状态，能够在空间内稳定集聚，则上游寄生种群平衡条件为：

$$dy/dt = r_2y(1-y/k) - w_2xy = 0 \quad\quad (3-4)$$

解得 $x = \dfrac{r_2}{w_2}(1-\dfrac{y}{k})$，因为 r_2、w_2 和 k 都是常数，所以寄生种群的组织数目零增长率曲线是一条直线。

同理，对宿主种群而言，平衡条件为：

$$dx/dt = -r_1x + w_1w_2xy = 0 \quad\quad (3-5)$$

解得，宿主企业种群内组织数目零增长率曲线也是一条直线 $y = \dfrac{r_1}{w_1w_2}$，如图 7-5 所示，两条直线的交点就是形成创意产业集群的平衡点，记为 A，交点坐标为 $\left(\dfrac{r_2}{w_2} - \dfrac{r_1r_2}{w_1k\,w_2^2},\ \dfrac{r_1}{w_1w_2}\right)$。

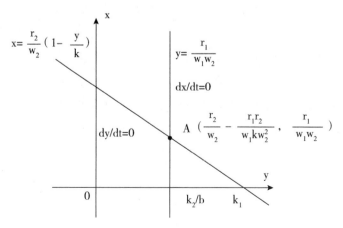

图 7-5 寄生机制的平衡条件

由图可知，寄生机制下，创意产业集群能够形成的需要满足的最终条件为 $\frac{r_2}{w_2}-\frac{r_1 r_2}{w_1 k\ w_2^2}>0$，即 $w_1 w_2>\frac{r_1}{k}$。从实践意义看，比如，创意展会的举办需要依靠展馆提供方、艺术家的生存必须依赖创意场所等。宿主可自发寻找生存所需的能量而生存，寄生物则必须依靠宿主提供的资源完成相关活动才能得以存活，当两者的增长率为零时，这样的集合达到了稳定共存的状态，也就意味着大量寄生关系的创意企业种群能够积聚，从而形成了创意产业集群。

4. 创意产业集群形成机制模型

从组织生态的视角出发，创意产业集群的形成就是各企业能够基于一定的平衡条件，达到稳定共生的状态。根据形成的创意产业集群规模大小和集群内企业间互动关系的差异，结合上文三种不同的生态学机制，由于竞争性的创意企业是集群形成的基础，所以竞争机制在集群形成过程中一定客观存在，在此分析的基础上将创意产业集群的形成分成三个不同层次：一是以竞争为主，二是竞争与互利共生、竞争与寄生分别共存，三是竞争、互利共生、寄生同时存在的复杂形成机制。

（1）以竞争为主的创意产业集群形成机制

当形成的创意产业集群规模较小，集群内几乎都是对生产要素和需求市场进行争夺的竞争性创意企业种群，而几乎不存在其他相关的中介机构和服务机构，此时，创意产业集群能够形成的内在保证就是上文提及的竞争机制条件下创意企业所需要满足的平衡条件，而提供给创意企业种群可持续发展的"营养物质"也必不可少，即外界生态因子，它们为创意企业的生产创造条件。只有当大量的竞争性创意企业能够依赖外界提供的生态因子而进行创意生产，同时彼此之间能够基于一定的平衡条件稳定共存，那么此时就形成了以竞争为主的单一作用方式创意产业集群，见图7-6。

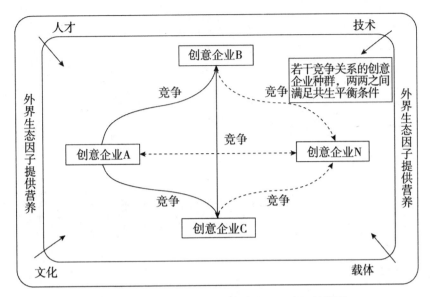

图7-6　以竞争为主的创意产业集群形成机制模型

（2）两种关系并存的创意产业集群形成机制

当形成的创意产业集群具有一定规模，集群内的企业种群不仅存在竞争关系，而且由于一定数量的中介机构和服务机构的出现，企业种群间形成了互利共生的新关系；或者因为创意企业规模的逐渐扩大，而出现供应商与下游客户的寄生关系。

①竞争与互利共生关系并存

此时，创意产业集群的形成仍然以竞争企业为主，彼此间要能够满足竞争机制条件下的平衡关系，同时互利共生的企业种群间也要满足互利共生机制下的平衡条件。外界生态因子提供给创意企业种群可持续发展不可或缺的"营养物质"，没有生态因子发挥作用，企业种群无法存活，讨论集群的形成也将失去意义。因此，当竞争与互利共生两种关系并存的条件下形成的创意产业集群，见图7-7。

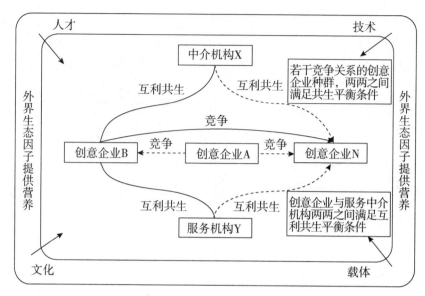

图 7-7 竞争与互利共生关系并存的创意产业集群形成机制模型

②竞争与寄生关系并存

当企业种群间出现上下游关系，形成的创意产业集群不仅有竞争的创意企业种群要满足竞争机制下的平衡条件，同时寄生关系的企业种群间也要满足寄生机制下的平衡条件。同竞争与互利共生关系并存的相互作用关系类似，不同企业种群间满足共生平衡条件仅是创意产业集群形成的内在保证，生态因子提供的"营养物质"在集群形成过程中无时无刻不发挥着作用。因此，此时的创意产业集群形成机制，见图 7-8。

（3）三种关系并存的创意产业集群形成机制

当形成的创意产业集群规模较大，企业种群间的作用关系会变得复杂：争夺资源的竞争性创意企业种群与创意企业互利共生的中介机构和服务机构存在上下游创意企业间的寄生关系。此时，创意产业集群能够形成的内在保证就是上文提及的三种机制条件下创意企业彼此间所需要满足的平衡条件。同时，生态因子作为提供"营养物质"的外在保障必不可少，它们维持着创意企业种群的存活。只存在复杂关系的大量的企业种群在某一空间集聚，从而形成了稳定的创意产业集群，见图 7-9。

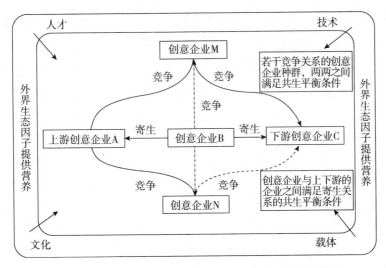

图 7-8　竞争与寄生关系并存创意产业集群形成机制模型

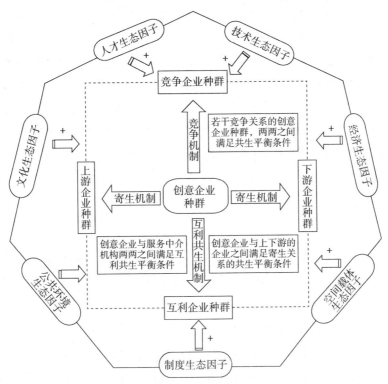

图 7-9　三种关系并存的创意产业集群形成机制模型

注："+"代表生态因子的正反馈。

综合上述分析，创意产业集群形成机制可解释为：在某一区域内集聚的创意企业种群通过竞争、互利共生、寄生等生态运动过程，能够彼此间共存，若干竞争企业种群在集群形成过程中始终存在，而另外两种关系与创意产业种群的规模相关联，不是集群形成的必要条件。同时外部的生态环境，包括人才、文化和技术等生态因子为巩固企业种群的稳定共生提供它们所需要的"营养物质"，使内部创意企业种群获得了外部支撑条件。因此，基于内部的聚合以及外界的要素供给使得相互关联的众多创意企业以及相关专业机构在特定地理空间集聚而形成集合，即形成了创意产业集群。

四、生态因子影响程度评价模型构建

生态因子为创意产业集群的形成提供了"营养物质"，保证了集群内企业种群的正常生长，是集群形成必不可少的外界条件。上文从理论方面对影响创意产业集群形成的生态因子做了定性分析，接下来，我们将运用计量模型对不同生态因子的影响程度做定量分析。本部分通过构建生态因子评价指标体系，对10个不同的城市进行实证分析，进而确定不同生态因子对创意产业集群形成的影响作用强度，找到主导生态因子和一般生态因子。

1. 评价指标体系构建

（1）构建评价指标体系的原则

影响创意产业集群形成的生态因子变量较多，由此可知构建的评价指标体系必然是一个庞大而复杂的系统。因此，要科学地构建创意评价指标体系并不是一项简单的工作，应遵循以下基本原则。

①科学性与准确性相结合的原则

科学性原则表明指标体系构建必须以理论基础为依据，只有基于科学的理论所建立的模型才能将不同性质的评价指标融于同一系统框架内，形成一套有理可依的评价指标体系。而准确性原则要求：根据理论模型选取的评价指标，概念要明确、清晰；反映指标的数据一定要真实、可靠，使评价结果更具有权威性。

②系统性与条理性相结合的原则

系统性原则要求所选取的指标能完整、全面地描述创意产业集群生态效应的水平和特性。与系统性相对应的是条理性，指标的设置要按照一定的逻辑顺序，从总目标出发，条理清晰地对要素进行分解，逐层建立完整的指标体系。

③可操作性与可比性相结合的原则

可操作性原则体现在两个方面：一是数据资料的可采集性。数据能够被采集是进行实证评价的重要基础，如果数据无法获得就失去了构建指标体系的意义。二是指标具有可量化性。尽量选取能够量化的统计指标，增加指标的客观性，降低主观因素的干扰。可操作性是为方便结果的比较，因此选取的每个指标的统计口径、时间和量纲应保持一致，以保证评价结果能够进行横向与纵向的比较。

（2）构建评价指标体系的指标选择

创意产业集群的形成与发展建立在创意产业发展的基础上，因此，在指标选取方面两者趋于一致。前文总结了影响创意产业集群形成的生态因子：人才生态因子、文化生态因子、技术生态因子和空间载体生态因子等。通过选取适当的一级指标和二级指标，可构建生态因子评价指标体系。

①人才生态因子评价指标选择

创意产业集群的形成与发展对人才具有依赖性，创意多来自人和人之间思维碰撞产生的火花。我们将创意产业从业人数占全社会从业人员的比重和每万人中高校在校生数（按常住人口计算）作为创意人才的 2 个二级指标。

②文化生态因子评价指标选择

尽管创意产业集群发展的最终目的是实现经济收益最大化，但其中注入的文化要素也不容忽视。诸如我们经常接触的书籍或影视作品，当文化作为其载体，消费者可以享受与众不同的知识新体验。我们利用每百万人口所拥有的图书馆数量（按常住人口计算）和每百万人口所拥有的博物馆、档案馆数量（按常住人口计算）2个二级指标衡量创意文化氛围。

③技术生态因子评价指标选择

创意产业不仅强调与文化的融合，也强调与科技的融合，很多创意产品或服务依附于科学技术的创新，进而实现商业化发展。我们选择了每十万人专利申请数（按常住人口计算）、每十万人专利授权数（按常住人口计算）和每万人口互联网用户数（按常住人口计算）作为技术支撑的3个二级指标。

④空间载体生态因子评价指标选择

空间载体是创意产业集群的地理位置依托，是创意产业集群的所在地，结合数据的可获得性，我们选取了全市拥有市级以上文化创意产业园区（基地）数量和A级以上旅游景区数量作为空间载体的2个二级指标。

⑤经济生态因子评价指标选择

经济资本包括创意产业本身的资金积累和消费者需求能力两个方面，我们选取了创意产业年增加值占GDP增加值的比重、全市城镇居民年人均可支配收入和城镇居民人均教育文化娱乐服务消费占全部消费的百分比作为3个二级指标。

⑥公共环境生态因子评价指标选择

公共环境包括自然环境条件和基础设施两个方面，我们基于人均公园绿地面积、人均道路面积和人均住房面积3个二级指标进行衡量。

⑦制度生态因子评价指标选择

制度环境即政府对整个区域创意产业集群的发展所做的贡献，我们选取了公共财政支出中教育支出的百分比、公共财政支出中科学技术支出的百分比和公共财政支出中文化体育传媒支出的百分比3个二级指标。

因此，创意产业集群生态因子评价指标体系包含7个一级指标和18个二级指标，见表7-4。

表 7-4 创意产业集群生态因子评价指标体系

一级指标	二级指标	计量单位
人才因子	X1. 创意产业从业人数占全社会从业人员的比重	%
	X2. 每万人中高校在校生数（按常住人口计算）	人
文化因子	X3. 每百万人口所拥有的图书馆数量（按常住人口计算）	个
	X4. 每百万人口所拥有的博物馆、档案馆数量（按常住人口计算）	个
技术因子	X5. 每十万人专利申请数（按常住人口计算）	项
	X6. 每十万人专利授权数（按常住人口计算）	项
	X7. 每万人口互联网用户数（按常住人口计算）	个
空间载体因子	X8. 全市拥有市级以上文化创意产业园区（基地）数量	个
	X9. A 级以上旅游景区数量	个
经济因子	X10. 创意产业年增加值占 GDP 增加值的比重	%
	X11. 全市城镇居民年人均可支配收入	万元
	X12. 城镇居民人均教育文化娱乐服务消费占全部消费的百分比	%
公共环境因子	X13. 人均公园绿地面积	平方米
	X14. 人均道路面积	平方米
	X15. 人均住房面积	平方米
制度因子	X16. 公共财政支出中教育支出的百分比	%
	X17. 公共财政支出中科学技术支出的百分比	%
	X18. 公共财政支出中文化体育传媒支出的百分比	%

（3）评价模型

①评价方法——变异系数权重法和 TOPSIS 法

变异系数权重法是一种确定多指标权重的方法。由于评价指标体系中的各项指标存在不同的衡量单位，无法直接比较相互之间的差别程度。为了统一各项评价指标的量纲，消除差异带来的影响，需要计算出各项评价指标的变异系数来衡量各项指标选值的差异程度。这一方法是基于标准差与平均数的比值（相对值）来进行的衡量。

TOPSIS 法，即逼近于理想解排序法，它是一种能将多指标进行综合评价的方法。方法的基本思路是定义决策问题的理想解和负理想解（理想解所对应的是各指标中的最优值，负理想解则对应的是各指标中的最劣值），计算每个方案到理想解的距离 S_i^+ 和到负理想解的距离 S_i^-，最后通过计算相对贴近度 C_i，并将每个方案按相对贴近度 C_i 进行排序，从而得出对不同方案的定量评价。

②评价模型的建立

设有 n 个待评价的城市，每个城市有 m 个评价指标，则评价指标特征值矩阵为：

$$A = \begin{bmatrix} X_{11} & X_{12} & \cdots & X_{1m} \\ X_{21} & X_{22} & \cdots & X_{2m} \\ \cdots & \cdots & \cdots & \cdots \\ X_{n1} & X_{n2} & \cdots & X_{nm} \end{bmatrix} \tag{4-1}$$

$$(i = 1, 2, \cdots, n; j = 1, 2, \cdots, m)$$

其中，X_{ij} 为第 i 个城市对应的表 7-4 中第 j 个评价指标。

由 A 可以构成规范化的矩阵 Z'，其元素为 Z'_{ij}：

$$Z'_{ij} = X_i / \sqrt{\sum_{i=1}^{n} X_{ij}^2}; \quad (i = 1, 2, \cdots, n) \tag{4-2}$$

构造规范化的加权矩阵 Z，其元素为 Z_{ij}：

$$Z_{ij} = W_j Z'_{ij} \ (i = 1, 2, \cdots, n; j = 1, 2, \cdots, m) \tag{4-3}$$

下面利用变异系数法来求各个评价指标的权重 W_j。

计算第 j 个评价指标的变异系数：

$$\delta_j = D / X_j \tag{4-4}$$

计算第 j 个评价指标的权重：

$$W_j = \delta_j / \sum_{j=1}^{m} \delta_j \tag{4-5}$$

式中：δ_j 为第 j 个评价指标的变异系数；D 为第 j 个评价指标特征值的均方差。

$$D = \sqrt{\frac{1}{n}\sum_{i=1}^{n}(X_{ij} - \bar{X}_j)^2} \qquad (4-6)$$

其中：$\bar{X}_j$ 为第 j 个评价指标特征值的均值。

$$\bar{X}_j = \frac{1}{n}\sum_{i=1}^{n}X_{ij} \qquad (4-7)$$

为确定理想解和负理想解，设 J 代表越大越优型目标集，J' 代表越小越优型目标集，则：

$$Z^+ = \{(max\ Z_{ij}, j\in J),\ min\ Z_{ij}, j\in J \mid i=1,\ 2,\ \cdots,\ n\}$$
$$= \{Z_1^+,\ Z_2^+,\ \cdots,\ Z_m^+\} \qquad (4-8)$$
$$Z^- = \{(min\ Z_{ij}, j\in J),\ max\ Z_{ij}, j\in J \mid i=1,\ 2,\ \cdots,\ n\}$$
$$= \{Z_1^-,\ Z_2^-,\ \cdots,\ Z_m^-\} \qquad (4-9)$$

计算每个城市的指标集到理想解的距离 S_i^+ 和到负理想解的距离 S_i^-：

$$S_i^+ = \sqrt{\sum_{j=1}^{m}(Z_{ij} - Z_j^+)^2}\ (i=1,\ 2,\ \cdots,\ n) \qquad (4-10)$$

$$S_i^- = \sqrt{\sum_{j=1}^{m}(Z_{ij} - Z_j^-)^2}\ (i=1,\ 2,\ \cdots,\ n) \qquad (4-11)$$

计算每个城市综合评价接近于理想解的相对贴近度 C_i^*：

$$C_i^* = S_i^- / (S_i^- + S_i^+)\ \ 0\leq C_i^*\leq 1\ (i=1,\ 2,\ \cdots,\ n) \qquad (4-12)$$

若一个城市的综合评价与理想解重合，则相应的 $C_i^* = 1$；若一个城市的综合评价与负理想解重合，则相应的 $C_i^* = 0$。

③数据来源

我们实证研究的目的是通过对不同城市形成的创意产业集群竞争力进行纵向比较，区分出不同生态因子的作用程度，找到主导因子。为保证城市的可比性以及数据的可获得性，我们基于 2014—2015 年度的统计数据，综合各城市创意产业区位熵的计算结果，选取了珠三角、长三角、环渤海以及中部地区创意产业集群发展较好的 10 个城市的相关数据进行实证分析。

区位熵常用于衡量一个区域的产业结构和全国平均水平之间的差异，能够揭示某一产业部门的专业化程度，评价某一空间在更高层次空间的比重和地位。通过计算，所选取的10个城市区位熵均远大于1，见表7-5，说明它们的创意产业集群化发展非常显著，利用上述评价指标体系对它们的组织生态效应进行评价具有可行性。

表7-5　10个代表城市的创意产业区位熵（降序）

城市	城市创意产业增加值/全国创意产业增加值	城市GDP/全国GDP	区位熵
长沙	0.063	0.012	5.157
杭州	0.067	0.014	4.642
北京	0.117	0.033	3.486
上海	0.118	0.037	3.175
广州	0.069	0.026	2.644
苏州	0.056	0.022	2.627
深圳	0.064	0.025	2.580
天津	0.048	0.025	1.980
武汉	0.029	0.016	1.863
南京	0.021	0.014	1.545

基于上述分析，选取了这10个对照城市，数据源于各城市2014—2015年度的统计年鉴、统计信息年鉴、经济普查信息、国民经济和社会发展统计公报等。此外，还有一些数据来源于各城市创意产业发展规划及政府报告等，并依据具体指标，对有些数据进行了简单处理。

2. 实证分析

（1）计算过程

我们基于变异系数权重法和TOPSIS法进行相关计算，由于量纲的不同，首先利用式（4-2）计算各指标的标准化结果，见表7-6。

表7-6 创意产业集群生态因子评价指标的标准化结果

城市	长沙	杭州	北京	上海	广州	苏州	深圳	天津	武汉	南京
X1	0.570	0.183	0.338	0.340	0.273	0.257	0.418	0.163	0.164	0.207
X2	0.406	0.265	0.200	0.104	0.386	0.098	0.052	0.230	0.514	0.486
X3	0.231	0.190	0.163	0.145	0.161	0.144	0.784	0.288	0.231	0.257
X4	0.267	0.439	0.474	0.229	0.291	0.235	0.167	0.132	0.222	0.475
X5	0.135	0.303	0.356	0.187	0.196	0.540	0.423	0.232	0.149	0.379
X6	0.151	0.364	0.334	0.201	0.304	0.497	0.480	0.168	0.152	0.268
X7	0.188	0.282	0.231	0.249	0.246	0.303	0.369	0.499	0.324	0.356
X8	0.036	0.223	0.416	0.650	0.199	0.355	0.319	0.187	0.126	0.187
X9	0.128	0.174	0.767	0.309	0.156	0.236	0.042	0.368	0.135	0.184
X10	0.513	0.463	0.347	0.317	0.264	0.263	0.257	0.197	0.186	0.154
X11	0.281	0.341	0.335	0.364	0.328	0.356	0.313	0.240	0.254	0.325
X12	0.368	0.241	0.386	0.419	0.332	0.295	0.230	0.215	0.143	0.407
X13	0.239	0.336	0.345	0.299	0.349	0.376	0.364	0.249	0.240	0.325
X14	0.264	0.114	0.237	0.218	0.178	0.617	0.191	0.339	0.272	0.420
X15	0.443	0.333	0.300	0.229	0.221	0.371	0.266	0.242	0.340	0.345
X16	0.309	0.414	0.226	0.307	0.347	0.340	0.332	0.337	0.151	0.323
X17	0.349	0.361	0.265	0.166	0.260	0.385	0.290	0.305	0.393	0.321
X18	0.198	0.315	0.288	0.213	0.209	0.400	0.326	0.334	0.370	0.419

利用式（4-4）—（4-7）确定各指标权重，见表7-7。

表7-7 根据变异系数法确定的各指标权重

一级指标	权重	二级指标	权重	一级指标	权重	二级指标	权重
人才因子	0.144	X1	0.061	经济因子	0.114	X10	0.054
		X2	0.083			X11	0.018
文化因子	0.159	X3	0.100			X12	0.042
		X4	0.059	公共环境因子	0.123	X13	0.023
技术因子	0.162	X5	0.063			X14	0.069
		X6	0.060			X15	0.031
		X7	0.040	制度因子	0.098	X16	0.032
空间载体因子	0.199	X8	0.088			X17	0.030
		X9	0.112			X18	0.035

再将各指标权重代入，得到引入权重的标准化结果，见表7-8。

表7-8　引入权重的生态因子评价指标的标准化结果

城市	长沙	杭州	北京	上海	广州	苏州	深圳	天津	武汉	南京
X1	0.035	0.011	0.021	0.021	0.017	0.016	0.025	0.010	0.010	0.013
X2	0.034	0.022	0.017	0.009	0.032	0.008	0.004	0.019	0.043	0.040
X3	0.023	0.019	0.016	0.015	0.016	0.014	0.079	0.029	0.023	0.026
X4	0.016	0.026	0.028	0.013	0.017	0.014	0.010	0.008	0.013	0.028
X5	0.008	0.019	0.022	0.012	0.012	0.034	0.027	0.015	0.009	0.024
X6	0.009	0.022	0.020	0.012	0.018	0.030	0.029	0.010	0.009	0.016
X7	0.007	0.011	0.009	0.010	0.010	0.012	0.015	0.020	0.013	0.014
X8	0.003	0.020	0.037	0.057	0.017	0.031	0.028	0.016	0.011	0.016
X9	0.014	0.019	0.086	0.034	0.017	0.026	0.005	0.041	0.015	0.021
X10	0.028	0.025	0.019	0.017	0.014	0.014	0.014	0.011	0.010	0.008
X11	0.005	0.006	0.006	0.007	0.006	0.007	0.006	0.004	0.005	0.006
X12	0.015	0.010	0.016	0.018	0.012	0.012	0.010	0.009	0.006	0.017
X13	0.005	0.008	0.008	0.007	0.008	0.009	0.008	0.006	0.005	0.007
X14	0.018	0.008	0.016	0.015	0.012	0.043	0.013	0.023	0.019	0.029
X15	0.014	0.010	0.009	0.007	0.007	0.012	0.008	0.008	0.011	0.011
X16	0.010	0.013	0.007	0.010	0.011	0.011	0.011	0.011	0.005	0.010
X17	0.011	0.011	0.008	0.005	0.008	0.012	0.009	0.009	0.012	0.010
X18	0.007	0.011	0.010	0.008	0.007	0.014	0.012	0.012	0.013	0.015

根据表7-8，找到理想解 Z^+ 和负理想解 Z^-，并利用式（4-8）—（4-12），计算每个城市的指标集到理想解的距离 S_i^+ 和到负理想解的距离 S_i^-，以及相对贴近度 C_i^*，从而最终确定各城市创意产业集群生态效应的排名，见表7-9。

表7-9 各城市形成的创意产业集群竞争力排名

城市	S^+	S^-	C^*	排名
北京	0.080	0.095	0.542	1
上海	0.103	0.077	0.428	2
深圳	0.101	0.066	0.393	3
苏州	0.102	0.062	0.381	4
广州	0.100	0.057	0.364	5
杭州	0.096	0.050	0.340	6
南京	0.115	0.049	0.298	7
天津	0.110	0.043	0.283	8
武汉	0.115	0.045	0.281	9
长沙	0.112	0.039	0.260	10

（2）评价结果比较分析

由实证结果可知，所选取的具有代表性的10个城市排名中，北京综合得分最高，为0.542，其创意产业集群表现最优；其次是上海，为0.428；深圳和苏州紧随其后；广州和杭州综合得分居于中间，分别排名第五和第六；南京、天津、武汉、长沙的综合得分相对较低，没有超过0.3，排在最后四位。

显然，不能仅凭各项指标的直观数值的高低来判断形成的创意产业集群表现，而应基于各指标的权重才能进行综合评价，找到不同生态因子对创意产业集群形成的影响程度。根据变异系数法确定的各指标权重能够明确它们的相对重要性。

空间载体这一生态因子占有较大比重，说明它对创意产业集群的形成影响最为重要，可定义为主导因子。排名前两位的北京和上海，它们的创意产业园区（基地）和A级旅游景区数量均位于10个城市的前列，上海的创意产业园区（基地）数量最多，而北京的A级以上旅游景区数量高达221个，比第二名的两倍还多。因此足以见得，创意产业集群要获得长足发展，首先必须要有充足的空间载体作为落脚点，实现空间上的集聚。

技术因子和文化因子居于次要地位。技术支撑方面，创意时代的显著特征就是从依赖自然资源等客体转向以重点研发科学技术为主的知识经济，从依赖有形的土地和矿产等要素转向充分利用无形的智力因素的发展，因此技术的重要性毋庸置疑。以深圳、苏州为例，深圳的自主创新能力是有目共睹的，2014 年 6 月，国务院批准深圳建设国家自主创新示范区，深圳成为全国第一个以城市为基本单元的国家自主创新示范区；苏州也不逊色，2015 年 10 月，苏州工业园区也成为国务院批复的中国首个开展开放创新综合试验区域，利用其开放性的创新体系，引领全国经济开发区的转型升级。它们的专利申请和授权量分别居于 10 个城市中的第一、第二位，同时也具有大量的互联网用户，虽然其他指标表现不是最优，但是综合排名仍然比较靠前。

文化因子的权重比技术略低 0.3 个百分点。文化氛围对于创意产业集群的形成也具有举足轻重的作用，从统计数据来看，北京的历史文化氛围最为浓厚，博物馆等历史场馆多达 209 座，每百万人口约有 10 座，而排名较后的天津每百万人口还不到 3 座。例如，以历史文化为背景形成的北京市琉璃厂历史文化创意产业集聚区，其中的主导产业包括中国传统特色文化展示、现代设计、民间工艺、古玩、文化艺术交易等，这一集聚区因文化而充满活力，被北京市文化创意产业领导小组办公室认定并授予"中国十佳最具投资价值的文化创意产业基地"称号。

人才因子对创意产业集群形成的影响程度排名第四。技术的创新需要创新型人才，文化的传承也需要知识型人才，当技术与文化为创意产业集群的组织生态效应做出应有贡献时，幕后功臣都是优秀人才。21 世纪的竞争归根到底是人才的竞争，因此，创意产业集群的形成过程也不可忽视人力资源的重要性。

最后，宏观社会背景生态因子中的三个指标——经济因子、公共环境因子与制度因子，权重较小。它们对创意产业集群形成的影响相对较弱，其主要原因是，这三者不单是创意产业集群发展的基础，也是城市其他方面发展的保障。它们虽不如其他指标权重高，但也不可或缺，要发展创意产业、进行科技研发、吸引创意人才，仍需有社会资本与制度政策的支撑。

第八章

创意产业集群效应的组织生态分析[①②]

群落式发展有利于近距离建立相对完整的产业生态链，有利于适应快速变化的市场需求，有利于降低交易成本、缩短周转周期等。因此，创意产业集群的形成，让生态系统中的产值、税收、就业等经济指标不断攀升，有效带动一个区域创意产业的整体发展，并且表现出各具特色的效应。

一、基因复制与规模经济效应

在生态学中，复制是一个生态系统从小变大、由弱变强的重要前提，也是将种群特征稳定在子代延续的有效途径。在创意产业集群生态系统中，复制的特点主要表现为将系统内某些创意企业种群所具有的特性导入给系统的新成员，这类复制，能够扩大原有生态系统中创意企业种群的数量，见图8-1。这样更易形成专业化分工，取得外部规模经济效应，优化与提高整个创意产业集群生态系统的竞争能力。

需要注意的是，在创意产业集群当中，核心竞争力是原创性。生产主体知识性较强，创意产品中原创知识含量高，企业必须强化版权保护意识；这一特性导致原封不动的直接复制方式难以实现。因此，在复制过程中，要善于挖掘和把握有益基因，尽量保证复制功能的最大化效用。"基因复制"带

---

① 龙瑚．组织生态视角下创意产业集群形成机制和效应研究［D］．深圳：深圳大学，2016：50-58.

② 注明：本章由段杰、龙瑚负责撰写。

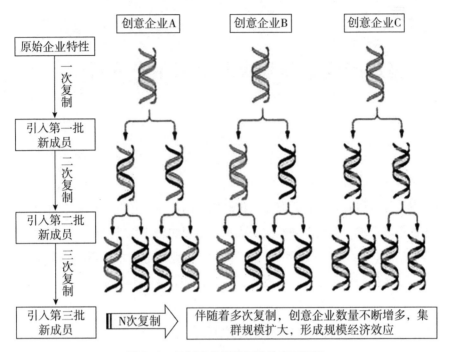

图 8-1 复制形成规模经济效应原理图

来的规模经济效应主要表现在两个方面。

1. 区域品牌效应

在创意产业集群内，通过对特色产品的复制与学习，基于"递归强化"作用，创意企业队伍逐渐庞大，有助于形成远近闻名的创意产业集群。一旦形成区域品牌，集群会自我强化，不断壮大，通过"适者生存，优者更优"的正反馈机制，在区域内赢得良好口碑，增强竞争力。当区域品牌效应发挥，集群在扩大市场占有率、提高价格竞争优势、引进优质人才上才能够有显著突破。

一般而言，创意产业集群区域品牌效应的形成更多地依赖于城市区域发展特征的复制与利用。例如，深圳各区都有其代表性的创意产业集群，形成了区域发展的一张张名片：福田区集合图书馆、音乐厅的市民中心 CBD；南山区的华侨城 OCT-LOFT、蛇口南海意库；罗湖区水贝国际珠宝交易中心、怡景动漫产业基地；宝安的 F518 创意产业园；龙岗的大芬油画村等。对创意产业集群的发展而言，由区域品牌形成的声誉效应有时胜过一切资源，这一名片解读了城市的历史积淀，吸引了各界创意人才，从而促进创意产业集群的进一步发展。

2. 收益放大效应

创意企业通过复制其他企业创意产品的某些特性，必然比其独立发展更有利可图。不仅降低了产业发展的成本，而且能碰撞出许多新的生产力组合。收益放大效应的具体表现有：第一，空间距离的缩短，信息资源在集群内的迅速扩散，提高了企业的生产效率；第二，相关要素的投入和人力资源的联系更便捷，减少企业寻求人才和其他要素的成本；第三，可增强不同创意企业间的互补性，减少一些资产的重复投入；第四，公共产品的获得更有效、公共资源的建设更规范；第五，为集群内的创意企业提供了更有效的激励。

二、基因变异与创新效应

创意产业集群的创新效应主要源于基因的突变和重组，这两种方式都会引起集群内一些创意企业种群的核心特性发生改变。基因突变主要是遗传基因本身所携带的遗传信息自己发生了错乱，而基因重组主要是受外界的影响，引起遗传基因的排列顺序和组合方式发生改变。

创意产业集群生态系统中发生的变异类似于生态学中的基因突变现象，存在一定的不确定性，既有可能产生优势基因，促进整个系统的进化发展，也有可能生成破坏性基因，而弱化竞争优势。通常情况下，创意产业集群生态系统都是积极促成有利的重组变异。系统内的创意企业种群本身会尝试进行创新，利用新颖的创意灵感设计出前所未有的新产品，而对整个生态系统起到优化作用；而创意企业种群之间也会通过不断地沟通学习，进行"基因重组"，对原有产品的种类或性质进行更新，加强它们的适应能力和应变能力，从而提高整个集群的创新能力和竞争优势。见图8-2。

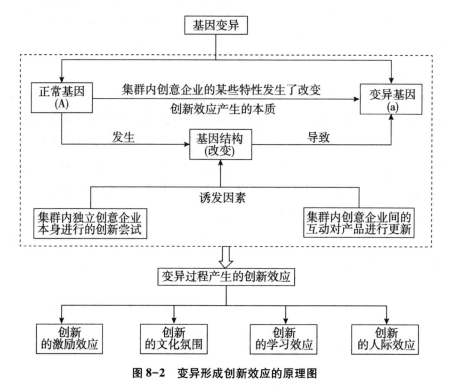

图8-2　变异形成创新效应的原理图

1. 创新的激励效应

由于在集群内这一较小的空间区域聚集了数量颇多的竞争者，容易形成"适者生存，优胜劣汰"的格局。多数企业为了应对残酷的竞争，赢得市场需求，就必须有强烈的创新动力，力图在生产技术、产品质量、产品结构和改善服务等方面做出与时俱进的改变。换句话说，可将同质化竞争转为差异化竞争，从而有开发新产品和新工艺的激励。

2. 创新的文化氛围

众多创意企业集聚在一个地区，都希望通过相互合作与交流，将它们所在的创意产业集群打造成极具竞争力的区域品牌，成为一张具有代表性的城市名片。而创新又是创意产业发展的必然选择，因此，集群内宣传创新、鼓励创新、努力创新将成为一种必然的文化氛围，这一自发形成的创新氛围将成为重要催化剂，推动集群企业孜孜不倦地学习新知识、研发新技术。

3. 创新的学习效应

由于集群内的企业位置相近，能够形成较强的经济联系，它们之间有的可能存在正式的分工协作关系，为共同研发出新产品和提高产品质量，会有经常性的创新交流学习；而有的是存在贸易往来，在彼此接触中产生信息和技术的交流成为必然。而创意产业集群内企业之间的相互学习沟通不仅仅局限于对固有理论的传播，更多是借鉴对方的创造性思维而进行的创新学习，只有通过创造性地学习才能够研发出举世无双的创意产品和服务，为企业本身甚至整个集群带来更强的竞争优势。

4. 创新的人际效应

知识按形态分类，可分为显性知识与隐性知识两类。创意产品的研发与生产更多依赖于人们所具备的隐性知识储量。而这种隐性知识的挖掘更多来自非正式的交流方式，如工作下午茶、休闲餐厅的闲聊、运动场馆的会面等。因此，创意产业集群内也形成了较为新颖的人际关系，不仅仅在正式的工作场合进行交流，也更有可能是在业余聚会时间获取工作灵感，形成了新型的创新环境。

总而言之，一方面，由于环境竞争激烈，促使企业不断创新，提高自生能力；另一方面，集群内聚集了大量充满"冒险精神"的创意阶层，创意产业集群为他们提供了一个开放式的沟通平台，能够得到比单一企业更广阔的学习界面，将创新思维和新兴技术不断融合，使创新能力大幅提高。

三、生态位选择与竞合效应

生态位是指在特定区域内，创意产业集群内各种组织对各类资源的利用和对环境适应性的总和。根据条件的差异化，生态位存在三种分类。见图8-3。

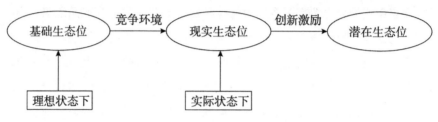

图8-3 生态位的三种分类

竞争的存在使集群内的创意企业不可能占有基础生态位，而只能依据特定环境占据现实生态位。由于集群内的资源是稀缺的，各创意企业种群为保证利润最大化，必然会出现争夺资源的竞争，而这种竞争的根源就是集群中企业生态位重叠的结果。当集群内不同企业的资源需求越相近，生态位重叠度越高，为维持自身的生存与发展，竞争就会越激烈。这类竞争将产生两种后果：一种是弱肉强食，弱者的生态位完全被强者占据，而在竞争中败下阵来；另一种是竞争双方通过差异化发展，协同合作，找寻更适合自己的有利生态位，最终实现生态位的分离。见图8-4。

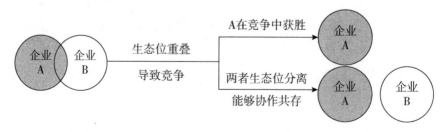

图8-4 竞争企业种群生态位选择差异

第九章

创意产业园区演化与城市空间转型^{①②}

　　"创意产业之父"霍金斯指出，全球创意经济每天所创造的产值达220亿美元，并且以5%的速度不断增长。中国正处于转型的关键时期，作为城市的战略性新兴产业之一，近年来创意产业产值增长迅速，深圳、北京、上海、广州、杭州等大城市均将创意产业作为支柱产业进行扶持；同时创意产业的迅猛崛起催生了创意产业园区的集聚与繁荣，如北京的798产业园、南锣鼓巷；上海的田子坊、8号桥；深圳的华侨城创意产业园、大芬油画村、南海意库。借鉴伦敦西区与纽约SOHO区的成功经验，创意产业园区通常以城市中的"三旧"（旧城区、旧街区、旧厂房）区域、高校周边等为空间载体，通过市场机制或政府引导的作用，重塑城市空间结构的形态与功能，推进城市空间重构。创意产业园区的演化发展与城市空间结构的转型息息相关，因此，如何借助创意产业园演化带动城市空间转型优化，以城市空间重构促进创意产业提升，成为当今学术界探索与实践的重要任务。

---

① 朱丽萍.深圳创意产业园演化与城市空间转型研究［D］.深圳：深圳大学，2014：39-51.
② 注明：本章由段杰、朱丽萍共同撰写。

一、深圳创意产业园区空间演化特征

1. 创意产业园区发展历程与类型

20 世纪 90 年代后期，面对土地紧张、资源匮乏、人口激增、环境恶化的发展困境，深圳开始实施产业外迁及产业结构升级战略，以转变城市发展模式。2003 年，深圳率先提出"文化经济"的理念，并确立"文化立市"的方针，吸引部分具有创业意识的创意阶层进驻产业更新遗留下的旧厂房，并把旧厂房当作工作场所进行创意产品的生产。2005 年，创意产业被确立为深圳四大支柱产业之一；同年，创意产业园的发展被纳入政策规划范畴。2013 年 7 月，《深圳市文化创意产业园区认定管理办法》出台，规定以市文体旅游局为执行单位，对经认定的文化创意产业园实行动态管理；并将原来的文化产业园改称为文化创意产业园区。截至 2019 年年底，经文体旅游局和文产办共同认定的创意产业园区共有 54 处。

根据进驻企业主导行业的不同，深圳形成了以综合性文化、创意设计、动漫游戏、工艺美术、休闲旅游、传媒出版及数字娱乐为主要产业类型的创意产业园，构建了较为合理的产业布局。深圳具有较多以"三旧"（旧厂房、旧工业区、旧村）为载体改建而成的创意产业园；在公示的 54 个创意产业园中，共有 22 个属于旧改项目，占总数的 41%。这种建立创意产业园的方式为城市老旧空间复兴带来巨大助力。

表 9-1 深圳认定并公示的文化产业基地一览表

产业类型	创意产业园名称
综合性文化类	深圳书城中心城实业有限公司、深圳华强方特文化科技集团股份有限公司、深圳市人文天地实业有限公司、深圳购书中心、深圳市乐器城市场管理有限公司、**深圳市非遗文化创意产业园（巷子坊）**、深圳文博宫

续表

产业类型	创意产业园名称
创意设计类	深圳市嘉兰图设计有限公司、*中国（深圳）设计之都田面创意产业园*、*深圳 F518 时尚创意园*、斯达高瓷艺发展（深圳）有限公司、*南海意库*、*深圳市同源南岭文化创意园有限公司*、*深圳设计产业园*、雁盟酒店创意文化产业园、127 陈设艺术产业园、深圳 182 设计产业园
动漫游戏类	*怡景国家动漫画产业基地*、环球数码媒体科技研究（深圳）有限公司、南山数字文化产业基地、*深圳动漫园*
工艺美术类	*大芬油画村*、*深圳丰源实业有限公司*、深圳市满景华艺展中心专业市场有限公司、*深圳市雅诺信珠宝首饰有限公司*、*世纪工艺品文化广场*、深圳市汉玉文化发展股份有限公司、*宝福·李朗珠宝文化产业园*、*深圳市古玩城文物监管物品有限公司*、*深圳 22 艺术区*、*三联水晶玉石文化村*、*笋岗工艺礼品城*、中国·观澜版画原创产业基地、中国（观澜）山水国画产业基地、*深圳市楼尚家居饰品市场*、*深圳市宝安艺术城*、深圳西部国际珠宝城、*深圳坪山雕塑产业园*
休闲旅游类	深圳东部华侨城有限公司（华侨城文化产业园）
传媒出版类	深圳报业集团、深圳广播电影电视集团、深圳出版发行集团公司、深圳雅昌彩色印刷有限公司、深圳市劲嘉彩印集团有限公司、深圳雅图数字视频技术有限公司、深圳市力嘉文化创意产业园
数字娱乐类	深圳市腾迅计算机系统有限公司、深圳市华动飞天网络技术开发有限公司、深圳市网域计算机网络有限公司、深圳市迅雷网络技术有限公司、深圳市中青宝网网络科技股份有限公司、深圳南山互联网产业园、*蛇口网谷*、*深圳南山互联网创新创意服务基地*

资料来源：深圳市文化产业信息网，斜体加粗园区属于旧改项目。

2. 创意产业园区演化空间分布特征①

克鲁格曼认为产业集聚的最初原因是随机偶然的，随着规模的扩大，集聚具有的成本、创新、扩张优势将会使集聚产生自强化效应，最终形成集聚发展的"路径锁定"现象。我们利用 MAPINFO 软件，绘制深圳创意产业空

① 段杰，朱丽萍. 城市创意产业园区空间演化与集聚特征及其影响因素分析——以深圳为例 [J]. 现代城市研究，2015（10）：76-82.

间分布图，总结创意产业园区的空间分布特征，并进一步分析影响空间分布的主要因素。

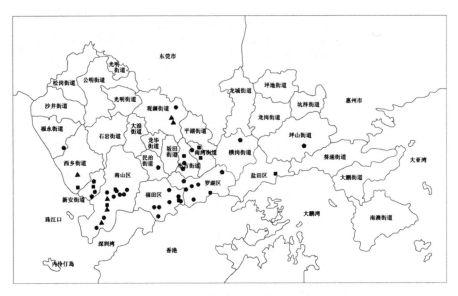

图 9-1　深圳创意产业园分布图

（1）因智力因素沿科技园、高校的圈状分布

高素质的人才是创意发展的必要条件，高校及科研机构则是输送人才的重要根据地；依附高校及科研机构，充分利用其外溢效应是创意产业集聚的一个主要特点。深圳的高校资源与国内其他一线城市差距明显，创意产业主要依附科技园集聚。从图 9-2 中可以看出，迅雷网络、腾讯、华动飞天等 9 个园区均落户科技园，而华侨城创意园则选择科技园周边区域。深圳科技园分布的企业涵盖电子信息和生物医药等行业，其中包括华为、中兴、IBM、飞利浦等知名企业。区内具有完善的公共服务平台，各企业信息互动、资源共享，形成浓厚的创意产业发展氛围，并为产业园区提供大量创意人才及智力资源。

深圳鼓励企业走自主创新道路，支持产学研相结合的发展理念，积极引进各大高校，建立虚拟大学园区。清华大学研究院、香港科技大学、武汉大学产学研大楼等均落户科技园区域，进一步强化科技园区的知识溢出效应，为锁定创意产业园沿科技园集聚提供助力。

（4）因文化因素依旧厂房分布

不论是发达的国际化大都市，还是发展中迫切需要产业转型升级的一般城市，都不可避免地面临城市中心区出现旧工业厂房的困境。创意产业园正是抓住旧厂房的复兴机遇，顺势而为。深圳54个创意产业园中有22个园区是在旧工业厂房基础上改建形成的。目前，深圳正处于优化产业结构、转变经济增长方式的新时期，"退二进三""腾笼换鸟"等政策的实施，使得罗湖、福田区的部分区域及蛇口工业区遗留了大量工业厂房。厂房的特殊大跨空间结构不仅可改造成商业建筑，也符合创意人员在创作阶段需要空间开阔、租金低廉的空间需求。此外，废弃工厂的空间符号和历史感可内化为文化资本对创意产业园发展进行投资，进而使企业获得额外收益。因此，旧厂房所在区域吸引了大量创意企业的进驻；换言之，旧工业厂房作为必要的物质载体，推动了创意产业的空间集聚。

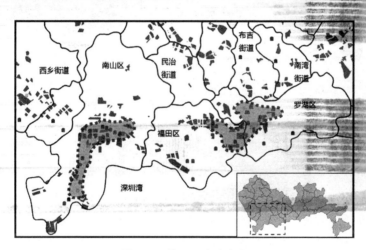

图 9-6　依旧厂房分布图

从图 9-6 中可以看出，华强北商业区及地王大厦商业区包围的半环状区域中，分布着 10 个创意产业园区。其中，位属深圳 CBD 的田面创意产业园是旧工厂成功改造为创意产业园的经典案例。深圳灵狮文化传播有限公司作为主要投资建设者，通过对园中原有的"三来一补"厂房进行改造，形成现今 10 栋美观而具有艺术气息的建筑。园区在旧工业建筑的基础上进行彻底翻新，着重将艺术、环保理念及深圳的文化符号融进改造工程中，复兴破败的城市区域。目前，园区以工业设计为主导，吸引大量中外名企进驻，并致力于打造具有一站式公共服务平台的园区，实现创意设计、研发、制作、交易过程的一体化。

（5）因管理因素依行政区域分布

从行政区域层面而言，创意产业园区主要集聚于原特区内，即南山区、福田区、罗湖区及盐田区。截至2013年，共有34个创意产业基地位于原特区内，占总数的64.15%。相比宝安和龙岗区，城市中心行政区的政策支持力度更大。

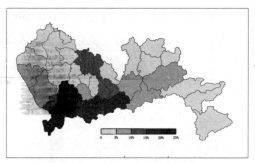
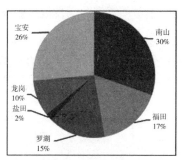

图 9-7　深圳创意产业园区分布密度图　图 9-8　深圳各区创意产业园分布饼状图

此外，各区发展时间的长短也是导致深圳创意产业园形成现今布局的原因之一。原特区内作为发展较早的区域，城市规划较完善，营造了良好的生活环境。原特区便捷的交通网络、繁荣的商业中心、宽阔的休闲广场，有利于创意氛围的营造，促进创意的诞生与商品化，吸引大量创意阶层。创意的形成依赖大量具有独创意识的人才，创意企业在选址时将创意阶层的意愿作为权衡的重要指标。

二、深圳创意产业园区演化模式分析

以深圳现有的54处创意产业园区为分析对象，以纵向时间轴的角度分析创意产业园的空间扩散模式和组织模式的演化。

1. 空间扩散模式演化

自创意产业萌芽以来，由于各时期深圳经济形势发展不同，故不同批次的创意产业园区的空间推进演化依次呈现以下三种模式。

（1）圈层扩展模式

创意产业集聚初期，第一批创意产业园以罗湖、福田旧工业园区及科技园为中心，逐渐向外扩散。创意产业园区主要在市场力量的推动下形成，创意阶层作为理性人，追求较低的生产成本创造较高的经济价值。因此，最初的创意产业园主要选址在租金低廉、交通便利、空间活跃的废弃工厂或者与人力技术资源距离最近的区域。由于空间的有限性及城市更新速度加快，中心区未被利用的旧厂房数量逐渐减少，改造难度增大，后续形成的园区只能选址在附近外围区域，故空间流向呈现由内向外蔓延的趋势。

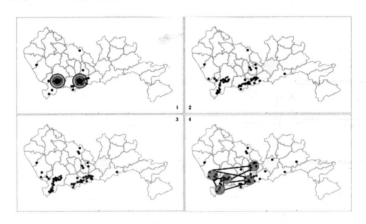

图9-9 深圳创意产业园分布演化轨迹图

（2）轴向裂变延伸模式

创意产业集聚发展中期，第二、第三批创意产业园沿深圳主要交通轴和文化发展轴方向延伸扩散，呈现轴向裂变延伸模式。其根源在于创意产业园迈入迅速发展阶段，对文化技术要素的需求日趋增大，对创意产品流通贸易渠道的便捷度要求提高。此外，首批建成的创意产业园实现了周边产业类型及就业形态的改变，同时综合配套设施不断完善，吸引更多创意企业集聚。而原有园区租金上升、空间日益拥挤等导致部分创意企业搬迁至附近区域，形成新创意产业园，产生巨大的裂变效应。

（3）多级互补模式

创意产业迅猛发展，第四批园区的建设主要呈现出错位发展、多级互补的模式。由于创意产业对经济发展的带动作用日益显著，各级政府高度重视创意产业发展战略的实施，引导建设了一部分新园区；另外，开发商也开始涉足创意产业园建设。因此，园区的建筑物质载体不再局限于旧厂房，而是选择具有发展前景的区域建造新建筑，导致该批园区的扩散呈现明显离散性。此外，创意产业园的发展出现质的突破，在空间上初步形成产业发展的增长极，数字娱乐、工艺美术行业均出现新的代表性区域。与分散发展的创意产业园相比，处于增长极区域的园区更具竞争力。

2. 组织模式演化

创意产业园的演化是政府、企业、创意阶层、中介机构等行为主体，从分散运作与简单协作到相互合作与专业分工的过程，是一个从低级向高级转变的发展过程，其主导组织模式演化主要经过以下四个阶段。

（1）自发集聚模式

发展初期，深圳创意产业园的形式表现为创意企业在地理空间上的单纯集聚。创意产业园主要是以某一类型的创意企业为中心，该企业通过固有吸引力召集更多相关企业，形成自发集聚。在此期间，创意企业之间并没有在融资、生产、销售领域形成互相配合的密切关系，集聚产生的规模经济及外溢效应不强。公共服务和中介服务机构的缺失成为严重制约园区进一步发展的绊脚石。例如，大芬油画村的形成源于著名画家黄江率先在当地设立工作室，进而吸引大量艺术家追随。

（2）市场引导模式

根据市场经济规律，企业出于对由市场需求引导的利益最大化目标而集聚在同一区域，形成具有一定规模效应和品牌效应的创意产业园。该模式主导下的园区，通常已形成一定的产业基础，并通过规模效应等正效应吸引大量企业和公共服务、中介服务机构加盟，进而形成较为完整的产业链。此时，创意产业集聚进一步发展，企业联系日渐紧密；由于业务往来频繁，相互间建立了有效协作关系，集聚不再局限于地理空间层面上的集中。例如，笋岗工艺礼品城、深圳古玩城就是基于经济利益最大化而形成的。

（3）政府统筹模式

创意产业园对经济发展产生巨大推动作用，因而政府统筹模式应运而生。政府在创意产业园建设过程中发挥统筹协调的作用，从园区选址到部分基础设施的建设均以政府为主导，随后再通过制定优惠的税收政策、发放补助等方式吸引创意企业的进驻。华侨城创意园的形成就是地产商在"腾笼换鸟"政策下改造旧厂房、盘活资源的权宜之计。这种模式在一定程度上促进了优势创意资源的快速集聚，即创意企业的集聚是在开发商和政府部门完善园区基础设施的基础上，吸引大量创意企业进驻的。政府的干涉力量在园区发展进入轨道后逐渐减小，园区快速成长。

（4）产学研合作模式

创意产业园演化发展到较成熟阶段，已具备外溢效应和品牌效应，如何使园区提升创新能力和竞争优势成为面临的又一难题。深圳积极借鉴美国硅谷的成功经验，全面推动由政府牵头，利用科研机构、高等院校的优秀人才和先进技术，缩短创意产业快速产品化的进程，进而达到创意产业园形成完整产业链并获得显著竞争优势的目的。例如，腾讯集团与深圳虚拟大学园结成合作伙伴关系，加大对技术研发的资金及人员投入，现已掌握数百项自主研发的高新技术，其成果的产品化进程远远优于其他企业。

3. 单体创意产业园演化分析

（1）大芬油画村概况

面积约 0.4 平方千米的大芬村隶属深圳龙岗区布吉街道。目前，大量油画相关从业人员集聚在以大芬村为中心的布吉街道及周边地区。其中，油画生产、经营、培训人员突破 1 万人，主体油画制作人员超过 3000 名，独立工作室和经营门店 775 家，画廊 300 多家。

（2）演化历程及影响因素

1989 年，受低廉房租及便利交通的吸引，香港画家黄江在大芬村以民房为基地，招收大批学生和画匠，专门经营油画相关业务，包括创作、临摹、收集和批量转销，大芬村油画行业进入初步发展阶段。低成本和流水化商业艺术创作构成了大芬村最初的利润来源，并随其规模的扩大逐渐分离出专门的接单代理业务和油画生产作业，另外还衍生出美术培训、装裱行业、油画材料等配套产业在大芬村的集聚。

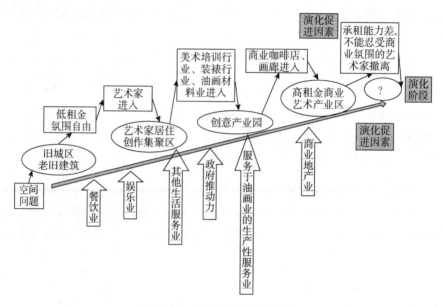

图 9-10　大芬油画村演化轨迹

除了市场自发形成的集聚，政府的推动也加速了油画村的扩张。1998 年，政府着手把大芬油画村打造为独特的文化产业品牌；通过对村内外环境进行有效改造，对油画市场进行规范和引导，大芬村的品牌形象得到提升。政府的推动主要体现在以下方面：一是制订总体规划，改造村内居住、创作、商业环境。二是成立深圳首家镇级文联，搭建公用平台以供外来画家进行交流和合作。三是通过举办作品展览、展示高水平美术作品的方式，引导原创绘画逐步向高档次发展。2004 年，大芬村被确定为文化博览会的分会场之一，并获得国家级文化产业示范基地的称号。

总体而言，大芬油画村的形成动力主要源自艺术家的自发行为、原居民的出租逐利行为和政府推动。发展初期，低廉的租金吸引创意阶层的到来，规模效应产生的低成本进一步推动集聚的加强。集聚达到一定程度引起政府的重视，出台相关政策给予支持，完善基础设施及政策环境的软硬条件，加速园区扩张。

（3）演化趋向

艺术家、原居民、政府对经济利益的追逐与博弈，仍将成为大芬村未来演化过程的主要驱动力。作为城中村，大芬村成功转型为创意产业园，给创意企业、创意阶层、原居民、政府都带来了巨大利益。但是，随着商业氛围的渐趋浓厚、艺术家对逐利行为的厌倦、租金上升带来的压力，大芬油画村在发展过程中呈现创意发展受约束的倾向。部分创意阶层开始选择迁至更偏僻更低廉的大望村、南岭村等地，大芬村的集聚效应已扩散至周边区域，形成新的集聚中心。大芬村可能会丧失作为集聚区的核心地位，成为多个次级中心的一员。

三、深圳城市空间转型机理分析

创意产业优化经济空间的作用体现在产业结构和空间分布的协同演化过程中。改革开放促使深圳迅速发展，成为具备相当影响力的国际化大都市，创造了闻名于世的"深圳速度"，夯实了发展创意产业的经济基础。"二线关"撤销后，深圳被划分为六个行政区，包括福田、南山、罗湖、盐田、宝安和龙岗，同时增加光明新区、坪山新区、龙华新区、大鹏新区等功能新区。本部分研究范围包括上述六区，且由于数据统计口径的限制，将光明新区及坪山新区等分别并入宝安区及龙岗区进行研究。

1. 城市空间转型历程

自改革开放以来，深圳城市空间转型经过了四个阶段。

（1）1979—1985 年城市起步奠基阶段

深圳特区建设具有首创性，政府对城市整体的发展方向呈现不确定性。为了适应深圳发展的实际状况，城市总体规划不断进行调整。其中，在城市性质方面，从来料加工贸易区改为以工业为主的综合性经济区；在规划人口规模方面，从 20 万~30 万逐步调整为 110 万；在空间结构方面，明确提出形成"带状组团式"的目标。根据规划，深圳主要对蛇口、罗湖—福田、沙头角组团进行大力开发，同时，修建建设路、和平路、深南东路等城市内部重点城市道路，形成三点一线的城市空间布局。

（2）1986—1994 年城市高速发展阶段

得益于土地使用制度和住房制度的改革，深圳城市建设步伐加快。初期建设形成的罗湖—福田等区域的商业办公物业蓬勃发展，城市节点功能增强。此外，政府对南头、莲塘等城市组团的集中开发以及相关成片开发政策的实施，推动了华侨城、科技工业园、南油开发区的发展。组团及片区的规模发展到一定程度后，逐渐联系起来，形成带状多中心组团结构。同时，组团的功能出现明显分化现象。其中，罗湖组团、福田组团、华侨城、南头区域分别以商贸流通、工业行政、特色旅游、文教工业为主。20 世纪 90 年代后期，北环大道及滨海大道的建成通车，进一步方便组团联系，使城市空间发展呈现带状走廊形态。

（3）1995—2003 年城市调整提高阶段

城市快速发展过程中产生土地过度利用、环境恶化等不良现象，促使政府鼓励城市发展向集约化模式转变。同时，产业结构发生大幅度调整，主要表现为第三产业蓬勃发展，中心辖区与周边辖区土地置换功能显著，即传统工业逐步向外围区域迁移，第三产业尤其是创意产业进驻原工业区。被迁移的工业在原特区外以"点—轴"模式发展，逐步与原特区空间形成网状组团形态。

（4）2004年至今城市转型跨越阶段

在资源环境约束和全球化浪潮冲击下，深圳开始实施自主创新战略，产业发展模式由资源、资金、政策拉动转为创新拉动。通过自主创新战略的引领助力企业应对发展困境。在全球经济不景气的情况下，一方面，深圳的产业发展走势依旧平稳，且高新技术产业自主研发成分日益提高。另一方面，工业空间结构虽继续保持原有形态，但工业区的密度和容积率都比以往进一步提高，呈现出密集式连绵的发展态势。土地资源紧缺和产业结构升级调整对工业用地效益提出了越来越高的要求，旧工业区升级改造需求相当迫切，工业园区整合的压力也越来越大。

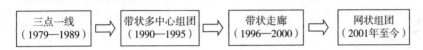

图9-11 城市空间形态转型历程

2. 城市空间转型综合评析

信息熵和均衡度①是反映土地利用状况的两个常用指标。利用这两个指标来综合评析城市空间发展状况，并得出其演化趋势。

---

① 假定一个城市用地面积为 A，根据功能可将其分为 N 个职能类型，各个职能类型的面积分别为 A_1，A_2，…，A_n，则对应概率为 $P_i = A_i/A = A_i/\sum A_i (i = 1, 2, …, n)$，得到城市土地利用与空间结构的信息熵公式为 $H = -\sum_{i=1}^{N} P_i \log P_i$。公式中 H 为信息熵，显然 $H \geqslant 0$，H的高低可以反映城市土地利用与空间结构的均衡程度，H越高，表明城市土地利用的职能类别越多，各职能类别的面积差越小。当 $A_1 = A_2 = … = A_n$ 时，$P_1 = P_2 = … = P_n = 1/N$，此时 H 达到最大值，即 H_m。因此可推出城市土地利用与空间结构的均衡度公式：$J = H/H_m = -\sum_{i=1}^{N} P_i \log P_i/\log N$，其中 J 表示均衡度，它是实际信息熵与最大信息熵之比，变化范围在 0 ~ 1 之间。值越大，表示土地利用的均质性越强，空间结构越合理。

表 9-2 近 10 年深圳市土地利用结构的信息熵和均衡度

年份	2004	2005	2006	2007	2008	2009	2010	2011	2012	2013
居住用地	0.057	0.070	0.062	0.073	0.076	0.105	0.102	0.079	0.109	0.109
商服用地	0.032	0.028	0.026	0.015	0.018	0.049	0.057	0.021	0.030	0.048
产业用地	0.084	0.106	0.108	0.119	0.135	0.126	0.126	0.160	0.153	0.146
公共配套设施用地	0.102	0.122	0.117	0.114	0.135	0.125	0.146	0.134	0.133	0.135
交通设施用地	0.113	0.132	0.129	0.063	0.055	0.150	0.159	0.149	0.156	0.156
市政公用设施用地	0.078	0.064	0.072	0.086	0.088	0.046	0.073	0.093	0.093	0.109
公园绿地	0.027	0.028	0.030	0.036	0.045	0.030	0.031	0.067	0.060	0.048
信息熵	0.494	0.549	0.543	0.505	0.553	0.631	0.695	0.703	0.734	0.752
均衡度	0.584	0.650	0.642	0.597	0.654	0.747	0.822	0.832	0.869	0.889

从 2004—2013 年，信息熵和均衡度总体均呈现上升趋势。信息熵从 0.494 增至 0.752，表明深圳各土地类别的面积差逐渐减少。均衡度从 0.584 增至 0.889，增幅 52.2%，表明深圳土地利用的均质性逐渐增强，城市空间结构趋于合理。其中，居住用地的单项信息熵增幅最大，达到 91.23%，即 10 年间深圳居住用地面积保持增长势头，以满足日益增加的居民住房需求。产业用地、公园绿地的信息熵增幅均在 70% 以上，反映深圳在积极发展经济的同时，有意识加强环境保护，增设大量绿地面积，为市民提供良好的居住环境。

四、创意产业园演化与城市空间转型互动分析

1. 创意产业园演化促进城市空间重构

创意产业不仅是城市经济发展的驱动器，也是促进城市空间重构的重要因素。创意产业园区的演化过程，可以解读为创意产业空间布局的优化。依

附创意产业园而进行的城市空间革新变化不只是机械化的推倒重建，更是通过融合城市的文化形象、文化符号及城市历史而进行的空间转型优化。在创意产业园区演化过程中，创意产业重新配置生产要素，并重新调整其区位；通过改变城市的产业空间、居住就业空间、交通空间、文化空间，引导城市空间重构向优化方向发展。

（1）经济空间——改善产业布局

创意产业优化经济空间的作用体现在产业结构和空间分布的协同演化过程。

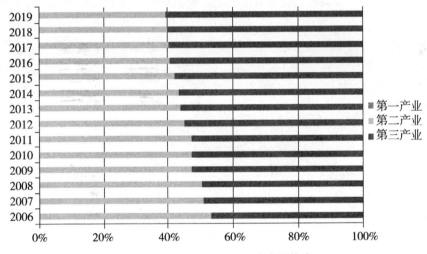

图 9-12　深圳生产总值三次产业构成

第一，产业结构转型升级。创意产业发展对商业渠道、生产服务体系等支撑条件提出更高要求，必然会促进城市第三产业发展，进而带动产业结构转型升级。2019 年，深圳第三产业增加值占 GDP 比重自 2006 年的 46.72% 上升至 60.93%；第三产业取代第二产业，成为对深圳 GDP 贡献最大的产业。

第二，产业空间布局变化。在地理空间层面，创意产业的演化体现为创意产业园空间布局的改变。深圳经济空间有限，制造业和创意产业均具有明显集聚特征，故两大产业之间存在既互补又排斥的作用。创意产业发展初期，创意企业以被动者身份进驻工业遗留厂房，二者之间主要为互补关系。

创意产业逐渐壮大，其发展引起区域人力资源等生产要素的重新组合、区位选择及集聚，使园区在演化过程中逐渐形成综合性功能区，并凭借完善的基础设施吸引更多企业参与地理集聚。创意产业呈现向心集聚的趋势，而制造业则受制于土地资源等生产要素，被迫迁往城市外围地区。此时，二者之间主要为排斥关系。创意产业作为新兴朝阳产业，在与传统工业的空间竞争中产生排挤效应，使工业企业发生位移，达到重置空间的效果。从深圳工业用地演化过程可以看出，创意产业凭借良好的经济效益及承租能力，逐渐占据城市中心位置，而传统工业则被迫迁至城市外围区域，从而达到有限生产资源的优化配置，实现城市经济空间结构转型。

图9-13　深圳工业重心迁移图

（2）社会空间——重组就业居住空间

作为就业居住的主要行为主体，创意阶层对居住就业空间具有特殊需求。为追求福利最大化以及居住就业空间的最佳组合，必然会对社会空间产生影响。而企业作为个人就业的主要承载体，在空间选址中存在与个人居住选择的竞争关系。

第一，企业的选址决定个人的就业空间。就业空间依附于产业空间而存在，两者相伴相生。由于创意产业具有对生产要素进行重新组合的明显优势，已逐渐取代传统工业在城市中心区域的位置。推论可得，创意产业从业人员将削弱深圳中心区域原有产业从业人员的主体地位，形成创意人才的集聚。2018年，创意产业从业人员总数超过102.94万，与2012年相比增长近

6倍。

第二，个人居住空间在园区演化的不同时期呈现两种不同状态。在演化发展初期，个人为了获得就业的便利性，选择的居住空间一般紧邻就业空间，分散在创意产业园周边区域内。园区演化进一步发展，激化个人就业、居住空间之间的竞争。在城市中心区域的空间存量基本保持不变的情况下，创意企业持续向城市中心集聚，挤占大量空间，且城市中心区企业密度增大，引致居住环境恶化，导致个人居住空间被迫向城市外围扩散，即呈现居住郊区化现象。从图9-14中可以看出，城市中心区域常住人口比重逐年下降，而居住重心迁移至宝安、龙岗区，其常住人口比重稳步上升；但由于行政区划调整，光明新区、坪山新区及龙华新区等从宝安与龙岗区中分离出来，2019年宝安与龙岗两区常住人口有所下降。同时，外围空间居住密度增大。2018年，深圳宝安区人口密度为8214人/平方公里，是2008年的1.66倍，年均增幅达5%。

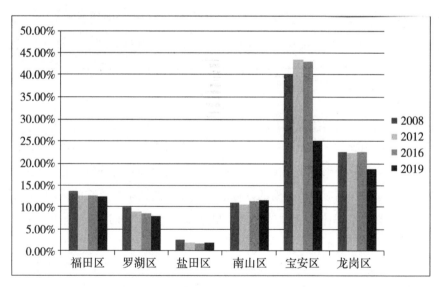

图9-14　各区常住人口占全市比重

（3）物质空间——完善城市公共交通

创意产业园在城市中心区域集聚，工业空间及居住空间受到挤压，选择向外围扩散，逐渐形成城市的不同功能空间。各空间的分离需要通过媒介获得连接，完善城市公共交通的需求应运而生。

第一，城市内部交通的完善。根据福利最大化原则，个人选择就业居住空间的主要衡量指标是通勤成本。由于居住就业空间分离，就业人员从居住空间到产业园密集区域工作需要交通媒介的支持，这必然对城市交通空间的走向及承载能力提出相应要求。创意产业对城市经济贡献增大，减少其从业人员通勤成本的初衷深刻影响了深圳交通建设规划，使城市轨道交通网络覆盖面积扩大。

表 9-3　深圳创意产业园集聚区、交通走向与城市空间演变对应关系表

集聚区	交通轴线	城市空间演变
沿科技园圈状集聚区、华侨城创意产业园，依罗湖旧工业集聚区	1 号罗宝线、5 号环中线	城市向东西方向延伸
依蛇口旧工业集聚区、依华强北旧工业集聚区	2 号蛇口线、4 号龙华线	城区功能结构提升
布吉、南湾、横岗街道集聚区	3 号龙岗线	连通市区与城市外围区域龙岗区，城市向南北向延伸

资料来源：深圳规划局网站。

第二，城市对外交通的完善。创意产品的特殊性决定其产品面对面交流的需求大，创意产业进一步发展依赖交通运输的支持。创意产品商品化过程中，创意企业需要制造业的配合，而产业空间的分离阻碍两者合作，克服距离问题的要求导致对城市交通的高标准。产业间的联系涉及空间区域更加广泛，不仅要求城市内部交通的完善，更追求城市间的连通便捷，故城际地铁、动车的建设必不可少。

从城市层面而言，创意产业园演化导致就业居住空间分离，间接带来城市内部运输交通网络的完善，进而使城市内部空间结构更趋于合理；从区域层面而言，城际交通的开通，有助于拉近深圳与周边城市的联系，形成区域间交通网络，使城市间资源信息互通有无成为现实，催生深港经济圈、广深莞经济圈的发展模式。

（4）文化空间——延续文化底蕴，丰富文化内涵

文化空间是指由特定人群依附城市的历史背景所产生的文化产品或营造的特殊氛围。创意阶层是一部分具有自身特征的人群，其集聚形成的行为空间对深圳的文化空间产生深远影响。

图 9-15 南海意库改造前后对比图

第一，延续文化底蕴。创意产业园发展的物质载体是建筑，创意企业由于租金廉价、空间开阔等因素而把旧厂房作为创作基地。创意企业的进驻与传统城市更新的方式不同，不再是将建筑拆除重建，而是将城市固有历史文化融入建筑更新过程中，促进内城空间的复兴，有助于城市文化底蕴的延续。例如，以艺术创作和设计为主导行业的南海意库，就是依托原蛇口工业区三洋厂区改建的产物。园区改建在保留原有框架基础上强调生态特征，设置绿化率高的外墙，有效实行对可再生能源的利用，并综合考虑城市建设的和谐性，凸显了创意产业对城市生态建设的正向推动。

第二，丰富文化内涵。创意产业园演化加速创意阶层在城市的集聚与分散进程。创意阶层的生活和工作行为使城市日常生活空间发生转型。创意阶层对集生活、工作、休闲于一体的多功能空间的热烈推崇，催生城市复合功

能区。此外，沟通交流合作是创意的主要来源之一，对交流空间的强烈追求，势必使城市内部交流休憩休闲空间增加。例如，华侨城创意产业园，其规划设计强调空间的开放交流性，园内配有大面积生态广场，营造了促进创意交流的空间氛围，由此吸引大量优质创意企业集聚，形成了显著的创意文化符号，丰富深圳的文化内涵。

2. 城市空间重构推动创意产业园演化

（1）吸引人才汇聚

创意人才对创意产业发展产生决定性影响，缺乏人才将导致城市创意产业面临崩盘的危机。创意阶层结合个人积累的经验及灵感结晶，为创意产业提供层出不穷的创意，提出新思想和新技术。与传统产业以企业集聚为先导因素的特性不同，创意产业具有以人才为先导的特征，可以说创意阶层的集聚催生创意产业集聚。

"创意之父"佛罗里达认为，创意阶层主要是活跃在计算机、建筑工程等学科专业领域的创意专业人才和从事相关管理、商业、法律和金融等行业的高级创意核心层人才。创意阶层倾向于在满足 3T（Technology、Talent、Tolerance）标准的城市居住工作；他们普遍对新事物持开放接受态度，偏爱灵活的工作方式；同时，他们身兼创意产品的开发者和消费者两种身份，出于对共同兴趣爱好和区域艺术氛围的追求，选择集聚在符合其特性的区域。改革开放 40 年来，深圳已成为区域文化、资本、人才的集聚地；完善的交通、教育、金融等公共基础设施和先进的技术等硬条件以及多样化、包容性强的移民文化等软条件，使得深圳吸引了来自世界各地的创意阶层，形成创意产业发展所需的智力源泉。

（2）营造文化氛围

创意产业是在赋予传统文化产业以独特的文化属性和创新精神的基础上形成的，而文化属性来源于城市历史文化的沉淀。

首先，深圳具有完善丰富的文化基础设施。20 世纪 90 年代，深圳就已积极建设"八大文化设施"，包括深圳大学、深圳图书馆、电视台、博物馆、科学馆、新闻大厦、体育馆和大剧院。[①] 同时，凭借毗邻中国香港的地理优势，建设歌舞厅等文化设施，为文化活动的举办提供舞台。而深圳中心图书馆、深圳音乐厅、深圳青少年宫和深圳书城中心城的建设运行，则被视为文化设施建设史上的又一里程碑。

其次，自 2004 年起，深圳联合国家文化部等多个政府机构共同举办"中国（深圳）国际文化产业博览交易会"。文博会产生良好的社会和经济效益，除会展中心外，其分会场由 2004 年的 1 个增至 2018 年的 67 个。[②] 文博会是深圳继"高交会"后，国内最具影响力和综合特色的文化盛典，成功宣传了创意产品的消费理念，树立深圳创意都市的城市品牌，吸引众多著名创意企业及人才慕名而来，扎根深圳。

（3）提供空间载体

城市空间重构最显著的特征体现在城市用地功能布局的合理化。深圳全面实施"腾笼换鸟"政策，工业企业大量迁移至城市外围区域，大批传统旧工业厂房被遗留在中心城区，这些建筑大多具有自然的通风采光、宽敞的大跨结构空间和独特的时代特征，因而在改造过程中具有其他建筑所不可比拟的兼容性和适应性，可充分满足创意阶层所需的灵活、开阔的工作空间需求，且其独特的历史文化符号可成为初始资本投入创意产业园的发展，有效激发创意阶层的创作灵感。同时，旧工业区早期租金廉价、交通便利，有效吸引大量经济实力不强却具有强烈创业精神的创意人员集聚。因此，旧工业建筑成为良好的空间载体推动创意产业腾飞发展。

（4）保证技术支撑

2017 年，深圳高新技术产品进出口总额为 2277.56 亿美元，专利授权数达 94250 件，均居于全国首位。在基础研究、前沿性技术和关键技术的研发孵化等领域，深圳具备国内领先实力。同时，深圳完善的技术研发支撑体系为创意产业充分实现"文化+科技"模式提供助力。目前，深圳新兴文化项目及产品体现出较高科技含量；无论是舞台的光声电等特殊效果的处理，还

---

① 《深圳文化产业年鉴（2018）》。

② 数据来源：深圳市文化产业信息网。

是剧院的内外设计，都充分体现科技的力量。例如，强调科技与文化相融合的腾讯、A8 音乐等企业快速腾飞，而深圳电子音像行业更是占据中国市场的半壁江山。

与创意产业生产链存在前向或后向关联的金融业与服务业，在科技进步的推动下，也与创意产业相互渗透融合，促使创意企业自主创新能力提升。高新技术为先进传播通信平台的出现提供必要的技术支持。深圳拥有网络、数字电视等发达媒介，可以发挥大量吸收和传播创意信息的功能；并在发展过程中融合前沿科技元素，形成新型传播媒介，使创意信息流动的质量和数量得到有效提高，进而加速创意产业发展。

五、深圳创意产业园演化与城市空间转型实证分析

1. 灰色系统理论概述

1982 年，中国著名学者邓聚龙创立了灰色系统理论，其研究对象主要是具有"样本小""信息贫"特征的不确定性系统。[①] 该理论通过对部分信息进行深入挖掘，获取有价值的信息，实现关于系统运转的正确认识。灰色关联理论是灰色系统理论的重要部分之一，其主要思想是通过观察各序列曲线集合形状的相似水平，进而判断两个系统之间是否存在密切的联系。[②] 通常情况下，曲线越相似，对应序列间的关联程度就越大，反之则越小。

与传统数理统计中的用于进行系统分析的回归分析、主成分分析等方法相比，灰色关联对样本量和数据呈现的规律性要求不高，适用范围广，且计算量不大，量化和定性结果情况不符的情况基本不会出现。尤其是深圳关于创意产业园和城市空间的数据有限，且灰度较大，加上统计口径不一致等人为因素，数据本身并无典型分布规律，故采用灰色关联分析法对两者的关系

---

① 邓聚龙 . 灰色系统（社会·经济）［M］. 北京：国防工业出版社，1985：53-62.

② 刘思峰，谢乃明，等. 灰色系统理论及其应用［M］. 4 版 . 北京：科学出版社，2008：61-68.

进行研究是可行的。

2. 评价指标体系的原则

为了促进创意产业园和城市空间转型的相互作用，得出两个系统中的关系最密切的因素是关键。因此，构建一套科学、完整、可量化的反映创意产业园与城市空间内涵的评价指标体系是必须的。通常，适合的指标体系必须符合以下四个原则。

（1）科学性原则

遵循科学性原则，即指建立的评价指标要包含创意产业园及城市空间的内涵，形成层次分明的体系，兼顾宏观全景和微观主体，结合部分与整体的视角，得到对研究主题的定量判断。

（2）系统性原则

创意产业园和城市空间均是包含多因素的复杂有机整体，在设置指标时要兼顾对体系中不同因素的评价和整体的功能、目标，使各指标形成相互独立而紧密联系的特征。

（3）可操作性原则

由于受到统计条件的约束，本研究主体的代表性指标并未全部包含在现有统计范围内，尤其是对研究主体内涵界定的不同，导致统计口径不一致。因此，在选择指标时要保证以下两点：一是保证指标数据的可采集性，或者通过对采集的数据进行处理的可获得性；二是指标具有可量化的特征，增加指标的可信度，减少人为主观意识的影响。

（4）动态稳定性原则

创意产业园及城市空间结构是不断变化发展的，指标体系应既能反映现状，又可以反映未来的发展趋势。这就要求指标体系具备一定的稳定性，在对个别关键指标进行选取时，要充分考虑到评价的连贯性，避免出现指标丧失可比性的情况。

3. 评价指标体系的构建

（1）创意产业园指标

创意产业园发展建立在创意产业发展的基础上，因此，在评价指标体系方面，两者趋于一致。同时，考虑到创意产业园相关数据的不可获得性，结合现有创意产业评价指标及应该遵循的原则，我们选取4个一级指标、11个二级指标建立评价体系，从多角度量化评价创意产业园的发展演化。

①产业规模评价指标

产业发展规模从一定程度上反映产业集聚演化程度，其变化轨迹预示创意产业园演化趋势。我们利用创意产业年增加值、创意产业年增加值占GDP的比例、创意产业区位熵等3个二级指标衡量创意产业发展规模。

②消费能力评价指标

地区的创意产品的需求旨在考察创意产业在未来的发展趋势与潜力，从一个侧面反映该地区创意产业园发展情况。消费需求高表明创意产业发展具有强劲的助力。电影行业作为创意产业的典型代表行业，其消费量对创意产品需求的解释能力强。消费能力指标包括3个二级指标：人均文化教育、娱乐服务性支出占总消费性支出的比重；电影观众人数；文化教育娱乐支出。

③科研基础评价指标

深圳创意产业强调与科技的融合，创意大部分依附于科学技术而形成产品，进而商品化。创意产业园演化程度和科技发展水平密不可分，城市科研基础反映创意产业园未来发展的潜力，因此选择专利申请总量、具有自主知识产权的高新技术产品产值和科技项目经费内部支出等3个二级指标。

④人才资源评价指标

相较于其他产业，创意产业发展对人力资源的依赖更强。创意大多起源于人与人之间思维碰撞而产生的火花，通常而言，将高等院校学生看作创意产业的潜在人才。因此，人才资源包括创意产业从业人员占城镇单位从业人员的比例及普通高等学校在校学生数2个二级指标。

190

表 9-4　创意产业园评价体系

一级指标	二级指标
产业规模	创意产业年增加值（万元）（Y_1） 创意产业年增加值占 GDP 的比例（%）（Y_2） 创意产业区位熵（Y_3）
消费能力	人均文化教育、娱乐服务性支出占总消费性支出的比重（%）（Y_4） 电影观众人数（万人次）（Y_5） 文化教育娱乐（元）（Y_6）
科研基础	专利申请总量（Y_7） 具有自主知识产权的高新技术产品产值（亿元）（Y_8） 科技项目经费内部支出（万元）（Y_9）
人才资源	创意产业从业人员占城镇单位从业人员的比例（%）（Y_{10}） 普通高等学校在校学生数（人）（Y_{11}）

（2）城市空间评价指标

解释、评价及预测功能，是城市空间结构综合评价指标体系应该具备的。我们在选取指标时，一方面借鉴现有城市空间内涵的定义，另一方面结合城市空间转型的目的，从影响城市空间结构的主要因素入手，把指标分为经济、社会、环境和文化空间等 4 个一级指标。同时，注重指标反映的城市空间质量水平和数量水平，进一步形成了 19 个二级指标。

①经济空间评价指标

经济发展水平与城市空间形态息息相关，城市经济水平提高最终将拓展城市功能，一旦拓展程度突破城市空间的承载临界值，城市空间结构就可逐步实现调整。经济空间主要包含三个方面：经济规模、产业结构及经济发展潜力。因此我们采用人均 GDP、第三产业占 GDP 的比重、人均可支配收入、单位土地产值、人均消费性支出等作为二级指标。

②社会空间评价指标

社会空间是城市空间的重要组成部分，其内涵丰富，不仅包含城市人口规模、城市公用基础设施的完善程度等宏观层次因素，还包含居民生活水平等微观层次。结合考虑社会空间的内涵及指标数据的可操作性，我们选取人口密度、失业率、人均住房建筑面积、人均生活用电量、轨道交通客运总量、人均道路面积作为二级指标。

③环境空间评价指标

深圳经济快速腾飞，以破坏城市生态环境为代价的经济增长不能满足居民日益提高的对生活质量的要求。学界普遍把城市环境作为评判城市空间是否具有可持续发展潜力的重要指标，而且它与居民生活具有密切关系。因此我们选取人均公园绿地面积、生活垃圾无害化处理率、环境保护投资额占GDP 比重、工业废水排放达标率作为二级指标。

④文化空间评价指标

技术进步可积极促进经济增长，实现技术进步需要以人才为载体，人才的培育要求文化氛围的支撑。因此，文化是影响城市空间转型步伐的关键因素，对文化空间的可量化的评价指标集中在：人均教育事业费支出；公共图书馆拥有数；博物馆、纪念馆拥有数；公共图书馆总藏量等指标。

表 9-5　城市空间评价体系

一级指标	二级指标
经济空间	人均 GDP（元）（X_1） 第三产业占 GDP 的比重（%）（X_2） 人均可支配收入（元）（X_3） 单位土地产值（万元/平方千米）（X_4） 人均消费性支出（元）（X_5）
社会空间	人口密度（人/平方千米）（X_6） 失业率（%）（X_7） 人均住房建筑面积（平方米）（X_8） 人均生活用电量（度）（X_9） 轨道交通客运总量（万人次）（X_{10}） 人均道路面积（平方米）（X_{11}）
环境空间	人均公园绿地面积（平方米）（X_{12}） 生活垃圾无害化处理率（%）（X_{13}） 环境保护投资额占 GDP 比重（%）（X_{14}） 工业废水排放达标率（%）（X_{15}）

一级指标	二级指标
文化空间	人均教育事业费支出（元）（X_{16}） 公共图书馆拥有数（座）（X_{17}） 博物馆、纪念馆拥有数（座）（X_{18}） 公共图书馆总藏量（万册/件）（X_{19}）

4. 模型应用

（1）初值像、始点零化像的计算

首先，分别计算系统特征行为序列 $Y_i(i = 1, 2, \cdots, 11)$ 和相关因素行为序列 $X_i(i = 1, 2, \cdots, 19)$ 的初值像。

表 9-6　相关因素 Y_i 的初值像

	2004	2005	2006	2007	2008	2009	2010	2011	2012
Y'_1	1	1.0846	1.2968	1.2781	2.1003	2.3031	1.7498	3.3119	4.0689
Y'_2	1	0.9387	0.9550	0.8036	1.1550	1.2018	0.7820	1.2324	1.3459
Y'_3	1	0.8810	0.9286	0.9365	1.1587	1.1905	1.2460	1.3095	1.3571
Y'_4	1	0.8176	0.9061	0.8189	0.8296	0.8236	0.7743	0.7989	0.7377
Y'_5	1	2.9927	3.3942	3.9562	8.2628	9.5036	13.2847	15.8759	17.1314
Y'_6	1	0.6647	0.7703	0.7734	0.8383	0.9057	0.9028	0.9834	1.0072
Y'_7	1	1.4037	1.9928	2.4003	2.4299	2.8341	3.3134	4.2581	4.9021
Y'_8	1	1853.09	2824.17	3653.29	4454.39	5148.17	5062.1	6115.89	7220.36
Y'_9	1	1.1248	1.4143	1.7901	2.3382	2.9713	3.7935	4.4572	5.0857
Y'_{10}	1	1.0308	1.0498	1.0995	1.1730	1.1019	1.1469	1.1090	1.2133
Y'_{11}	1	1.0985	1.2417	1.4281	1.5910	1.6230	1.6321	1.6970	1.8320

表 9-7 相关因素 X_i 的初值像

	2004	2005	2006	2007	2008	2009	2010	2011	2012
X'_1	1	1.1210	1.2619	1.4063	1.5383	1.5515	1.7386	2.0359	2.2724
X'_2	1	0.9647	0.9834	1.0333	1.0457	1.1060	1.0956	1.1123	1.1559
X'_3	1	0.7789	0.8178	0.8806	0.9686	1.0598	1.1734	1.3228	1.4764
X'_4	1	1.1562	1.3576	1.5905	1.8184	1.8779	2.1940	2.6345	2.9575
X'_5	1	0.8131	0.8497	0.9440	1.0107	1.1000	1.1654	1.2305	1.3658
X'_6	1	1.3853	1.4163	1.4418	1.4673	1.4624	1.7020	1.7176	1.7261
X'_7	1	0.9518	0.9277	0.9197	0.9237	1.0241	0.9839	0.8835	0.9719
X'_8	1	1.0536	1.1174	1.0818	1.1424	1.1701	1.1881	1.2281	1.2268
X'_9	1	1.2044	1.2536	1.4690	1.3723	1.4818	1.4854	1.5657	1.8120
X'_{10}	1	1.0846	1.2968	1.2781	2.1003	2.3031	1.7498	3.3119	4.0689
X'_{11}	1	0.7273	1.1983	0.7521	0.7438	0.7355	0.7107	0.8347	0.8347
X'_{12}	1	1.3473	1.3473	1.3473	1.3556	1.3640	1.3724	1.3808	1.3891
X'_{13}	1	1.1115	1.1570	1.1611	1.1626	1.1642	1.1679	1.1728	1.1741
X'_{14}	1	1.0129	1.1853	1.2328	1.2069	1.2284	1.2371	1.1207	1.1638
X'_{15}	1	1.0091	1.0029	1.0034	0.9863	1.0036	1.0044	1.0055	1.0066
X'_{16}	1	0.8279	0.9823	0.9299	0.9638	1.0531	0.8812	1.0147	1.1641
X'_{17}	1	73.640	72.1250	74.6250	74.6250	77.125	78.375	79.875	80.125
X'_{18}	1	1.1176	1.1176	1.1176	1.1765	1.4706	1.4706	1.4706	1.6471
X'_{19}	1	2.5768	2.6752	3.1425	3.4901	5.2085	5.9618	6.4694	6.9982

随后，利用初值像分别计算得出两个序列的始点零化像，由于篇幅问题，此处省略过程。

（2）相对灰色关联矩阵的计算

对应于系统特征Y'_1，

$$\left| Y'_{S_1} \right| = \left| \sum_{k=2}^{8} y'^0_1(k) + \frac{1}{2} y'^0_1(9) \right| = 7.65905$$

$$\left| X'_{S_1} \right| = \left| \sum_{k=2}^{8} x'^0_1(k) + \frac{1}{2} x'^0_1(9) \right| = 4.2897$$

$$\left| X'_{S_1} - Y'_{S_1} \right| = 3.36935$$

$$r_{1,1} = \frac{1 + \left| Y'_{S_1} \right| + \left| X'_{S_1} \right|}{1 + \left| Y'_{S_1} \right| + \left| X'_{S_1} \right| + \left| Y'_{S_1} - X'_{S_1} \right|} = 0.9282$$

同法可得：

$r_{1,2} = 0.9282$，$r_{1,3} = 0.7467$，$r_{1,4} = 0.9522$，$r_{1,5} = 0.8368$，$r_{1,6} = 0.7090$，$r_{1,7} = 0.7416$，$r_{1,8} = 0.9849$，$r_{1,9} = 0.7491$，$r_{1,10} = 0.9673$，$r_{1,11} = 0.9952$，$r_{1,12} = 0.7901$，$r_{1,13} = 0.6944$，$r_{1,14} = 0.6310$，$r_{1,15} = 0.6392$，$r_{1,16} = 0.7054$，$r_{1,17} = 0.5358$，$r_{1,18} = 0.7138$，$r_{1,19} = 0.5019$。

同法，最后计算出相对关联度矩阵：

$$\Gamma = r_{ij} = \begin{bmatrix} r_{1,1} & r_{1,2} & \cdots & r_{1,19} \\ r_{2,1} & r_{2,2} & \cdots & r_{2,19} \\ \cdots & \cdots & \cdots & \cdots \\ r_{11,1} & r_{11,2} & \cdots & r_{11,19} \end{bmatrix}$$

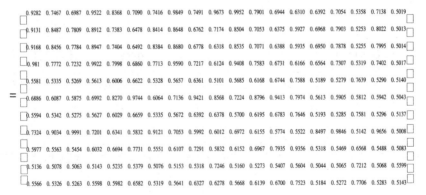

5. 结果分析

（1）相关性分析

根据计算所得的相对关联矩阵，2004—2012 年的灰色相对关联度系数均大于 0.5，表明在此期间，深圳创意产业园与城市空间之间存在不同程度的相关性，两个系统之间互动关系明显，呈现相互促进、稳步发展的局面，符合前文定性分析结论。

其中，部分指标间的关联系数大于0.9，表明指标间呈现显著的关联性，即这些指标的变化会引起创意产业园与城市空间的互动作用机制产生极大影响。反之亦然，部分指标间的关联系数仅略微大于0.5，表明指标间的互动不明显，指标的变化仅对两者的互动机制产生不显著影响。

（2）优势分析

优势分析，即根据关联度的大小进行排序，从而分别总结出对各系统影响最大的因素。

①对城市空间影响较大的指标分析

从相对关联矩阵来看，各行因素关系为

$$\sum_{j=1}^{19} r_{1,j} > \sum_{j=1}^{19} r_{4,j} > \sum_{j=1}^{19} r_{2,j} > \sum_{j=1}^{19} r_{3,j} > \sum_{j=1}^{19} r_{6,j} > \sum_{j=1}^{19} r_{8,j} > \sum_{j=1}^{19} r_{9,j} >$$

$$\sum_{j=1}^{19} r_{7,j} > \sum_{j=1}^{19} r_{11,j} > \sum_{j=1}^{19} r_{5,j} > \sum_{j=1}^{19} r_{10,j}$$

就创意产业园评价系统来说，

$$Y_1 \geq Y_4 \geq Y_2 \geq Y_3 \geq Y_6 \geq Y_8 \geq Y_9 \geq Y_7 \geq Y_{11} \geq Y_5 \geq Y_{10}$$

即Y_1最优，Y_4、Y_2、Y_3次之，Y_{10}最劣。

上述结果显示，创意产业年增加值，人均文化教育、娱乐服务性支出占总消费性支出的比重，创意产业年增加值占GDP的比例，创意产业区位熵对城市空间结构的影响较大，改进这四个指标所代表的内容可大力加速城市空间转型进程。创意产业发展规模及园区集聚程度显著影响城市经济空间，同时深圳文化消费能力为创意产业发展提供助力，进而优化城市文化空间氛围。

创意产业从业人员占城镇单位从业人员的比例对城市空间效益影响较弱，意味着创意从业人员的数量并不能代表或体现创意产业园的发展质量，单纯增加从业人员数量对城市空间转型于事无补。深圳应通过不同渠道和不同层次的培训，强化从业人员的专业技能。

对上述排序后的关联度进行分类可知，创意产业园评价体系中的创意产业规模、创意产品的消费能力及支撑创意产业发展的科研基础这 3 个一级指标因素对城市空间转型产生的影响较大，而人才资源因素的影响较小。针对此结论，深圳要加强产业规模、消费能力、科研基础等方面的建设，更要强调创意人才的引进与培养，以有效实现创意产业园对城市空间转型的良好推动作用。

②对创意产业园影响较大的指标分析

从相对关联矩阵来看，各列因素关系为

$$\sum_{i=1}^{11} r_{i,4} > \sum_{i=1}^{11} r_{i,1} > \sum_{i=1}^{11} r_{i,8} > \sum_{i=1}^{11} r_{i,11} > \sum_{i=1}^{11} r_{i,5} > \sum_{i=1}^{11} r_{i,14} > \sum_{i=1}^{11} r_{i,6} >$$

$$\sum_{i=1}^{11} r_{i,9} > \sum_{i=1}^{11} r_{i,12} > \sum_{i=1}^{11} r_{i,13} > \sum_{i=1}^{11} r_{i,10} > \sum_{i=1}^{11} r_{i,2} > \sum_{i=1}^{11} r_{i,7} > \sum_{i=1}^{11} r_{i,18} >$$

$$\sum_{i=1}^{11} r_{i,16} > \sum_{i=1}^{11} r_{i,3} > \sum_{i=1}^{11} r_{i,17} > \sum_{i=1}^{11} r_{i,15} > \sum_{i=1}^{11} r_{i,19}$$

就城市空间评价系统而言，

$$X_4 \geq X_1 \geq X_8 \geq X_{11} \geq X_5 \geq X_{14} \geq X_6 \geq X_9 \geq X_{12} \geq X_{13} \geq X_{10} \geq X_2 \geq X_7 \geq X_{18} \geq$$

$$X_{16} \geq X_3 \geq X_{17} \geq X_{15} \geq X_{19}$$

故 X_4 为最优因素，X_1，X_8，X_{11} 次之，X_{19} 最劣。

即单位土地产值、人均 GDP、人均住房建筑面积、人均道路面积等 4 个指标与创意产业评价系统存在显著相关性，对创意产业的影响较大。加速这四个方面的建设是创意产业稳步发展的关键。其中，单位土地产值、人均 GDP 这两个指标表明城市经济增长与创意产业发展存在正相关关系，证实了良好的城市经济有助于创意产业园的发展。人均住房建筑面积、人均道路面积这两个指标证实了城市良好的居住空间和环境空间强化创意阶层集聚道路。

公共图书馆总藏量与创意产业园的评价指标的灰色关联系数最小，表明其对创意产业园的发展影响程度最小。深圳重视文化基础设施的建设，图书馆数量激增，尤其是图书总藏量自 2004 年至今翻了 5.9 倍①。但是，由于对

---

① 数据来源：深圳历年统计年鉴。

图书馆借阅系统的宣传不足，导致居民对公共图书资源的利用不充分，公共图书馆藏书无法有效发挥对创意产业发展的推动作用。这也说明在文化空间的建设过程中，不可仅重视基础设施总量的增加，更应该强调设施的利用率。

从关联度排序的分类可知，城市空间评价体系中的经济空间、社会空间对创意产业园的评价体系具有较显著影响，文化空间具有较小影响。为了充分实现城市空间促进创意产业园发展的作用，在城市发展建设过程中，深圳必须重视经济、社会空间的建设，更要调动广大居民的积极性，营造良好城市文化氛围，释放文化空间的推动作用。

六、发展策略与建议

创意产业园与城市空间的关系表现在：前者演化促进后者转型速度，拓展了城市功能，而后者转型为前者集聚发展提供良好基础，加速前者的演化进程。针对二者互动发展中产生的问题，结合主要关联因素，深圳在引导创意产业园进一步演化的过程中，要明确产业园区定位，整合园区规划，同时着重从强化行业科技对创意产业的推动作用、提高人才素质、增加创意产业产品需求量等方面入手，通过创意产业的发展促进园区演化，进而推动城市空间重构。

1. 完善培养引进制度，提高人才素质

目前，创意产业从业人员对城市空间的促进作用较小，主要原因在于深圳创意人才匮乏，人才专业素质亟待提升，亟须建立多元分层次人才培养引进模式。

首先，推动院校培养创意产业经营管理人才。应充分利用现有的深圳大学、高职院、深圳大学城等高教资源，设立相关人才培训基地及研究机构，培养高层次、高素质创意人才。

其次，增设创意人才的短期培训。新经济背景下的知识更新非常迅速，只有掌握行业的最新信息，创意阶层才可能规避风险并做出相应突破。

最后，建立有效可行的高素质人才引进机制。当前深圳的居住环境、医疗教育体系及收入体系仍有待改进。应着力于积分入户、收入倍增等计划的具体落实，打造适合创意人才工作与生活所需的软硬环境。如此，创意产业才能拥有腾飞的助力，实现创意产业园与城市空间重构的良性互动。

2. 培育创意氛围，扩大消费市场

创意源于需求，可主要从以下两方面对创意消费市场进行引导。

第一，丰富文化产品种类，深入研究创意产品消费趋势，结合不同层次居民需求，开发多样化、结构合理的产品体系。同时，深度挖掘深圳历史文化特色，加强地域文化与创意产品的有机整合，实现创意产品的可持续发展。

第二，引导居民对创意产品的消费意识。深圳经济发达，消费能力较高，但居民对创意产品的消费意识仍然比较滞后。政府、企业及行业协会可以多措并举，引导居民的消费需求。例如，政府可实施"创意社区"计划，在公共场所利用雕塑、绘画等艺术产品进行装饰，对市民社会文化意识形态进行引导。企业则通过电视、报纸、网络等媒介对产品进行宣传，创意行业协会通过举办主题展览、论坛等，扩大消费者对创意行业及其产品的认知。只有各方努力，才能培育市民的创意产品消费理念。

3. 完善法律监管体系，保护知识产权

第一，根据创意产业链的不同环节，有针对性地制定相应知识产权保护政策。目前对创意研发阶段的知识产权保护不力，侵权违规行为时有发生。政府应设立专门机构以防止创作者的创意积极性受挫。

第二，当前知识产权出现多头管理的现象，立法、执法、监管等部门应协调配合，尽快推行创意产业相关专利和版权的统一管理制度，提升创意产业知识产权管理效率。

　　第三，加大宣传力度，普及知识产权保护法。借助"4·26"世界知识产权日、文化产业博览交易会、高新技术成果交易会和专利周等重大活动的广泛影响力，积极开展知识产权教育工作，培养广大创作者及市民对知识产权的保护意识。

第十章

创意产业集群网络结构测度分析[①]

一、创意产业集群网络联系特征

1. 集群网络主体

产业集群网络中的主体可以分为"价值链型产业主体"和"产业生态型产业主体"两大类[②]。创意产业集群网络中的主体也分为这两种类型。创意产业集群网络中的价值链型主体是处于创意产业链上的主体，主要包括从事创意设计生产的企业、配套的上游企业和同行企业及创意企业的客户。创意产业集群网络中的生态型产业主体包括政府部门、高校科研机构、行业协会等，主要是在创意企业发展过程中起辅助作用、为创意企业提供资源和服务的机构。随着深圳创客运动的兴起，以众创空间为代表的创客服务平台逐渐成为深圳创意产业集群网络当中非常重要的一个主体。基于流动资源及活动的不同，产业集群网络又包含不同的层面，其中产业集群创新网络是决定整个产业创新能力的组成部分。本研究将从事创意活动的企业、高校、科研机构，政府部门，行业协会以及众创空间作为深圳创意产业集群网络的创新主

---

① 本章由段杰、况颖负责撰写。

② 唐晓华，张丹宁. 典型产业网络的组织结构分析 [J]. 产业经济评论，2008 (1)：45-59. 邓智团. 新经济条件下产业网络化发展及其启示 [J]. 上海经济研究，2008 (12)：67-69.

体来进行分析。由于金融机构在深圳创意产业集群网络中作用不显著，因此本研究不将金融机构作为深圳创意产业集群创新网络主体。

2. 集群网络活动

创意产业集群网络活动是指创意产业集群网络主体的各种相互联系的活动，是网络中各种创新资源的载体。处于创意产业链上的企业与同行企业之间的竞争、合作是主要的活动。一方面，创意企业之间的竞争关系能够有效激励企业进行创新活动。另一方面，创意企业之间在人才、技术、文化等方面的合作也能够促进创新的产生。产业生态主体的辅助支持活动是创意产业集群网络存在发展的重要因素。首先是政府机构为创意企业发展提供各种政策和资金的支持，提高了企业成立初期的生存及创新的能力。其次是创意产业协会、设计协会等中介机构。行业协会主要提供行业内的各种信息，组织各种行业活动，加强网络内企业的交流。再次，高校科研机构主要提供创意人才和最新的理论知识。最后，众创空间等创客服务平台为创意企业提供模具设计、制作、创业孵化的空间，同时提供创客教育培训、创意信息交流分享平台以及资金筹措的渠道。

3. 集群网络资源

创意产业集群网络活动伴随着网络主体之间资源的交换、传播和流动，网络主体间资源交织的过程中形成了创意产业集群网络，促使集群网络创新能力提升。创意产业集群网络中的资源主要包括物质资源、人力资源、信息资源、技术资源及社会关系资源等。由于创意企业最为重要的活动是创新活动，所以在集群网络中，创意人才和技术资源是创意企业产生创新的关键，而社会关系资源在集群网络中也非常重要，创意人员之间基于信任的非正式联系是获得集群中隐性知识的重要来源。

如图 10-1 所示，结合以上深圳创意产业网络中的主体、活动和资源三个组成要素，以创意企业为核心，构建创意产业集群网络的结构框架。

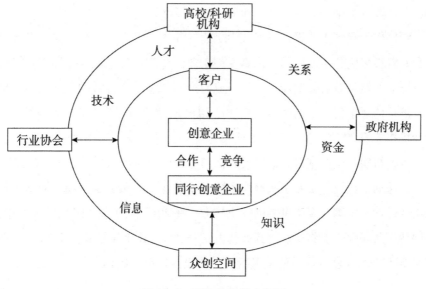

图 10-1 网络结构基本框架

二、创意产业集群网络结构测度过程

1. 工业设计产业发展状况

工业设计是创意产业中非常重要的设计类型，它是制造业生产环节中的研发、设计阶段，是经济附加值最高的环节。工业设计可以将前沿科技与创意相结合，从而生产出富有市场竞争力和吸引力的工业设计产品，将文化和创意转变为生产力。工业设计发展水平已经成为一个国家及地区创新能力、科技水平和文明程度的标志。根据原国际工业设计协会联合会（ICSID）（现更名为世界设计组织，WDO）定义，工业设计是相对于批量生产的工业产品而言的，是凭借专业技能和训练、经验及感受，在工业产品的材料、结构、形态、色彩、表面加工及装饰上进行独特构思和设计。可以说，工业设计是知识经济的产物，生产出凝聚人的创新力和专业技术的产品。工业设计产业属于技术密集型产业，同时具有生产型服务性和文化创意性双重特性，在深圳创意产业分类中，工业设计产业属于创意设计类。

深圳作为我国工业设计发展较为迅速的几大城市之一，在发展工业设计方面有着很多优势条件，是我国重要的工业设计产业集聚区。深圳工业设计具有巨大的经济效益创造能力，已经成为推动创意产业升级的重要力量，创造经济价值超千亿元，同时增长速度是 GDP 增速的两倍。深圳拥有各类工业设计机构近 6000 家，包括各类工业设计专业公司、设计工作室、方案公司、设计策划机构和生产制造企业内设计部门等，设计师及相关从业人员超过 10 万人。深圳工业设计企业多次获取国际重要工业设计荣誉及奖项，展示了深圳工业设计在中国乃至全世界的突出实力。在 2017 年的德国 IF 设计大奖中，中国地区共获 394 项奖项，而深圳就占三分之一，比上年增长 141.6%①。在 2008 年，深圳被联合国教科文组织授予"设计之都"的称号，这也是中国的第一个设计之都。基于深圳工业设计产业突出的经济效益创造能力和在国际工业设计中的影响力，我们以深圳工业设计产业为例来研究深圳创意产业集群创新网络结构特征。

2. 研究区域、研究方法与数据选取

我们选取深圳市近 60 家工业设计企业进行调查，以问卷调查法为主，辅之以访谈、档案资料收集等研究方法。为了方便数据的集中收集，这 60 家工业设计企业主要分布在中国（深圳）设计之都田面创意产业园、深圳设计产业园、深圳中芬设计产业园以及 F518 创意产业园四大文化创意产业园区。问卷调查内容主要分为五部分，分别为：公司基本概况调查，同其他网络主体联系状况调查，联系方式和内容调查，创意能力调查以及联系网络节点单位调查。对联系网络节点单位调查这部分进行访谈，采用提名法邀请被访者根据准备好的名册指出本企业有关系的其他同行企业、政府机构、高校科研机构、行业协会以及众创空间。由于受访者不会对整个企业的状况熟悉，同时也出于公司业务隐私考虑，很难收集到完整的资料，因此在此次研究中还

---

① 资料来源：南方网。

将采用档案资料收集法进行数据收集。我们选取受访企业中 40 家工业设计企业以及产业相关代表性机构，包括 10 所高校科研机构、5 个相关政府部门、4 家行业协会作为合作创新网络的网络节点，如表 10-1 所示。我们对深圳市（区）文体旅游局、深圳市（区）科创委等协同创新数据、资料进行收集，同时通过网络搜索任意两者之间创新合作联系，收集标准包括网络主体两者之间是否存在共建创新项目、科技创新平台、校企联盟、共建实习基地、提供政策和资金扶持、共同出席创新活动等联系。如果存在上述关系，则在深圳市工业设计企业创新社会网络矩阵相应位置记"1"，如果不存在上述关系，则在相应位置记"0"，从而得到深圳市工业设计企业社会创新网络59 行×59 列的"0-1"矩阵，将其输入 UCINET 软件，得到网络密度，网络中心度等社会网络分析数据，同时利用 Netdraw 工具绘制出深圳市工业设计企业创新网络拓扑图。

表 10-1　深圳部分工业设计企业及产业相关代表性机构

工业设计企业（E1-E40）	E1-洛可可（深圳）设计有限公司；E2-深圳市融一凤巢设计发展有限公司；E3-深圳市无限空间工业设计有限公司；E4-深圳创新设计研究院；E5-深圳市朗图品牌设计有限公司；E6-康佳集团股份有限公司；E7-深圳宝嘉能源有限公司；E8-深圳市白狐工业设计有限公司；E9-深圳市佳简几何工业设计有限公司；E10-深圳市矩阵工业产品设计有限公司；E11-深圳市设际邹工业设计有限公司；El2-深圳市意臣工业设计有限公司；E13-深圳市格外设计经营有限公司；El4-深圳市嘉兰图设计股份有限公司；E15-深圳市问鼎工业设计有限公司；E16-深圳市麦锡工业产品策划有限公司；E17-深圳市洛斐客文化有限公司；El8-深圳市心雷工业产品设计有限公司；El9-深圳市迪特格工业产品设计有限公司；E20-深圳市壹零壹工业设计有限公司；E21-深圳市雷骏科技有限公司；E22-深圳市怡美工业设计有限公司；E23-深圳市开立生物医疗科技股份有限公司；E24-深圳市东海浪潮科技有限公司；E25-深圳柔宇科技有限公司；E26-深圳市形与色品牌设计有限公司；E27-深圳上善工业设计有限公司；E28-深圳市中世纵横设计有限公司；E29-深圳市绿尚设计顾问有限公司；E30-深圳二十一克产品设计有限公司；E31-日出印象设计（深圳）有限公司；E32-深圳市匠意科技开发有限公司；E33-深圳市灏域设计有限公司；E34-朱古力设计咨询（深圳）有限公司；E35-深圳市绿创工业设计有限公司；E36-深圳市盛世长城工业设计有限公司；E37-深圳市浪尖设计有限公司；E38-深圳市鼎典工业产品设计有限公司；E39-深圳市柏斯工业设计有限公司；E40-深圳市灰度工业设计有限公司

高校科研机构 （S1-S10）	S1-深圳大学；S2-深圳职业技术学院；S3-深圳技师学院；S4-清华大学深圳研究生院；S5-南方科技大学；S6-北京大学深圳研究生院；S7-哈尔滨工业大学深圳研究生院；S8-深圳技术大学；S9-中国科学院深圳先进技术研究院；S10-清华大学深圳研究院
行业协会 （I1-I4）	I1-深圳市工业设计行业协会；I2-深圳市设计联合会；I3-深圳市设计与艺术联盟；I4-全国工业设计产业创新联盟
政府部门 （G1-G4）	G1-市（区）经济贸易和信息化委员会；G2-市（区）科技创新委员会；G3-市（区）文体旅游局；G4-市（区）政府
众创空间 （MS）	洛克创客服务平台；融一凤巢创客服务平台；元创空间公共服务平台；浪尖创客公共服务平台；白狐创客服务平台；101创客服务平台；深圳开放创新实验室；智造社；康佳之星；大公坊创客基地；比特咖啡创客空间；创意101孵化器等

工业设计企业与众创空间的联系存在特殊性。由于工业设计企业并不都是与具体的众创空间发生直接的联系，而是通过建立创客服务平台或拥有创客身份的设计师参加创客空间活动来发生联系，因此在工业设计企业是否与众创空间发生创新联系上，我们将众创空间看作集合。集合内容包括企业建立创客服务平台、企业通过创客空间孵化、企业设计师具有创客身份并经常参加创客活动等。如果工业设计企业有以上众创行为，我们就认为工业设计企业与众创空间有联系。

3. 测度指标选取及测度过程

我们将对深圳工业设计产业集群整体网络结构及网络主体所在位置进行测度。整体网络结构中选取网络密度、平均距离以及网络集中度三个指标，个体网络中选取网络中心性（包括点度中心度、中间中心度、接近中心度三个指标）以及结构洞等指标，同时画出网络拓扑图。

（1）网络密度

网络密度是网络主体间产生联系的数量与所有主体可能相互联系的总数量的比值，反映的是整个网络中主体之间的联结程度高低。密度值越接近1，说明网络实际存在的联系数量接近可能存在的联系数量，网络联系非常密集；相反地，密度值接近 0，说明网络联系数量相对整个网络规模而言非常少，网络联系稀疏。计算公式为 $M_D = A_n / B_n$，在 UCINET 中 Old Density procedure 下，选定要分析的网络数据，即可计算出该整体网络的网络密度及相关统计性指标。

（2）平均距离

平均距离是一个计算网络主体联系距离指标。两点之间的距离是指一个网络节点与另一个节点发生联系时需要通过的最短的中间者的数量。当两个网络节点之间直接产生联系时，两点之间的距离为 1；当两个网络节点之间没有直接联系，需要通过中间节点进行间接联系时，需要借助的中间节点越多，距离数值越大。平均距离即整体网络节点距离的平均数，平均距离越大，说明网络节点间直接联系较少。在 UCINET 中 Distance 下，得到距离矩阵、平均距离以及基于距离的凝聚力指数，该指数越大，表明该整体网络越具有凝聚力。

（3）网络集中度

网络集中度用来表示整个网络围绕中心点集中的情况，进而反映出网络主体的向心力水平。网络集中度计算方法稍微有些复杂，原理是选定位于网络中心位置的主体，计算出该主体的中心性得分，然后算出其他主体与网络中心主体中心性得分的差距，计算这个差距值与最大可能差距值的比例。集中度的值处于 0 和 1 之间。计算公式为 $C_D = \dfrac{\sum\limits_{i=1}^{g}(C_{max} - C_{Di})}{max\left[\sum(C_{max} - C_{Di})\right]}$。

（4）网络中心性

网络中心性是个体网络中重要的指标，它衡量网络中单一主体的控制力和影响力。中心性表示某个网络主体聚集的关系的数量。一般说来，凝聚的关系数量越多，网络中心性越高，说明该网络主体在网络中占据关键位置，对资源的获取、信息的把控都比较有利。而网络中心性较低的主体则处于网络的边缘，资源获取能力不足。中心性包括点度中心度、中间中心度、接近中心度。

①点度中心度

点度中心度越高，节点越居于中心，表明该网络主体在网络中具有较高的权力，处于有利的地位。网络中一个主体的点度中心度是指网络中其他主体与该点联系数量的多少。在 UCINET 中 Degree 即表示点度中心度。

②中间中心度

中介性衡量网络主体作为"中间人"的能力，如果没有这个网络主体，则网络中信息资源无法顺利流通。特别地，如果网络主体在两个不相关团体之间形成连带，这个网络主体被称为"桥"。在两个分离的大团体间，彼此信息要进行交流、意见要沟通、行动要协调一致，作为"桥"的主体就非常重要。中间中心度用来衡量网络主体的中介性，计算公式为 $C_B(n_i) = \sum_{j}^{n} \sum_{k}^{n} b_{jk}(n_i)$。在 UCINET 中，沿着 Network→Centrality→Betweenness 路径即可得到网络中每个点的中间中心度。

③接近中心度

接近中心度指标是衡量一个网络主体与其他主体的接近程度。接近中心度是以距离为概念来计算一个节点的中心程度，计算公式为 $c_c(n_i) = \left[\sum_{j=1}^{g} d(n_i, n_j) \right]^{-1}$。计算所得到的是倒数值，其值越小表示网络主体与其他各主体距离越大，主体越处于网络的边缘，在整个网络中越不重要，值越大则表示该主体接近于网络中其他主体，获取信息和资源的距离和成本也较小，容易掌控资源和信息。在 UCINET 中，Closeness 表示网络中每个点的距离和接近中心度。

（5）结构洞

结构洞是指社会网络主体间不发生直接联系或关系间断的现象。结构洞是个体网络重要特征，是两个联系之间的非冗余的关系。结构洞是关系的稀疏地带，但是能够将两个关系稠密地带连接起来，从而为单位带来新信息，促使资源通过这种新连接流动，网络价值得以增加。有着较多结构洞的网络主体更可能通过结构洞的联结来获取信息。我们采用 UCINET 中"有效尺寸"来对结构洞进行测量。

（6）网络拓扑图

网络拓扑图将网络节点之间的联结关系用点线画出，用于直观地观察网络主体之间的位置及地位。在 UCINET 中，沿着路径 Visualize→NetDraw，打开 Ucinet dataset→Network，然后选定要分析的网络数据，即可呈现网络拓扑图。指标具体含义如表 10-2 所示。

表 10-2 网络指标含义

网络类型	指标		含义
整体网络	网络密度		网络图中各个点之间联结紧密程度，用以衡量信息通过各节点在网络中的传输速度，以及各节点在网络中获取各类信息的难易程度
	平均距离		两点之间的距离是一个网络节点与另一个节点发生联系时需要通过的最短的中间者的数量
	网络集中度		网络集中度越高，表示该网络权力越集中，整体集中度就越高
个体网络	网络中心性	点度中心度	点度中心性越高，节点越容易通过各种方式满足自己的需求，则表明该行动者在该团体中具有较高的权力，就越处于有利的地位
		中间中心度	如果一个点处于许多其他点对之间的最短途径，那么该点就有较高的中介性
		接近中心度	如果一个点越是与其他的点接近，那么该点在信息传递和获取方面就更加容易、直接，而不容易受到其他成员的控制，所以该点就更有可能处于网络的中心地位
	结构洞		结构洞是两个联系之间的非冗余的关系

三、创意产业集群网络结构测度结果分析

1. 网络联系特征分析

（1）整体网络特征分析

通过 UCINET 进行深圳市工业设计产业集群网络密度、网络集中度、平均距离及基于距离的凝聚力测度，结果如表 10-3 所示。测试结果显示，深

圳市工业设计产业集群网络密度为 0.1373，表明相对于一个全联系的完备网络而言，深圳市工业设计产业主体之间的联系只占 13.73%，网络密度稀疏，网络节点整体联系不强。网络集中度为 28.61%，该网络在 28.61% 的程度上接近一个绝对中心化的星型网络，整个网络权力关系处于中等水平。网络平均距离为 2.282，基于距离的凝聚力指数为 0.503，说明整个网络的平均路径距离为 2.282，即网络主体间至少通过 2.282 步取得联系（直接相邻步长为 1，每通过一个中介者则步长增加 1），该网络在 50.3% 的程度上接近于各个主体均直接联系的完备网络。

表 10-3　深圳工业设计产业集群整体网络特征

网络密度	标准差	网络集中度（%）	平均距离	基于距离的凝聚力指数
0.1373	0.3442	28.61	2.282	0.503

上述指标说明，深圳市工业设计产业集群网络建设取得了一定的进展。工业设计同行企业之间共建创新联系，同时与科研高校、行业协会、政府部门和众创空间之间也均有联系，整个网络未过于依赖少数企业或者机构之间，是较为平等、协同的权力位置关系。但是深圳市工业设计产业集群网络整体密度较低，这说明深圳市设计产业集群主体之间出于各自利益的考虑，创新力量各自为战，尚未形成紧密的关系。

（2）个体网络特征分析

通过 UCINET 软件，我们计算了 59 个网络节点单位的点度中心度、中间中心度以及接近中心度，并将其进行了排序，如表 10-4 所示。由结果中描述性统计指标所知，深圳市工业设计企业集群网络点度中心度、中间中心度、接近中间度的平均值分别为 7.966 、37.186 、132.373，这说明在所选取的 59 家企业和机构中，平均每家与 7.966 家网络内其他企业或者机构存在联系；平均每家在网络中充当联系中介者的次数为 37.186；网络中每家与其他企业或机构的平均距离为 132.373，即网络内每家企业或机构平均可以通过 2.24 步与其他企业或机构取得联系。通过最大值、最小值、标准差、方差等统计性指标可以得知，深圳市工业设计产业集群网络中心度指标分布并不均衡，尤其是中间中心度，说明网络中存在一些网络主体居于网络中心，与网络中其他主体联系次数多，同时又充当中介者，控制着网络内信息和资源。下面对这些位居网络中心的节点单位进行具体的分析。

一个网络节点的点度中心度越高，表明该网络节点与许多其他节点直接相连，个体网的规模较大，同异质资源之间交流、产生创意产品的可能性较大。在表 10-4 中，我们可以看到点度中心度最高的是机构 I2，与其他 24 个节点有直接的联系，接下来是 S1、MS 及 I1 等产业生态型主体，分别有 21、20、19 个其他节点单位与之联系。企业 E37、E11、E14、E1 等位列其后。中间中心度测量的是网络节点充当中介的水平，是一种"控制能力指数"，中间中心度越高，说明越容易控制资源，在网络中更加重要。在表 10-4 中，我们可以观察到辅助机构 I2、MS、I1、G4 的中间中心度较高，充当着深圳工业设计企业之间交流的"中间人"，拉近工业设计同行企业之间的联系。企业 E11、E4、E37 等工业设计企业有着较高的中间中心度。接近中心度考虑的是网络主体与其他主体的距离，即如果网络主体间具有较短的距离，则该主体获取信息和资源距离较短，成本更低，在网络中具有足够的优势。I2、S1、I1 等主体与网络中其他主体具有较近的距离，便于同其他网络主体产生联系。企业 E37、E1、E21、E11 等工业设计企业与其他网络主体的距离较近，便于获取行业信息，利于创新产生。从结构洞来看，I2、S1、I1、MS、G4、S2 等辅助部门以及企业 E11、E37、E14、E4、E2 具有较高的结构洞，处于网络中非冗余联系的关键位置，享有信息和控制优势。如表 10-4 所示。

总体看来，在深圳市工业设计集群网络中，产业生态型主体包括 I1、I2、S1、S2、MS、G4 等占据着中心位置，掌握较多的资源，充当行业交流的"中介者"。企业 E1、E37、E4、E11、E14 等工业设计企业居于深圳市工业设计产业集群网络中心位置，同行业主体交流密切，代表行业积极参加活动，充当网络当中的"协调者"和"守门人"，促进整个行业创新能力提升。

211

表10-4 深圳工业设计产业集群个体网络特征

序号	点度中心度	排序	中间中心度	排序	接近中心度	排序	结构洞	序号	点度中心度	排序	中间中心度	排序	接近中心度	排序	结构洞
E1	15	10	42.147	19	55.238	5	8.733	E31	3	46	0	53	34.118	58	1
E2	11	18	49.436	15	49.573	19	10.091	E32	3	44	0	52	34.118	57	1
E3	5	36	4.559	37	43.284	35	3.8	E33	9	25	11.998	26	47.154	24	6.111
E4	13	12	137.127	6	52.252	11	10.846	E34	13	13	36.224	20	50	17	9
E5	4	39	5.877	34	42.647	38	3.5	E35	10	21	10.873	31	49.573	20	5.2
E6	9	22	34.63	21	47.154	23	7.667	E36	1	56	0	56	35.152	54	1
E7	5	35	4.015	39	46.032	29	3.4	E37	18	6	97.202	8	55.238	4	12.667
E8	2	48	1.681	45	36.478	48	2	E38	12	14	43.258	17	50.877	14	9.167
E9	11	15	17.127	24	51.786	12	5.364	E39	33	5.927	33	43.284	34	3.8	
E10	7	28	10.957	29	46.774	26	4.714	E40	4	38	2.677	41	42.336	39	4
E11	16	7	190.668	3	54.206	8	13.125	I1	19	4	149.029	4	55.238	3	17.526
E12	11	16	83.045	10	50.435	15	6.273	I2	24	1	236.9	1	56.863	1	20.833
E13	4	40	2.505	44	42.963	36	4	I3	4	37	2.569	43	39.726	43	3
E14	16	8	70.48	11	53.211	10	11.5	I4	3	47	0	54	36.943	47	1
E15	1	58	0	58	36.478	49	1	S1	21	2	121.687	7	55.769	2	17.667
E16	11	17	53.276	14	50.877	13	7.727	S2	15	9	54.487	13	50.435	16	12.867
E17	7	27	42.415	18	44.961	30	4.714	S3	7	29	3.889	40	41.727	40	4.714
E18	6	31	11.467	28	46.032	28	4	S4	1	55	0	55	33.721	59	1
E19	4	41	1.235	46	42.963	37	3	S5	1	59	0	59	35.366	53	1
E20	5	32	4.914	35	44.615	31	3.8	S6	2	52	0.562	48	36.25	50	2
E21	14	11	31.162	22	54.717	7	8.286	S7	2	51	0.492	49	37.419	45	2
E22	3	45	0.832	47	40.559	42	2.333	S8	2	53	0.173	51	37.179	46	2
E23	2	49	0.476	50	34.94	56	2	S9	2	50	2.578	42	34.94	55	2
E24	5	34	14.874	25	44.275	32	5	S10	4	42	7.429	32	38.667	44	3.5
E25	2	54	4.2	38	36.025	51	2	G1	10	20	63.883	12	46.774	25	9
E26	4	43	4.638	36	41.135	41	3.5	G2	10	19	45.999	16	46.032	27	8.6
E27	9	23	10.941	30	47.934	22	5.667	G3	1	57	0	57	35.366	52	1
E28	6	30	11.599	27	44.275	33	5.333	G4	18	5	141.418	5	53.704	9	16.222
E29	9	26	23.238	23	50	18	6.111	MS	20	3	194.845	2	54.717	6	17.5
E30	9	24	90.382	9	49.153	21	6.778								
平均值	7.966		37.186		44.91		方差		34.507		3044.528		47.916		
最大值	24		236		56.863		最小值		1		0		33.721		

（3）网络拓扑图

通过 UCINET 生成了深圳市工业设计产业集群网络拓扑图，我们可以更加清晰地观察到各网络主体在网络中的位置和权力。节点位于拓扑图的中心且标识越大的说明在整个网络中联系最多，居于网络中心，掌握最多的创新资源和权力。图 10-2 是工业设计企业之间的集群网络图，我们发现网络联系非常稀疏，甚至有近五分之一的企业跟整个网络毫无联系，在加入了行业协会、高校科研机构、政府机构以及众创空间等主体后，网络拓扑图呈现出密集的网络联系，如图 10-3、10-4 所示。这表明行业协会、高校科研机构等主体对促进深圳市工业设计产业集群网络联系有巨大的作用。

从图 10-3、10-4 中我们可以看出 I1、I2 两家行业协会位于网络中心，通过吸纳工业设计会员、举办工业设计创新活动在深圳市工业设计产业集群网络中发挥着极其重要的作用。在科研高校中，S1、S2 作为深圳市的两大院校，在集群网络中占据突出地位。深圳市其他院校同深圳市工业设计公司并未有过密的联系。在政府机构当中，G4 在网络中做出突出贡献。众创空间在深圳市工业设计产业集群网络中的地位不容小觑，随着深圳市"大众创业、万众创新"政策的提出，众创空间的作用将会日益凸显。图 10-3 中也清晰地表明企业 E1、E14、E37、E38、E21 等工业设计企业位于网络中心，与同行企业联系紧密，还与高校科研机构、政府部门、行业协会展开合作，同时设立自己的工业设计中心和创客服务平台。根据收集的资料来看，位于网络中心位置的工业设计企业有着极强的创意能力，设计的产品创意、工艺、材料都属于前沿，多次获得红点产品设计奖、IF 产品设计奖等国际设计重要奖项。

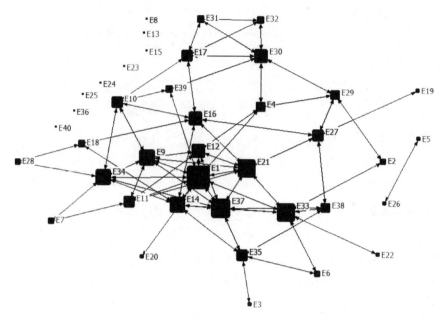

图 10-2 基于点度中心度分析的深圳工业设计企业集群网络拓扑图

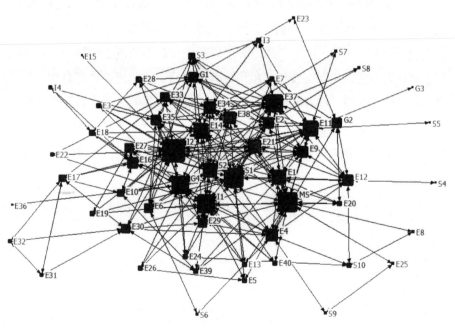

图 10-3 基于点度中心度分析的深圳工业设计产业集群网络拓扑图

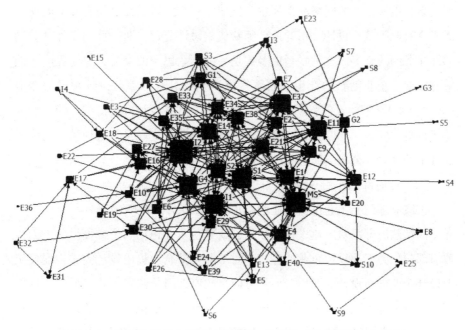

图 10-4 基于中间中心度分析的深圳工业设计产业集群网络拓扑图

2. 网络结点特征分析

（1）工业设计企业作用分析

①合作联系较少，但是合作的现象存在

工业设计活动是需要灵感及合作的创意活动，工业设计公司在产品设计时通过寻找其他设计公司合作，可以获取新的想法、新的观念，增加设计创意。但是由于产品设计的项目一般较小，单独的设计公司就能够完成，而且产品设计是一种创造活动，涉及所有权问题，所以工业设计同行企业之间一般不会选择业务上的合作方式来进行联系。经过访谈调查发现，深圳小型工业设计同行企业之间的合作非常少，合作联系主要发生在大型工业设计企业之间，而且这种联系具有稳定性、排外性，已经形成了工业设计产业集群网络当中的"小团体"。

②合作方式以非正式联系为主

经过访问和网上资料我们得知，同行企业之间的合作一般基于一定的人际关系，以非正式的网络联系为主。比如，两个公司老板之间有私下的交情或者原就职于某一设计公司的设计师新成立设计公司；两个公司设计师共同参加业务的活动等。这种联系更多的是一种创意思想的交流，一定程度上能够有效促进企业创新的产生。如原就职于企业 E16 的著名设计师成立企业 E10；企业 E9 创始人曾就职于企业 E1、E37。这些设计师身份的公司创始人基于自身的经历，同原公司同事或者老板保持着一定联系，这种私下的联系促进了两个设计公司创新合作的产生。

（2）政府部门作用分析

①政府部门与工业设计企业联系较多、联系方式多样

深圳政府部门对工业设计企业的创新支持主要包括两个方面。一方面是政府部门作为工业设计企业的客户，对工业设计企业提出设计需求，促使工业设计企业创新设计的诞生。另一方面是政府部门是创意产业发展的扶持部门，扶持内容主要包括工业设计产业发展政策的制定执行、工业设计创新活动的牵头举办以及工业设计中介机构的发起设立等。政府部门与工业设计企业之间的联系主要是第二种联系。

②政府部门出台产业发展奖助政策

深圳市政府重视创意产业发展，出台各种政策扶持创意产业发展。如深圳市经济贸易信息委员会（以下简称"经贸信息委"）专设深圳市工业设计资助项目，包括工业设计中心、工业设计示范园区、知名工业设计奖、工业设计重大活动、工业设计创新攻关成果转化应用、工业设计领军企业等六项认定和奖励资助。这六项资助项目涵括工业设计创新各个环节，符合条件的工业设计企业均可以申请，奖励资金 200 万—500 万人民币不等，奖励力度大，覆盖范围广。除此之外，经贸信息委还设立了深圳市产业转型升级专项资金资助，对工业设计开发及模式创新、引进国际创意设计等数项内容进行奖助支持。南山区、福田区等区政府部门均出台文化产业发展专项资金支持细则，重点支持文化创意产业领域企业及社会组织，支持项目包括文化创意产业园支持、文博会分会场和专项活动支持、创意设计作品获奖支持等，主要采取资金奖励、房租补贴、贷款贴息、创新融资等支持方式。深圳市政府

对文化创意产业、工业设计产业奖助政策完善，奖励力度较大，为深圳市文化创意产业以及工业设计企业实现产业创新升级发挥重要作用。

③政府部门探索设计企业与研究机构共建模式，发起设立工业设计机构

深圳政府部门整合各方资源，积极促成设计企业与研究机构进行合作，引导深圳创意产业机构创新方向。如深圳创新设计研究院（以下简称"创新院"）是由政府牵头，研究院与行业协会于2013年发起成立的。创新院自成立以来在创新设计咨询、3D打印及创客平台、设计教育、成果孵化等领域成果突出，同时与其他网络主体联系紧密，在整个工业设计网络中发挥重要中介作用。如通过建立联合实验室、产品与工程仿真实验室，与同行企业共同研发设计；与数十所深圳市内外高校共建校级实践基地，培育创新型工程技术人才4500余人次。除此之外，深圳市政府还大力引入工业设计高等教育资源。如深圳大学（盐田）工业设计特色学院（以下简称"特色学院"）是政府与高校、大型企业共同合作引入的工业设计特色学院。特色学院于2013年成立，依托深圳大学的教学资源，并采取中外合作办学模式进行，整合国际化资源，为特色学院人才培养和专业研究创新搭建交流对接平台。这一举措一定程度上缓解了深圳市工业设计专业院校、专业人才不足的处境，有力地推动深圳市创新设计发展。

（3）高校科研机构作用分析

①高校同工业设计企业联系较多，但合作程度不深、方式单一

深圳市主要的高等教育资源包括深圳大学、深圳职业技术学院、深圳技师学院等院校，这些高校均设立工业设计类学院，为深圳市工业设计行业培育大量设计人才。除此之外，还包括一些国内知名院校的研究生院，包括哈工大、清华、北大、南科大等高等院校研究生院，与深圳市工业设计企业存在一定联系。深圳市科研院校与工业设计企业之间的联系方式主要有公司创始人为高校或研究机构工作人员，高校同工业设计企业共建实习基地、共同加入行业协会或共同举办创新活动等，也存在高校科研机构与工业设计企业共同完成项目、共建实验室的情况，但是在调查中发现这种案例较少。由此表明，深圳市工业设计企业同高校科研机构之间的联系只建立在设计人才和

设计理念的输送上，缺乏深层次的创新项目合作。如企业 E37、E6 等多家知名设计公司及工业企业是高校 S1 艺术设计学院研究生教育实践基地；企业 E5 创始人毕业于高校 S1 服装设计专业，同时担任高校 S1 客座教授、设计基金会主席等职位；高校 S1 艺术设计学院导师和校外企业建立联系，共建设计项目。除此之外，高校 S1 创业学院还与企业 E9 联合共建工业设计创客部落，开展创新创业型人才培养、创客团队培育、创业项目孵化、科研转化等方面的校企合作。

②工业设计企业突破本地高校网络，寻求更宽、更深的高校合作联系

在访谈中我们得知，深圳市工业设计企业同高校之间的合作并不少，但是多数高校并不在深圳本地，合作的高校多为开设工业设计专业的外地高校，为深圳工业设计企业输送大量工业设计人才。这也从侧面反映出深圳市工业设计教育资源匮乏，工业设计专业人才无法满足深圳市工业设计产业蓬勃发展及旺盛的人才需求。近年来，深圳市实行重点推动支柱产业、战略性新兴产业及未来产业发展的产业战略，深圳市政府逐渐意识到高端技术人才匮乏及高等院校设计专业理论与实践脱离等问题，深圳技术大学在顺势诞生。深圳技术大学是依托深圳大学应用技术学院筹建和办学的一所本科及以上层次的高水平应用技术大学，设立智能制造学院、创意设计学院、大数据与互联网学院等以培育工程能力和实践创新能力为主的专业学院。深圳技术大学以市场需求、就业创业为导向，通过产、学、研、工多种结合形式来培育高素质专业人才，建立一种应用技术型办学的新模式。

（4）中介机构作用分析

行业协会发挥重要"中间人"作用，与工业设计企业联系紧密。行业协会作为专业的、学术型的行业组织，它的关键核心是联结，它实现了工业设计企业与同行企业、市场、客户以及设计专业领域上下链之间的联结，促进了工业设计产业集群网络主体之间的资源交流与合作，从而有利于工业设计企业交流新创意，获取行业最前沿的信息，为整个设计行业贡献出富有创新力的工业产品。我们在调查中发现，深圳市中介机构中深圳工业设计行业协会、深圳设计联合会及深圳市设计与艺术联盟在深圳市工业设计行业集群网

络中作用突出。如深圳工业设计行业协会成立于2008年，是深圳工业设计行业中重要的服务平台。协会目前有851家会员单位，发起设立了四个工业设计中心、四个专业委员会，创新设计研究院、中芬设计园、开放创新实验室、中国首个工业设计行业知识产权保护工作站、首个工业设计产业创新联盟等组织及平台。协会提供工业设计行业研究、产业创新及成果转化服务，搭建设计服务交易、行业公共服务平台，促进深港设计合作与国际化交流与合作，推动深圳工业设计往高端化、国际化、品牌化发展。目前，协会成功推出中国（深圳）国际工业设计节、深港文化创意论坛、深圳国际工业设计大展及全国大众创业万众创新活动周等品牌项目，已成为全国规模最大的工业设计行业内专业机构，并成为国内首个加入WDO（世界设计组织）的行业组织。

在深圳工业设计产业集群网络中，众创空间（MS）有着较高的网络中心性，尤其是中间中心度为194.845，在59个网络主体中排名第二，这表明众创空间位于工业设计产业集群网络中的中心位置，并充当网络主体之间关键资源流动的中间人，为工业设计企业构建了共享、交流的空间和平台，提供创业孵化、创新辅导、创业投融资等服务，培育创新创业文化，极大地提高了工业设计企业及整个创意产业的创新能力。下面，我们来讨论众创空间与创意产业在集群网络中的地理联系和知识联系，以此从多个角度来看众创空间对创意产业创新能力提升的支持作用。

四、创意产业集群与众创空间关联分析

1. 创意产业与众创空间联系内容及融合方式

（1）创意产业与众创空间联系内容

创意产业和众创空间在政策与理论上多有关联与延续，在实践中也发生较多交融。目前，创意产业在"互联网+""文化+"的时代背景下，逐步迎来了发展的新机遇。以"众创空间"为主要特征的"创客运动"在内容、技

术、平台与跨界四个方面推动着创意产业的创新升级。

①创客创意丰富着创意产业原创内容

个人创意、技能和才能是创意产业最根本的要素，而创客运动的宗旨是解放全民的创造力，推动草根创意的实现，其最大的未开发资源即"创意阶层"的空闲时间和可支配收入。① 创客运动带动社会各个阶层基于自己的兴趣或商机去创造出产品，扩宽创意阶层的同时为创意产业提供源源不断的内容源泉。

②创客技术促进创意产业技术的开发与应用

随着互联网、新材料等技术的飞速发展，文化创意产业与科技融合态势明显，技术已经渗透到创意产业各个环节，成为创意产业发展的重要驱动因素。众创空间内配备着制造工具，以供创客创意实现、制造出原型产品，同时众创空间关注着技术革新，在众创空间内诞生了许多实用性的新技术，为创意产业的生产、传播、销售提供技术支撑。

③众创空间为创意产业提供创新创业服务平台

众创空间提供各类平台和服务，包括创新创业孵化、创客教育培训等服务以及数据共享、资金筹措、交易、企业开放等平台。这些服务和平台解决了创意产业在创意信息获取、资金筹措、销售等环节中遇到的难题，集聚各类资源，为创意产业发展提供一体化的创新创业生态服务系统，实现创意产业的繁荣发展。

④创客网络推动着创意产业的跨界融合

创意往往来源于产业网络中不同的主体所拥有的异质知识。一方面，创客来自众多领域，创客之间的交流能够有效促进不同领域、不同行业知识的传播，实现创意产业的跨界交流。另一方面，创客组织形成广阔的跨地域网络，不仅形成国内的跨地域交流，借助互联网技术还能实现国际交流，有利于学习其他国家和地区先进的经验和知识，推动创意产业将自身特色、资源展现给世界其他地区，实现创意产业的共同发展。

---

① 马克·哈奇. 创客运动 [M]. 杨宁，译. 北京：机械工业出版社，2015：102-105.

（2）创意产业与众创空间融合形式

创意产业与众创空间在相互联系的过程中各种资源发生融合，创意产业与众创空间融合形式主要有两种：一种是创意人才与创客身份的融合，即文化创客；另一种是创意产业与众创空间创意场所的融合，即文化创意产业众创空间（以下简称"文创空间"）的诞生。

①文化创客

2015 年，彭罡在第十一届中国（深圳）国际文化产业博览交易会文化创客论坛上在国内首次提出"文化创客"的概念并对其进行了分类。他认为，文化创客是指在文化创意产业生态圈层中从业，具有好幻想、爱折腾、有激情等性格特质、善于通过灵活运用时下流行的思维方式、技术手段和本身所拥有的专业技能，把属于自己独特的创意设想变现为文创成果的个人或团队。① 根据文化创客的概念，我们可以总结出文化创客的特点。文化创客首先是文化创意产业从业者，包括软件开发者、艺术家及设计师等。但是这群从业者与传统文化创意产业从业者有所不同，他们独特之处在于具有创客思维。文化创客的本质是创客，能够不断整合创意产业资源、推动创意产业与互联网相结合、突破生存与成长空间的局限性，逐渐成为知识传播、产业创新能力提升的重要力量。②

②文创空间

2016 年 2 月，国务院办公厅出台《加快众创空间发展服务实体经济转型升级的指导意见》鼓励在文化创意等产业领域先行先试建设众创空间。意见指出，文创空间具有低成本、便利化、全要素、开放式等特点，主要为文化创意产业领域创业者提供各类空间的新型创业服务平台。③ 文创空间对推动文化创意产业创新能力提升、转型升级具有重要作用。首先，文创空间能够高效配置人才、技术及资本等各类资源，打通创意产业从研发到产品孵化，

---

① 彭罡. 文化创客　主创未来［J］. 特区经济，2015（6）：24-25.

② 樊丽. 创新与融合：文化创客在文化传播中的主体性和影响力分析［J］. 渤海大学学报（哲学社会科学版），2018（2）：151-155.

③ 资料来源：中国政府网。

再到市场拓展等各个环节，激发文化创意产业领域创新活力。其次，通过建设各类文创空间，可以促进创意产业内龙头企业与同行创意企业、高校科研院所、创客等多主体协同发展，促进产学研紧密结合，不断提高文化创意产业领域创新创业水平。再次，文创空间建设有利于引导文化创意产业园区及功能区合理布局、科学发展，从而形成"三位一体"的空间发展格局，推动区域文化创意产业创新发展。最后，文创空间能够吸引不同领域的文化创客，不断推动"文化+"跨界融合，突破行业壁垒，形成文化创意产业与其他相关产业融合发展局面。

2. 众创空间发展现状

全球最早的创客空间是 1981 年在德国柏林创建的混沌电脑俱乐部。2011 年以来，全球掀起了创客文化浪潮。目前，全球已有 100 多个国家和地区建立众创空间，具有较高知名度和影响力的众创空间已达数千家，较为典型的有 Techshop、Fablab 等。在全球创客运动浪潮影响以及中国经济发展进入新常态形势下，国家高层高度关注众创空间发展，并逐级提升为国家战略。李克强总理在 2014 年首次提出"大众创业、万众创新"的"双创"战略思想，随后于 2015 年将其放入国家战略层面，正式纳入政府工作报告。2015 年，在政府发布的《国务院关于大力推进大众创业万众创新若干政策措施的意见》《关于发展众创空间推进大众创新创业的指导意见》等文件中，正式明确提出了"众创空间"的概念。随后，一些创新创业氛围较为活跃的地区和城市相继出台各类众创空间发展及奖助政策，扶持众创空间发展。在国家和地区的"创新创业"政策推动下，我国众创空间迅速发展起来，诞生了一批具有独特模式的代表性众创空间。截至 2017 年年底，全国共有各类众创空间 5500 余家。这些众创空间发展模式多样，运营主体包含政府及社会各类组织、机构，孵化的项目覆盖范围广泛，同时在空间上呈现区域发展特征。①

---

① 科技部：发展众创空间 促进大众创业、万众创新 ［EB/OL］. 中国政府网，2015-02-06.

（1）深圳政府重视众创空间的发展，大力提供政策保障和资金支持

众创空间在培育创新型人才、创造就业、带动社会创新创业氛围、支持产业发展等方面作用突出。在浓厚的创业氛围下，深圳市众创空间迅速发展起来。深圳市政府相继出台了《关于促进创客发展的若干措施（试行）》《深圳市促进创客发展三年行动计划（2015—2017年）》等一系列政策文件，为深圳众创空间发展提供有力政策保障。① 自2015年开始，深圳市均设立创客专项资金和创客基金，创客空间、项目、服务平台以及创客活动等都在专项资金资助范围内，这项举措促进了深圳创客运动发展。② 除此之外，政府积极营造创新创业氛围。自2009年起，深圳每年举办中国创新创业大赛，在每年的6月设立国际创客周，同时2015年开始承办全国"双创"周活动，在全国引起强烈反响。深圳各社会主体也积极参与到创客运动中，投资主体多元化，民间资本逐步成为主力军。企业、大学及研究所等社会主体在政府引导下积极投资设立孵化载体，参与到创新创业活动中。另外，在深圳政府支持下设立的众创空间协会，整合众创资源，为深圳市孵化器、众创空间、科技服务机构提供全面服务。

（2）深圳众创空间数量增长迅速，质量明显提高

经过2015年的"创客元年"，2016年深圳市众创空间呈现爆发式增长，经公示备案的国家级众创空间就有69家，在全国城市中属于前列。2017年12月底，广东省备案国家级众创空间达235家，其中深圳市就有91家，占比为38.72%。深圳市众创空间经过2017年有效的规划和调整，增长速度有所下降，服务质量却得到巨大提高。一方面，深圳众创空间孵化功能逐步专业化，综合型孵化载体逐步向专业型孵化载体转型，同深圳支柱产业结合，紧扣产业发展方向，对人才、技术、管理、市场等资源进行更加有效的整合与配置。另一方面，众创空间不断创新运作模式，除了推出政策咨询，基础设施使用等基础服务，还不断推出特色化孵化服务，避免"同质化"及资源浪费，逐步形成了自身特色和核心竞争力。

---

① 资料来源：深圳政府在线网。
② 资料来源：深圳市科技创新委员会。

表10-5　国家备案众创空间统计表（2015—2017）①

序号	省份	第一批（2015/11/19）	第二批（2016/01/29）	第三批（2016/09/12）	第四批（2017/12/26）	
1	江苏省	8	25	61	76	170
2	北京市	27	30	68	43	168
3	广东省	14	30	65	35	144
4	山东省	0	30	66	29	125
5	浙江省	14	0	47	36	97
6	深圳市	0	30	39	22	91
7	河北省	0	15	57	12	84
8	上海市	0	20	27	35	82
9	天津市	20	11	42	8	81
10	青岛市	6	20	40	12	78
11	陕西省	0	20	25	28	73
12	四川省	10	11	33	10	64
13	湖北省	14	0	26	22	62

（3）深圳众创空间积极与其他众创空间合作，扩展众创资源网络

深圳市众创空间积极对接国内外知名创新创业载体，加强与其他众创空间合作，从而扩展众创资源网络。深圳与其他城市的孵化器协会共同搭建公共交流合作平台，组建孵化服务联盟，通过这些措施集中与分配孵化资源，实现城市间企业孵化的优势互补。同时，深圳市政府与创客协会搭建国际创客交流平台，举办国际创客赛事，不断同国外知名创新载体建立合作。深圳众创空间积极投入国际创客团体中，分享交流众创空间建设想法，学习国外众创空间优秀建设经验。如深圳开放创新实验室是深圳同美国比特与原子中心合作的 Fab Lab 国际微观装配实验室，建立的目标是引导国际创客与深圳共同创新，构建开放创新、全球互联的创新创业生态系统。自2015年成立以来，开放创新实验室对接100余个国内外创客空间、加速器；多次举办国际化、特色化创客活动，如"创客西游"国际交流项目；积极促成全球创客创

① 数据来源：国家科技部火炬中心。

新项目与深圳资源对接；积极探索全球 Fab Lab 网络与深圳产业链结合发展新模式，为深圳创客发展提供了国际交流平台。

3. 创意产业园区与众创空间地理分布

众创空间与创意产业有着类似的特征和千丝万缕的联系。两者均主要靠非正式联系建立网络，都以个体创新创意为核心，同时都重视知识创造以及知识产权保护等。创意产业在科技发展、创客运动推动下，与创客运动在内容、技术、平台和跨界多个层面发生交融，其正逐步成为文化创意产业新动力，使其获得新发展。一定范围内的共享空间、共同趣缘及周边社区共同支架驱动起创意产业的网络关系，形成了创意产业网络组织。① 众创空间与创意产业空间上的集聚能够很好促进两者互相协作、优势互补，进行各种信息资源传递，有利于创意产业创新的诞生，其正逐步成为创意产业集群网络中很重要的主体。我们利用地图分析法，观察深圳 80 个创意产业园区（深圳 11 个文化创意产业基地中包含多个园区）与 91 个众创空间在空间位置上的集聚状况。

（1）创意产业园区地理分布特征

通过将 80 个创意产业园区与 91 个众创空间经纬度坐标导入地图汇，得到深圳市创意产业园区与众创空间分布地图。观察深圳市创意产业园区整体空间分布，我们发现南山区、福田区和罗湖区最为密集，其他区分布较为稀疏分散。其中，盐田区、大鹏新区、坪山新区创意产业园区分布非常少，光明新区没有创意产业园区分布，如图 10-5、10-6 所示。从深圳市创意产业园区经营产业类型来看，深圳市创意产业园区已经形成了分布合理、特色鲜明的集聚区。其中，南山区以数字互联网、动漫游戏类为主，分布有南山数字文化产业基地、南山互联网产业园、深圳市软件产业基地、深圳市腾讯计算机系统有限公司等创意产业园，同时南山区西部靠近福田区附近主要以休闲旅游类创意产业园区为主，有欢乐谷、华侨城创意文化园及欢乐海岸 OCT HARBOUR 等休闲旅游类创意产业园区；福田区主要以创意设计类为主，如

---

① 褚劲风. 上海创意产业集聚空间组织研究［D］. 上海：华东师范大学，2007：60-65.

田面设计之都创意产业园、中芬设计园、吉虹创意设计产业园，同时福田区也存在传媒出版类产业园区，包括中国（深圳）新媒体广告产业园、深圳广播电影电视集团等；龙华区、龙岗区及罗湖区主要以工艺美术类创意产业园为主，分布有观澜版画基地、山水国画产业基地、丝绸文化产业基地、李朗珠宝文化产业园、笋岗工艺城及深圳古玩城等工艺美术创作、交易创意园等。

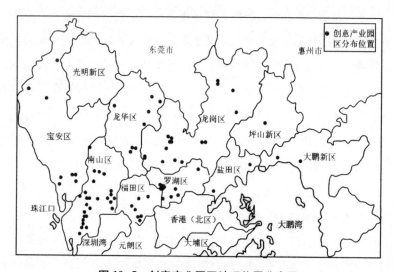

图 10-5　创意产业园区地理位置分布图

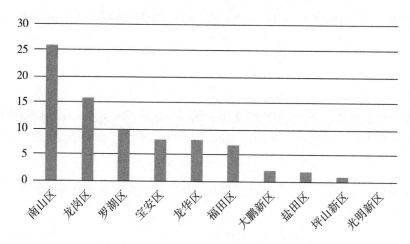

图 10-6　创意产业园各区分布数量统计图

（2）众创空间地理分布特征

深圳市众创空间整体分布非常集中，主要在南山区内及周边区域范围。在选取的91个众创空间中53家集聚在南山区内，其次是龙岗区、福田区以及宝安区，分别有13、10、8家众创空间分布，如图10-7、10-8所示。盐田区、光明新区、大鹏新区没有众创空间分布。在众创空间的类型上，南山区由于集中了高校、研究院、科技园区以及大型企业等机构，是深圳市高新科技创业的集中区域，吸引了大量孵化互联网、智能硬件类产业的众创空间，比如深港智能信息与移动互联网创客空间、星云智能硬件众创空间及深圳湾智能硬件空间。同时分布有许多由高校、研究院建立的特色众创空间，如深圳硅谷大学城绿色产业创客空间、中国科技开发院众创空间、哈尔滨工业大学深圳研究生院创客空间以及中科创客学院等。大型企业也积极建立以企业为主导的众创空间以帮助企业实现创新，如移盟移动互联网创业孵化中心、Wedo微度联合创业社等众创空间。福田区拥有较为发达的工业制造资源以及电子配件市场，众创空间依靠福田区丰富的电子配件市场及各种集成配套服务而生，因此福田区众创空间以孵化智能硬件产品、创意设计产品为主，分布有华强北国际创客中心、赛格创客中心、英博工业4.0创空间等众创空间。

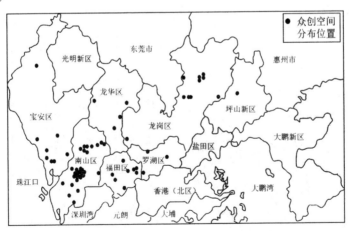

图10-7　众创空间地理位置分布图

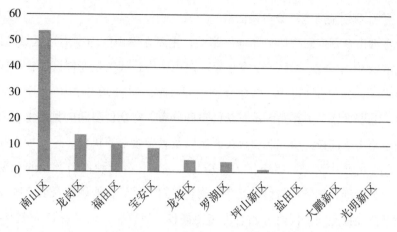

图 10-8　众创空间各区分布数量统计图

4. 创意产业与众创空间关联分析

（1）创意产业园区与众创空间地理邻近

我们将深圳市 80 个创意产业园区及 91 个众创空间空间分布图结合来分析两者集聚与关联情况。如图 10-9 所示，我们发现深圳市创意产业园区与众创空间空间关联明显，多数众创空间依创意产业园区分布。众创空间与创意产业均对个人创新创意以及配套产业链有较高要求，因此，智力因素和产业因素是影响两者关联分布的主要因素。

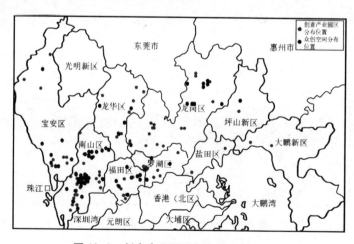

图 10-9　创意产业园区与众创空间分布图

①因智力因素沿科技园、高校分布

创意人才是创意产业发展的先决条件，高校及科研机构是输送人才的重要组织，众创空间及创意产业园区依高校及科研机构而建，充分利用其知识和人才外溢效应。南山区由于集中了高校、研究院、科技园区以及大型企业等机构，吸引众创空间与创意产业园区均集聚于此。

一方面，众创空间与创意产业园区依科技园分布。南山区中心区域分布着深圳软件园、深圳软件产业基地、高新技术园、科兴科学园等科技园区，园区内入驻腾讯、中兴等高新技术企业。创意产业园区内有较为完善的公共技术服务平台和配套设施，各企业之间交流频繁、合作密切，共享信息和资源，形成浓厚的创新创业的氛围。同时，园区内集聚了大量的技术资源和人才资源，为众创空间与创意产业园提供重要支持。深圳鼓励企业自主创新，大力构建产学研发展模式，科技园周边密集分布着数十家国内知名高校产学研基地，包括香港理工大学、华中科技大学、武汉大学、中国地质大学以及南京大学等知名高校深圳产学研基地，这些基地是重要的人才和知识来源，进一步吸引企业加入集聚。如图 10-10 所示。

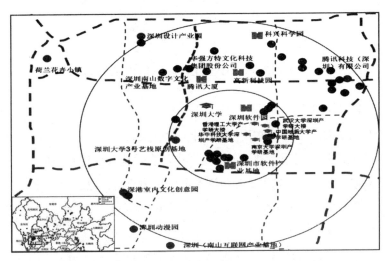

图 10-10 创意产业园与众创空间依科技园集聚分布图

另一方面，众创空间与创意产业园区依高校、研究院分布。深圳市的高校资源非常缺乏，除了深圳大学、深圳职业技术学院之外，深圳市积极引进各大高校，丰富深圳高校研究院资源。南山区集中了深圳市大部分的高校和科研资源，在深圳大学城有清华大学深圳研究生院、北京大学深圳研究生院、哈尔滨工业大学、南方科技大学、中国科学院深圳先进技术研究院等高校研究院，成为深圳市高质量人才输出、创新知识产出的重要区域。如图10-11所示。深圳大学城的建立以及国内知名大学研究院的设立为南山区创意产业与众创空间发展提供了高水平创新型人才以及国内前沿的创新知识。

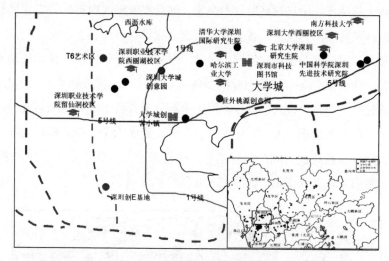

图 10-11 创意产业园与众创空间依高校科研机构集聚分布图

②因产业因素沿产业区分布

创意企业因产业因素而集中分布对企业的发展非常有利。创意企业集中分布在相关产业的周边有利于使用集群中配套设施及获得辅助机构的服务，降低运营成本。另外，还可以加强同集群中其他交流，以获取行业关键知识和信息。不仅如此，产业集中区内形成了非常稳固的联系网络和产业链，集聚了丰富的人才和知识，产生巨大的辐射力，吸引园区靠近产业分布。

众创空间能够将各类创新创业要素和资源整合起来，为创新创业提供服务。基于这种特性，众创空间能够参与到产业链中所有环节，包括研发设计、生产、销售等环节。因此，众创空间能够为空间内孵化企业提供全产业链服务，满足创业者不同的需求。为了更好、更有效率地整合资源，众创空间必须与产业链各个环节建立紧密联系，依产业而分布。例如，南山区拥有较为发达的高新技术产业，众创空间依高新技术产业分布获取最前沿的创新创业信息和理念，同时便于掌握最新研发和技艺，又反过来孵化相关产业及项目。又如，福田区华强北地区拥有发达的电子配件市场及完善的分销商贸业，为众创空间提供智能制造、高新技术制造的材料、工具的同时还提供了广阔的市场，满足创业者与创业实践的各种要求。众创空间从产业的研发、制造、市场拓展等环节为相关产业提供服务，这决定了众创空间依产业区分布。

（2）创意产业与众创空间知识网络邻近①

深圳市创意企业同众创空间联系紧密，联系方式多样，联系程度较深。创客运动的兴起与产业开源的发展密不可分，而作为工业设计产业重要开源力量的设计公司，在整个创客运动进程中扮演关键角色，同时也被创客的革新力量及对资本的深远影响力所影响，进而改变工业设计本身在现代经济社会的影响力。② 深圳市工业设计产业集群网络中众创空间的度数中心度及中间中心度均在前三位内，众创空间不仅与网络中其他主体保持着密切联系，同时还位于中介位置，掌握各方创新资源，拉近网络中其他主体关系。深圳市工业设计企业同众创空间联系的方式主要有以下三种模式：

①工业设计企业建立创客服务平台

我们的调查结果显示，大部分有实力工业设计企业都建立了自己的创客服务平台，比如洛克创客服务平台、融一凤巢创客服务平台、浪尖创客公共服务平台、白狐创客服务平台、101创客服务平台等分别由洛可可（深圳）设计有限公司、深圳市融一凤巢设计发展有限公司、深圳市浪尖设计有限公司、深圳市白狐工业设计有限公司及深圳市壹零壹工业设计有限公司建立③。

---

① 赵炎，王琦，郑向杰. 网络邻近性、地理邻近性与知识转移绩效的影响［J］. 科研管理，2016，37（1）：128-136.

② 创客遇上工业设计［EB/OL］. 搜狐新闻，2017-04-24.

③ 资料来源：深圳市科技创新委员会.

我们以洛客为例介绍创客服务平台在工业设计企业创新创意中发挥的作用。洛客是洛可可创新设计集团旗下设立的专注于产品创新的共享设计平台，它通过"洛客数据""洛客投资""洛客学院""洛客孵化"等模块进行一系列创客活动，包括：创意数据调查、建立作品数据库；提供创客创业投资服务；开设创客培训课程；举办各类创意设计大赛；提供创意产品孵化服务等。洛客最大的特点是知识产权在用户、认证设计师、洛客之间明确归属划分，如图 10-12 所示①。洛可可设计有限公司同洛客创客服务平台形成一种互相依托、互惠互利的关系，洛客依托洛可可设计公司强大的资金、设计师等创意资源而存在，同时回馈给公司海量的创意来源、创意产品版权等。

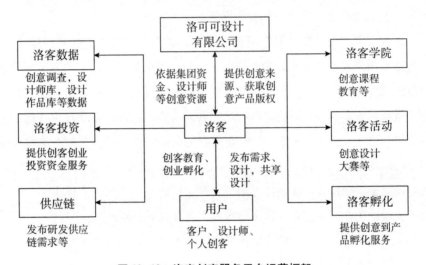

图 10-12 洛客创客服务平台运营框架

②工业设计企业与开放式众创空间合作

工业设计企业同众创空间联系的另一种比较常见的方式，是与公司附近或所在产业园区的开放式众创空间进行合作。合作的方式有开放空间内空间、设备的使用，项目的孵化等。在我们走访调查的深圳中芬设计产业园以及 F518 创意产业园，就分别设立了开放创新实验室与创意 101 国际孵化器两

---

① 资料来源：洛客（LKKER）。

个各具特点的众创空间。

深圳开放创新实验室（SZOIL）是由深圳市工业设计行业协会发起建立的国际创客开放平台和众创空间。深圳开放创新实验室主要服务于全球创客项目、大型生产生态系统以及小型硬件创业者。① 在实地调查过程中我们了解到，开放创新实验室实行的是会员制，会员通过预约即可入驻，可以免费使用实验室内配备的工具、设备、材料。会员入驻时间 3 个月到半年不等，以短期项目孵化为主，伴随着入孵项目的结束会搬出创新实验室。自 2015 年成立以来，创新实验室对接国内外创客空间、加速器等，已经对 100 余个国内外创客团队项目进行孵化。在对中芬设计园内工业设计企业的访谈中，我们了解到，园区内工业设计企业会通过参与创新实验室举办的创客活动同实验室展开合作，基于创新实验室这个创客平台，园区内工业设计企业之间也加强交流与合作。

创意 101 国际孵化器是设立在 F518 创意产业园内的文化创意产业孵化器。创意 101 国际孵化器主要针对互联网、移动互联网、智能硬件、游戏动漫四大领域相关的项目进行孵化，对入孵团队免费提供办公场地。孵化器内提供的服务包括：开放式办公区，办公设备，统一行政服务；投融沙龙、创业路演等投融资服务；政策咨询、律师咨询、创业辅导、知识产权保护、宣传推广等创业服务。入孵项目孵化周期为 6 个月，孵化期结束并通过两次考核后，团队可以申请 50 万以内投资基金并出让部分股份，同时可申请进驻F518 时尚创意园并申请租金补贴。通过对孵化器内工作人员的访谈得知，园区内有一些企业是通过孵化器孵化并创业成功的工业设计企业，但是这种情况较少，两者之间比较常见的联系方式是创意 101 国际孵化器作为中间平台对接园区工业设计企业与孵化器内成熟项目，这为园区内工业设计企业提供一种不同的带来创新的方式，有利于园区内企业创新创业设计的产生。

③工业设计企业创始人或设计师以创客身份参与众创活动

创客善于挖掘新技术、鼓励创新与原型化，以分享技术、交流思想为

---

① 资料来源：深圳开放创新实验室（SZOIL）。

乐，而工业设计是最擅长将概念原型化、产业化的学科之一，近年来创客族群吸引了大量的工业设计从业者的涌入。① 如"创客西游"是由深圳市国际交流合作基金会主办、深圳创新开放实验室承办的国际交流活动，活动旨在为深圳优秀创客搭建走向世界的平台，向世界先进经验学习，向世界传播深圳开放创新产业链，引进世界创新项目落户深圳，促进国际创客和深圳的合作。该项目第一届活动选取10名来自深圳工业设计、软硬件、互联网等领域里的年轻一代创客，在深圳创新开放实验室带领下实地探访了多家著名科技企业及硅谷硬件创业公司，深入20余家创客空间与创客团队进行学习交流交。在这次活动中，这些深圳工业设计创客领略了国际创客公司、智能硬件市场的前沿技术，亲身感受了美国先进的创客文化、创客理念和运作模式，致力于探讨出一种深圳工业众创空间的合理模式，助推深圳工业设计产业链及创客圈的发展。

① 蔡昱旻，张娜. 工业设计众创空间创新模式研究［J］. 工业设计，2017（6）：118-121.

第十一章

深圳创意产业集群网络创新能力评价[①]

一、集群网络创新影响机制

资源利用效率及知识传播方式是创新产生的核心，而产业集群网络结构决定着网络中网络主体的资源利用方式和知识传播方式。网络结构中知识基础大，异质知识较为丰富，并且关键知识、信息在主体间流动频繁，传播速度快，利用效率高，因此能够驱动网络内创新学习，从而提高网络主体及整个城市创意产业的创新能力。本研究在社会网络理论分析框架下总结出产业集群网络创新的主要影响机制，集群网络主要从网络规模、网络结构特征、网络主体位置以及集群网络学习四个方面对创新能力产生影响。

1. 网络整体规模

网络整体规模代表的是整个集群网络中所拥有知识和信息，这些知识和信息是创新产生的基础。网络中所拥有的知识包括信息、创新资源（人才、资金、技术）、管理者才能、公司文化、员工技巧技艺、信念等方面，知识创新在隐性知识和显性知识的社会交互作用下产生。一方面，网络整体规模越大，网络中主体越丰富，所掌握的知识越多，越利于企业创新交流产生。

---

① 本章由段杰、况颖负责撰写。

另一方面，知识的异质性也影响创新能力。网络整体规模大意味着网络主体间可能存在的差异大，拥有的异质知识多，企业能够获取的新信息、新知识也相应地增多。

2. 网络整体结构特征

网络整体结构特征主要通过网络中知识的传播方式和效率来影响企业创新能力。网络密度决定了整个网络主体联系的程度，密集网络中网络主体可以从较多渠道获取信息，从而降低创新的不确定性，但是过高的网络密度会抑制异质知识的传播。强联系网络可以增加网络主体之间的信任，保证网络主体对网络的忠诚度，从而提高企业联系稳定性。平均距离表明网络中主体获取网络中信息和资源需要经过的步数，因而路径长度影响到网络主体之间交往的难易程度以及信息传播的速度和深度。路径越短，知识传播速度较快，网络主体间接触所花费的成本越少，在提升企业创新能力方面更加有效。

3. 网络主体位置

网络中企业所处的位置极大地影响着企业的创新能力，当企业处于网络中关键位置时，企业能够利用这种位置多渠道掌握信息和资源，并决定其在网络中流动的方向，从而影响自身的创新能力以及集群中其他企业的创新能力。网络中企业的关键位置有两种：一种是占据整个网络的中心位置，与其他主体联系密度大，能够通过较多渠道获取信息和知识。另一种是处于关键知识获取的中介位置，把握着关键知识的传播方向。而网络中居于网络边缘的企业往往极难获取知识，导致企业的创新力不足。因此，企业要不断加强同其他主体的交流，尤其是与网络中不同的创新主体进行交流，尽力充当整个网络与外界交往的"桥"。

4. 集群网络学习

知识的传播与扩散给企业带来了极大的创新可能性，而知识的学习和创造则是企业创新能力的来源。集群网络通过集群内主体的互动、协调来整合和创造知识资源，实现知识的网络式扩散和创新。集群学习机制学习主要有两类学习：一类是网络内企业、机构及个人的学习，知识在个体间通过正式或非正式的交流方式扩散，并在网络主体的不断互动中沉淀积累下来。另一类学习是系统的学习，知识存储在网络结构化路径中，网络主体遵循网络结构路径就能够获得知识，这类学习是产业网络结构引起的自发性行为。

集群学习机制能够促进创新知识产生的基础主要在于信任等社会资本、网络特征和网络结构。网络主体之间的信任关系带来了主体之间的合作、隐性知识的传递和企业机构间的公共或私人伙伴关系，同时也提高了网络主体对共同规则的遵守。同时集群网络的整体特征反映集群学习的特点，网络密度、派系与派系间的连接情况、平均距离、集中度均对集群学习效率有不同的影响，而网络的个体结构特征则能够揭示网络主体在集群学习中的地位，例如，点度中心、中间中心度及结构洞等在集群学习中的地位各有侧重。集群网络结构特征对集群学习的具体影响如表11-1所示。

表11-1　集群网络结构特征与集群学习的关系①

网络结构	指标	对集群学习的影响
整体网络特征	网络密度	网络密度过低，学习行为发生较少，不利于集群学习；网络密度过高，限制学习主体获取异质知识，学习网络中形成派系或小团体，构建创新学习壁垒，不利于集群学习。适度的网络密度利于集群学习
	派系	派系内成员的高频率知识和信息交流，有利于集群学习；派系内频繁交流导致缺乏异质信息和知识，降低集群学习效率。综合考虑派系连接情况
	平均距离	平均距离越短，知识传播速度快，交易难度小，学习成本低，利于集群学习。
	集中度	集中度越高的集群网络，更有利于集群学习发生

① 邵云飞，唐小我，范群林. 产业集群自主创新的动力机制与能力增长研究［M］. 北京：科学出版社，2012：82-86.

续表

网络结构	指标	对集群学习的影响
个体网络特征	点度中心度	拥有较高点度中心度的节点在集群学习中心，在知识积累和转移中起决定作用，利于集群学习
	中间中心度	拥有较高中间中心度的节点控制知识和信息传递的权力，位于集群学习的中心地位，利于集群学习
	结构洞	结构洞是两个联系之间的非冗余关系。网络中节点拥有的结构洞越多，学习途径多，技术知识资源多，利于集群等习

二、集群网络结构对企业创新能力影响

在产业集群网络中，网络主体主要通过网络内个人间（企业、机构及个人）的学习以及网络结构化路径中的知识学习来提高创新能力，因此产业集群网络中不同的主体和结构是影响企业创新能力的关键。我们运用回归分析法分析创意产业集群网络结构特征（包括个体网络密度、个体网络中心性等）以及行业协会、政府部门、高校科研机构及众创空间等网络节点对创意产业集群中企业创新能力的影响。同时，选取几个具有代表性的创意企业，运用对比分析方法来分析创意企业本身的发展情况及在网络中的位置，进而总结出企业情况、网络以及创新能力三者之间的相互作用。通过多角度的分析来探讨出深圳创意产业集群网络结构对集群内创意企业创新能力的影响。

1. 整体网络结构对企业创新能力的影响

产业集群网络中企业创新能力提升带来整个集群创新能力的提升，是产业集群保持竞争优势的基础。企业的创新能力来源于集群网络主体间知识和信息，大量异质知识和信息的顺利流动和传播是企业创新能力产生的关键。从深圳工业设计产业集群整体网络结构特征来看，深圳工业设计集群网络的整体知识和信息流动不畅，严重影响了企业创新能力的提高。

一是集群整体网络密度稀疏，集群内信息和知识无法高效扩散。深圳工业设计集群网络同行企业之间出于各自利益的考虑，交流不频繁，尚未形成紧密的关系。行业协会、政府部门及众创空间等主体推动着产业集群中企业加强联系，但是这些主体存在重复建设、功能重合的情况，导致整个网络出现"结构同等性"浪费，企业接收几乎相同的信息和知识，不利于企业新知识的获取与学习，极大地阻碍了企业的创新产生。

二是集群网络中基于距离的凝聚力指数较高，平均最短路径长度较优，企业能够非常快速获取网络中信息。信息和知识的及时传播有利于企业之间的交流和学习，对提高企业创新能力是有利的。

三是集群网络集中度适中，但集群网络主体的角色分配不合理，不利于创新资源的顺利流动。集群网络中产业生态型主体及大企业占据网络中心位置，对网络资源形成一定程度的垄断。行业协会、政府部门、众创空间及高校科研机构掌握关键资源，充当企业间联系的"桥"，但创意产生最主要依靠的是企业，而企业在集群网络当中影响力和资源掌控能力都远不如这些主体，网络主体的角色分配存在不合理现象。同时存在一些占据中心位置、掌握重要资源的大企业，但是这些企业却没有很好地充当好同行企业的"协调者"和"守门人"角色。集群网络中小型设计企业并未从核心主体身上获取到外界的信息，从而居于网络的边缘，缺乏资源和信息，对企业发展不利。

2. 个体网络结构对企业创新能力的影响

影响企业创新能力的因素包含多个层面的内容，不仅包括企业自身的创新投入、创新过程等方面，也包括创新制度、创新的人文环境等区域层面的因素。我们旨在从创意产业集群网络的角度研究网络结构特征及网络主体对企业创新能力的影响，因此选取的自变量为结构特征指标和主体指标。其中，结构特征指标中对企业创新能力具有较大影响的是个体中心位置和网络密度，分别用点度中心度和个体网络密度表示，数据来源于社会网络分析软件 UCINET 输出的测度结果。网络创新主体指标为创意企业与各个网络主体之间联结程度，企业创新能力的衡量主要包括企业创意产品的创新能力，企业创意产品市场的创新能力，企业创意制造的投入能力以及企业员工创新素质、创新意识四个方面，如表 11-2 所示。这两部分采用问卷调查的方法获取数据，企业调查问卷见附录（问卷中提供 5 级李克特量表刻度，1 分—5 分表示程度由低至高，采用企业自评与互评的方式相结合得到数据），各项指标与数据来源如表 11-2 所示。在拟调研的 60 家企业中，其中有 10 家企业已经搬迁，按照原地址无法找到，有 7 家企业拒绝问卷调查。调研最后回收 43 份问卷，其中 3 份无效问卷，40 份有效问卷。

表 11-2 网络特征及创新能力指标与数据来源

一级指标	二级指标	数据来源
网络结构特征	点度中心度	UCINET 输出结果
	个体网络密度	UCINET 输出结果
网络主体特征	与同行企业之间的联结和合作程度	企业自评与互评
	与行业协会之间的联结和合作程度	企业自评与互评
	与高校科研机构之间的联结和合作程度	企业自评与互评
	与政府部门之间的联结和合作程度	企业自评与互评
	与众创空间之间的联结和合作程度	企业自评与互评
企业创新能力	创意产品的创新能力	企业自评与互评
	创意产品市场的创新能力	企业自评与互评
	创意制造的投入能力	企业自评与互评
	企业员工创新素质和创新意识	企业自评与互评

我们将创意能力四项评分加权平均作为因变量，UCINET 中测度出的 40 个工业设计企业的点度中心度、个体网络密度作为其中两个自变量，分别用 X1、X2 表示，同行企业、行业协会、高校科研机构、政府部门与众创空间等网络主体联系程度用 X3、X4、X5、X6、X7 表示。运用 Stata 数据分析软件进行回归分析。由于点度中心度、个体网络密度以及企业与其他网络主体联系程度等变量具有不同的含义，在回归过程中可以认为变量间不存在多重共线性。填写问卷过程存在主观性，尤其是"企业创新能力"这一项，企业

偏向于过高的评价，所以在回归中我们对一些异常值进行了调整和剔除。回归结果如表 11-3 所示。

表 11-3　回归结果

变量和常量	回归系数	T 值	显著性水平
C	-0.134	-0.53	0.603
X1	0.0554	3.29	0.002
X2	0.00485	2.42	0.021
X3	0.215	2.16	0.038
X4	0.169	2.58	0.015
X5	0.0907	2.06	0.047
X6	0.127	1.74	0.092
X7	0.273	3.59	0.001

由回归结果我们可以得知，调整后 $R^2 = 0.7515$，说明建立的多元线性回归方程拟合优度较好，$p < 0.01$，通过假设检验，模型有效。

（1）当通过网络中心性、个体网络密度预测企业创新能力时，均通过显著性检验，标准化 β 分别为 0.0554、0.00485，说明对于网络结构中网络中心性、网络密度均对创意产业集群网络中企业有正向影响，但是影响的力度不是太大。个体网络密度相比较网络中心性，对创意企业创新能力影响更大，可能原因是集群内有些企业虽然同其他主体交流较多，但是其中包含很多冗余的联系，这些联系并没有给企业带来新的知识和信息，以致个体网络密度对企业创新能力的影响非常小。而企业在网络中的中心位置决定了企业能够掌握关键资源和信息，对企业创新能力提升有帮助。

（2）当通过不同网络主体间联系程度预测创新能力时，均通过了显著性检验，标准化 β 分别为 0.215、0.169、0.0907、0.127 及 0.273，企业与不同网络主体之间的联系程度对企业创新能力产生了正向影响，影响程度不一。

一是同行企业，对集群网络中企业创新能力影响较大。同行企业之间的交流是整个企业创新诞生的关键环节，但在调查中发现，深圳市工业设计同行企业之间交流较少，协作机制不健全。同行企业间的交流方式仅限于老板之间的私人交情或共同参加行业活动等偶然性较大的方式，这些方式不利于有效稳定的学习和信息获取，进而阻碍企业创意能力的提升。此外，一些规模大、资金雄厚、创新能力强的大企业之间已经形成了有着稳定联系的小团体，一定程度上排斥其他企业的进入，不利于深圳创意产业整体升级和良性发展。

二是行业协会及政府部门，对集群网络内企业创新能力影响稍弱于众创空间，但是带来不同程度的正向影响。行业协会及政府部门作为整个产业集群网络中重要的中介者，在推动工业设计交流平台建设、制定行规政策、实行奖助政策上发挥着突出作用，不同程度地激励着深圳市工业设计企业的创新发展。

三是高校与科研机构，对企业创新能力影响较小。高校为创意产业发展提供创意人才及创意理论知识，同时高校与创意企业之间共建"校企"合作模式，促进高校知识的市场转化，也为创意产业注入创新活力。一方面深圳市高等教育资源缺乏，尤其是创意设计类人才缺乏，无法满足深圳市创意产业对设计人才的需求。另一方面是高校科研机构与企业之间合作方式单一，合作程度不深，对集群网络内工业设计企业创新能力的影响有限。

四是众创空间，对企业创新能力影响最大。通过调查发现，规模较大的工业设计企业均会通过设立创客服务平台、参加创客大赛及创客交流活动来与众创空间发生联系，从而促进新创意的诞生。这些工业设计企业在产品创新、产品市场创新、员工创新意识等方面能力都较突出。但是集群网络内多数企业与众创空间没有联系，甚至不知道众创空间的存在及功能，导致众创空间资源浪费。同时，深圳众创空间存在发展模式同质化、创意类特色众创空间较少、与产业联结不够密切等问题。

综上所述，创意产业集群网络结构中个体网络中心性、网络密度以及网络中企业与其他主体的联结程度均对集群网络中企业的创新能力带来不同程度正向影响。其中，个体网络密度对企业创新能力较小，因为深圳工业设计企业之间交流限于日常的交流活动，没有进行知识与信息的互动和学习，无法对创新能力有所提升。众创空间、行业协会以及政府部门对企业创新能力提升发挥巨大作用，而高校科研机构作用较小。深圳市创意企业集群网络结构的完善应该重视网络中企业间的创新知识学习以及高校人才、知识的输送。

3. 企业个体对比分析

企业的创新能力是多方面因素综合的结果，除了受集群网络结构和其他网络主体的影响，还会受到自身因素的影响，如企业的规模、性质、资金、人才、设计理念等。我们挑选出深圳工业设计产业集群网络中四家具有代表性的企业，通过对比分析来探讨企业自身因素与集群网络结构综合作用对企业创新能力的影响。

（1）企业基本情况对比

企业 E37 成立于 1999 年，目前拥有约 300 名设计领域人才。经过 20 多年的发展，企业 E37 已经形成了一个集产品策划、创意设计、研究开发、生产制造、采购物流等一体化发展的工业设计集团，在设计产业链上具有强大的综合实力。企业经营以智能家居、医疗器械、智能智造设计为主，服务了近千家国内外客户，成功案例上万，多次获得工业设计奖项。

企业 E4 成立于 2013 年，员工人数在 50 人左右。企业 E4 是全国首个创新设计研究院企业，由科研机构和设计协会共同发起，是我们此次调研中具有代表性的一家事业单位性质的工业设计企业。企业 E4 是政府打造的一个国际化创新设计公共服务平台，提供科技、制造及设计服务，服务企业逾600 家，在全国多地建立分支机构，涉及行业包括轨道交通、机电装配、船舶、电子、医疗器械等。

企业 E16 成立于 2005 年，员工人数在 50 人左右。企业 E16 的前身是深圳市某大型企业旗下的工业产品设计部，2005 年成立独立工业设计公司。企业主营业务是工业产品设计、研发，属于创意设计类企业，其 10%业务来源于原集团，外部客户业务占 90%。

企业 E17 成立于 2013 年，目前拥有员工约 40 人，是一家民营创意设计公司。企业 E17 业务范围为电子产品、日常生活用品、文化用品、礼品的开发与销售。如表 11-4 所示。

表 11-4　企业基本情况对比

企业序号	企业名称	成立年份	员工人数	性质
E37	深圳市浪尖设计有限公司	1999	≥100	民营
E4	深圳创新设计研究院	2013	20~49	事业单位
E16	深圳市麦锡工业产品策划有限公司	2005	50~99	民营
E17	深圳市洛斐客文化有限公司	2013	20~49	民营

（2）个体网络结构特征对比

从表 11-5 中我们可以看到四家企业的三大网络结构特征。企业 E37 点度中心度高于其他三个企业，在整个集群网络中中心性位置突出。企业 E37 同时也具有很高的结构洞，说明其在集群网络内信息和知识等资源的控制上具有优势。企业 E4 中间中心度达到 137.127，是四个企业中乃至整个网络中较高的一家企业，也拥有比 E16、E17 更高的结构洞，这说明企业 E4 在集群网络中充当"中间人"角色，控制网络内大部分资源和信息的流动。

表 11-5　企业网络结构特征对比

企业序号	企业名称	点度中心度	中间中心度	结构洞
E37	深圳市浪尖设计有限公司	18	97.202	12.667
E4	深圳创新设计研究院	13	137.127	10.846
E16	深圳市麦锡工业产品策划有限公司	11	53.276	7.727
E17	深圳市洛斐客文化有限公司	7	42.415	4.714

另外，从企业与高校科研机构、行业协会和政府的联系上来看，企业 E4 的优势非常明显。企业 E4 是政府与行业协会、研究院联合设立的创新设计公共服务平台，与政府、行业协会及科研机构之间联系非常紧密，同时企业 E4 还发起成立了创新设计产业战略联盟，与深圳市内外数十所高校、研究院建立教学实践基地、共同开发创新项目等。企业 E37、E16 也与行业协会和

高校保持一定联系。企业 E37、E16 加入深圳市设计联合会、全国工业设计产业创新联盟等行业协会，设立众创空间、创新孵化中心等创新平台，与同行企业之间保持非常频繁的联系。除此之外，企业 E37 还与深圳高校交流密切，而 E17 在这些联系上都稍弱。我们可以从图 11-1 看出四个企业个体网络密度和在网络中位置的区别。

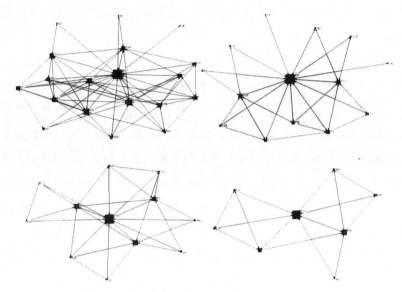

图 11-1　企业 E37，E4，E16，E17 各自的个体中心网

综上所述，企业 E37 在网络中处于中心位置，且掌握资源与知识、网络结构特征对知识积累和创新活动有所帮助。企业 E4 由于具有政府和中介机构性质，中介性高，处于中介位置，对网络内资源控制力较强。企业 E37、E4 及 E16 与高校、行业协会之间的联系都较为紧密，但是 E17 网络整体密度不高，网络结构还有待完善。

（3）产品设计方式及学习情况

企业 E37 在创意产品设计上有先进的设计方式和理念。企业 E37 根据工业设计领域业链上下游特点，构建了综合性、专业化的服务平台。同时企业内部推行换位思考的设计模式，让设计师、客户等设计相关人员参与到创意设计的评估中，通过角色转换的讨论来不断推动产品的创意性与实用性。此外，企业 E37 鼓励员工积极参加协会、众创空间等组织的创新交流活动，鼓励员工发挥个人空间，不断遵循着跨界、协作、交流及学习的设计理念。企业 E4 依托政府力量，积极发挥创新服务功能，积极与深圳高校、科研机构等主体合作，坚持产学研用四位一体，接轨全球创新资源。企业 E16 积极加入行业协会，承办工业设计论坛、工业设计节等行业重大活动，并整合原集团资源，助力自身发展。企业 E17 在设计方式理念及自主交流学习方面都有所欠缺。

（4）产品设计能力和设计成果对比

企业不同的网络结构特征以及自身的基本情况、设计方式和理念等都会使得企业具有不同的创新能力。我们从专利、资质认可、工业设计奖项以及设计产品四个方面对企业创新能力做比较分析，如表 11-6 所示。首先在专利上，企业 E37、E4 都拥有 100 多项发明专利，其中企业 E4 拥有 152 项专利。在资质认可上，企业 E37 被认定为国家级、省级、市级工业设计中心，国家科技部备案众创空间，中国工业设计十佳设计公司等重量级创新资质。企业 E4 被认定为区域工业设计公共服务平台、深圳市工业设计中心等。在工业设计奖项上，企业 E37、E16 多次获得 IF 设计奖、红点设计奖等含金量较高的设计类奖项，E4 获得中国好设计奖。企业 E37 产品以智能家居、医疗器械、智能智造为主，企业 E4 以智能家居、医疗器械、交通船舶、电子产品设计为主，产品创新能力及市场创新能力都较强，而 E16 以智能硬件产品，电脑及其周边产品，小家电等设计产品为主，产品创新力稍弱于企业 E37、E4。企业 E17 产品缺乏创新力、创意不足，产品市场创新能力也极为欠缺。

根据上述分析，我们可知企业自身的规模、性质、设计方式与理念会使企业在集群网络中处于不同的位置，有着不同的网络结构洞和网络密度，从而影响企业的创新能力。

表 11-6 企业设计成果情况表①

序号	名称	专利	资质认可	工业设计奖项	设计产品
E37	深圳市浪尖设计有限公司	121	国家级工业设计中心；国家科学技术部众创空间；广东省工业设计中心；深圳市工业设计中心；中国工业设计十佳设计公司	IF 设计奖；红点设计概念奖；中国创新设计红星奖；中国"金羊奖"；中国创意产业领军企业奖	智能家居：帮厨机器人、斑点猫智能家居系列；医疗器械：瑞华可视胸腹扩张器、斯尔顿眼科 OCT 仪器、彩色多普勒超声诊断仪、基因测序仪；智能智造：一步式光纤切割刀、全自动汽车玻璃预处理生产线
E4	深圳创新设计研究院	152	粤港制造业现代工业设计公共服务平台；深圳市工业设计中心；青年创新创业服务机构；	中国好设计奖	智能家居：机房监测机器人、手持式洗衣机；医疗器械：下肢康复用外骨骼机器人、国内首创抗血栓感应压力仪；交通船舶：地铁照明及相关技术开发、海洋平台工作船设计平台研究；电子：汽车电子关键模块设计
E16	深圳市麦锡工业产品策划有限公司	40	/	IF 设计奖；红星设计概念奖；台湾金点设计奖；中国创新设计红星奖	智能硬件：智能手环、智能摄像头、智能闹钟、电脑及其周边产品；宏基平板电脑、U盘产品设计；小家电：自动上水壶、户外烤炉、智能加热午餐盒
E17	深圳市洛斐客文化有限公司	25	/	/	电子产品：DOT 圆点蓝牙机械键盘、POISON 独奏蓝牙音箱、Candly 拾光灯、Maus 薯片蓝牙鼠标、Digit 糖豆计算器、MAGIC CARPET 魔毯无线充垫

---

① 数据来源：专利检索分析网。

三、深圳创意产业集群创新能力分析

通过上面章节的分析，我们知道创意产业集群网络特征能够影响企业创新能力。产业创新能力的提升是以产业网络内企业创新能力提升为基础的，那么创意产业集群网络对整个创意产业创新能力的影响是怎样的呢？这个问题的解决对于在区域层面提出创意产业创新发展的建议意义重大。基于此，我们将实证分析创意产业集群网络结构特征对深圳创意产业创新能力的影响。

1. 变量选择与模型设定

（1）变量选择

①被解释变量

实证中被解释变量为创意产业的创新能力，用创意产业的增加值来代替。创意产业以创意为核心，而创意凝聚在创意产品上。创意产品的市场规模一定程度上是创意产业创新能力的体现。当创意产品为市场所接受，为整个产业带来较大产值时，说明创意产业的创新能力较强。

②核心解释变量

我们主要站在网络视角研究创新网络结构特征对创意产业创新能力的影响，因此网络结构特征指标是核心解释变量，主要包括网络规模、网络密度两个变量。

网络规模是指创意产业集群联系网络中整个网络规模的大小，网络规模越大，即网络中主体数量多、从业人员多，则有利于创意产业创新的产生。创意产业集群网络中的主体包括创意企业及其他辅助机构。我们在保证数据可得的基础上，选取了人口总量、创意产业从业人数占总从业人数的比重、众创空间数量、知识产权代理机构数量以及普通高校数量来衡量创意产业网络规模。其中，人口总量较大，则创意产业及相关产业从业人数较多，一定程度可以代表创意产业规模。另外，众创空间包含孵化器、创客空间以及创客服务平台。

网络密度衡量的是创意产业集群网络中主体的联系程度。如果网络密度较高，则有利于创意产业中创新资源的流动和传播，从而提高创意产业创新能力。网络中居于中心位置的主体的活动可以提高网络密度，而本研究前面的分析结果显示，中介机构、政府部门在创意产业网络中位置突出。因此，我们主要采用深圳市一些重要的文化创意产业中介服务平台举办活动的参与机构数来作为网络密度的衡量指标。文博会是深圳创意产业交易、展示的重要中介平台，文博会的参展机构数量很大程度上可以反映深圳创意产业机构间的联系密度。文化创意产业发展专项资金资助项目数量则反映政府对创意产业发展的扶持力度，也反映了政府部门与创意企业之间的联系。

③控制变量

我们将创新环境作为控制变量。创新环境是指影响创意产业创新能力的整体环境要素，包括经济环境、科技环境、文化环境、城市开放度以及自然环境五个变量。

城市的经济环境是支撑创意产业发展最重要的基础，城市经济健康持续增长，可以为创意产业发展提供充足动力。我们选取第三产业产值占 GDP 比重、城市居民可支配收入、人均 GDP 三个指标作为衡量城市经济环境的变量。其中，第三产业产值占 GDP 比重是衡量城市经济发展水平高低的重要标志，城市居民可支配收入、人均 GDP 两个变量则是从不同的角度衡量城市经济发展水平。

创意产业发展未来的趋势是文化创意与科技的深度融合，科技进步能够为创意产业发展提供强大的技术支撑。我们选取科研经费支出占 GDP 比重作为衡量城市科技环境的变量。

文化是创意产业的重要内容来源。如果城市文化环境建设得较好，整个城市文化学习氛围较为浓厚，就能够扩大创意来源，促进创意产业发展。城市居民家庭人均教育文化娱乐支出占总消费支出比重反映城市居民对文化生活的投入，图书馆、博物馆和文化馆的数量则反映城市为居民提供的文化服务能力，因此选择这两个指标作为衡量城市文化环境的变量。

城市开放度是吸引创意人才的一个重要条件，一个可以接纳多元人才的城市其开放度较高。我们选取外来人口数量、经济开放度来作为衡量城市开放度的两个变量。

城市的自然环境是城市宜居性的体现，自然环境较好的城市能够吸引创意人才在此定居，进而吸引创意机构在该城市选址。我们采用人均公园绿地面积及空气质量优良天数作为衡量城市自然环境的变量。如表11-7所示。

表 11-7 创意产业集群创新能力影响指标

层次	一级指标	二级指标
创新环境	经济环境（Eco）	第三产业产值占 GDP 比重（%）
		城市居民可支配收入（元/人）
		人均 GDP（元/人）
	科技环境（Tech）	R&D 支出占 GDP 比重（%）
	文化环境（Cul）	城市居民家庭人均教育文化娱乐支出占总消费支出比重（%）
		图书馆、博物馆和文化馆的数量（个）
	城市开放度（OpenD）	外来人口数量（万人）
		经济开放度（外贸依存度和国际投资开放度）（%）
	自然环境（Natu）	人均公园绿地面积（平方米）
		空气质量优良天数（天）
创新网络	网络规模（Size）	人口总量（万人）
		创意产业从业人数占总从业人数的比重（%）
		众创空间（包含孵化器、创客空间、创客服务平台）（个）
		知识产权代理机构数量（家）
		普通高校数量（所）
	网络密度（Density）	文博会参展机构数（个）
		文化创意产业发展专项资金资助项目数量（个）

（2）模型设定

我们采用多元线性回归模型作为模型设定，其中被解释变量用 $Innoc$ 表示，解释变量中经济环境、科技环境、文化环境、城市开放度、自然环境、网络规模、网络密度分别用 Eco、$Tech$、Cul、$OpenD$、$Natu$、$Size$、$Density$ 来表示，回归模型形式如下：

$$Innoc=\beta_1 Eco+\beta_2 Tech+\beta_3 Cul+\beta_4 OpenD+\beta_5 Natu+\beta_6 Size+\beta_7 Density+\varepsilon_i$$

2. 数据选取与处理

模型变量选择过程如前所述（见表 11-7），我们将一级指标归为七类，每个类别下的二级指标通过变异系数法获取相应的权重，同时采用均值化法将数据无量纲化处理。均值化公式为 $x'_i=x_i/\bar{x}_i$，采用均值化法的好处在于：该方法不仅可以消除量纲和数量级影响，而且还保留了各变量取值差异程度上的信息。将每一个类别下经过无量纲化处理的数据乘以对应的权重并加总，得到七个解释变量。

二级指标共为 17 个，考虑数据的可获得性，选取了 2008—2017 年的相关数据，所需数据主要来源于深圳统计年鉴、深圳年鉴、深圳文化产业年鉴、深圳文博会网站、深圳市文体旅游局网站及历年深圳市知识产权发展状况白皮书等。（特别说明：根据学术界的普遍看法及数据的可获得性，经济开放度指标由外贸依存度和国际投资开放度相加所得，外贸依存度用于衡量经济对国际市场依赖程度的高低，计算方法为：对外贸易总额与国民生产总值（GDP）的比值；国际投资开放度是衡量经济对国际资本的依赖程度，计算方法为：FDI 与国民生产总值（GDP）的比值。其中对外贸易总额为当年存量，FDI 是使用永续盘存法调整后的当年存量）。

3. 检验与回归

（1）平稳性检验

在对时间序列数据进行回归时，如果数据是非平稳的（两列时间序列数据表现出一致的变化趋势），会导致回归结果出现伪回归现象，从而影响结论的正确性，因此在回归前需要对数据进行平稳性检验。我们采用 DF 检验法对数据进行单位根检验，结果显示，在 10% 的显著性水平下，八个变量的数据取二阶差分后均是平稳的，因此可以直接对数据进行回归。如表 11-8 所示。

表 11-8　平稳性检验结果

变量名称	统计量	5%临界值	10%临界值	平稳性
Innoc	-1.811	-2.56	-1.613	二阶平稳
Eco	-3.066	-2.56	-1.613	二阶平稳
Tech	-3.811	-2.56	-1.613	二阶平稳
Cul	-3.955	-2.56	-1.613	二阶平稳
OpenD	-1.938	-2.56	-1.613	二阶平稳
Natu	-2.351	-2.56	-1.613	二阶平稳
Size	-3.171	-2.56	-1.613	二阶平稳
Density	-1.761	-2.56	-1.613	二阶平稳

（2）回归分析

运用 Stata 软件对数据进行回归，模型的拟合优度为 86.57%，说明模型拟合较好，$P<0.001$，通过假设检验，模型有效。在显著性水平为 10% 的情况下，七个变量均通过假设检验，具体变量的系数如表 11-9 中回归结果所示。

网络规模及网络密度对创意产业创新能力带来正向影响，影响程度分别为 0.08 与 0.11。其中，网络密度的影响程度比网络规模更大，这说明要提升创意产业创新能力应该大力加强网络主体之间的交流，增强网络主体的联系；而强化联系有赖于中介机构作用的发挥，它可为创意企业搭建信息、资源交流的平台。

另外，除了文化环境这个变量系数为负，其余变量系数均为正，可能的原因是互联网、移动设备、电子阅读器等文化数字载体的出现，使得人们接受文化教育的成本降低，进行文化学习的场所及方式有所改变，因而文化环境中相关指标呈负增长，但这不代表文化环境对创意产业创新的产生不重要。文化内容及载体的变化也为城市文化环境的营建带来新的启发，更新文化设施、改进文化提供方式应是未来的发展方向。在这些控制变量中，科技对创意产业的创新影响达到 2.94，影响力非常大。这证明了科技对创意产业发展的决定性作用，同时也再次说明了以科技创新为主要活动的众创空间对创意产业影响力与日俱增。

表 11-9　回归结果

变量与常量	回归系数	T 值	显著性水平
常量	−2.482173	−19.39	0.003
Eco	0.4258904	10.99	0.008
Tech	2.939552	28.49	0.001
Cul	−0.4817287	−13.43	0.006
OpenD	0.1211573	4.3	0.05
Natu	0.289842	3.3	0.081
Size	0.0823888	11.21	0.008
Density	0.1055985	3.85	0.061

四、小结

综上所述，深圳创意产业集群网络对产业集群创新能力具有重要影响。在创意企业层面，创意产业集群网络整体网络特征中网络密度稀疏，集群内信息和知识无法高效扩散；集群网络中基于距离的凝聚力指数较高，平均最短路径长度较优，集群网络中信息和知识能够及时传播，有利于提高企业创新能力；网络主体角色分配不合理，不利于创新资源的顺利流动；企业的个体网络中心性、网络密度及企业与其他主体的联结度均对企业的创新能力带来不同程度的正向影响，其中众创空间发挥突出作用，深圳市创意企业集群网络结构的完善应该重视网络中企业间的创新知识学习以及高校人才、知识的输送。同时企业自身的规模、性质、设计方式与理念会使企业在集群网络中处于不同的位置，有着不同的网络结构洞和网络密度，从而影响企业的创新能力。在区域层面，深圳创意产业集群网络规模、网络密度均对创意产业创新能力产生正向影响，经济环境、科技环境、自然环境、城市开放度对创新能力提升起到积极作用，尤其是科技环境逐步成为创意产业产生创新的关键。

第十二章

创意城市评价指标体系的构建[①]

随着经济全球化的迅猛发展，不仅加速了各国综合国力的成长，也使得各大城市经济发展的驱动力逐渐发生变化。此前，主要有四种资本理论用于解释城市核心竞争力的问题，即经济（财政）资本、人力资本、社会资本和创造性资本理论。随着网络技术的发展、信息时代的来临，科学技术的创新被认为是新时期促进经济增长的重要因素，引起了普遍关注。国家和城市的发展从制造经济过渡到知识经济，再从信息经济实现到创意经济的飞跃。经济学家罗默于 1986 年指出，新创意会衍生出无穷的新产品、新市场和创造财富的新机会，因而，新创意作为一种生产手段，是推动一国经济成长的原动力。创意城市的兴起就随着创意经济时代的到来真正开始。早在 1988 年，英国创意经济特别小组就前瞻性地提出要把发展创意经济作为国家产业发展策略。联合国教科文组织推出的全球创意城市网络中已有 7 个不同种类的创意都市，截止 2017 年，已有 20 多个国家的 75 个城市被授予不同称号。中国的深圳、上海、北京、武汉均被授予"设计之都"，成都、顺德、鹤岗、澳门则是"美食之都"，杭州、苏州、景德镇被授予"民间手工艺之都"，长沙、青岛、哈尔滨则分别是"媒体艺术之都"、"电影之都"和"音乐之都"。

就目前而言，"创意城市"仍然是一个正在进行时的概念。不仅仅是国内的城市，国外发达创意城市同样也处于一个探究的过程。和传统经济发展模式不同，创意经济的评价指标仍然不确定。宏观经济学已经给我们提供了

---

① 段杰，龙瑚. 城市创意指数的测度及实证分析［J］. 深圳大学学报（理工版），2015，32（3）：296-305. 注明：本章由段杰、龙瑚共同撰写。

诸如国民生产总值、通货膨胀率、失业率等很成熟的评价指标对传统经济的发展做出评价。而创意城市的发展，是从主要依赖自然资源等客体的发展转向重点开发以人为主的知识经济的发展，从主要依赖有形的土地、矿产等要素转向充分利用无形的智力因素、文化性软要素的发展，所以，传统经济的评价指标已经不能对这一新型的经济发展模式进行客观的评价。基于此，找到适合评价我国创意城市发展的方法成为亟待解决的问题。一方面，创意指数评价指标体系的确立能够了解创意城市发展的驱动因素，确立城市纵向发展的方向与目标；另一方面，指标的构建也能够横向比较不同城市创意经济的竞争力，从而能够了解城市的发展水平，为城市决策者提供政策制定的依据。

一、创意指数评价指标体系研究概述

随着创意经济的产生，国内外也已经有学者对创意指数进行研究。创意指数（creative index），又称创意产业竞争力指数，通过创意指数可以直观地了解一个国家、区域或城市创意产业的发展状况和决定创意产业增长的各种影响因素，评价创意产业的竞争力水平。目前国内外较成熟的创意指数研究包括佛罗里达的 3Ts 创意指数、欧洲创意指数、香港创意指数和上海城市创意指数等。这些创意指数在国内外不同区域的实践中得到应用，对创意城市的建设与发展起到了一定的指导作用。

1. 佛罗里达的 3Ts 创意指数

美国学者佛罗里达在《创意阶层的崛起》一书中提出了对创意经济而言非常重要的"3Ts"模型：技术（Technology）、人的才能（Talent）、包容性（Tolerance）。他认为，当前的经济发展是以知识和创意为驱动力，技术是经济发展的核心，人力资本和宽容的环境则起到一定的促进作用。佛罗里达构建的一套创意指数指标体系，主要由下列四个相同权值的因素组成，如表 12-1 所示。

表 12-1　3Ts 创意指数

一级指标	衡量依据
人才指数	创意阶级在就业人口中的比例
创新指数	每人平均专利数
高科技指数	使用美国米肯机构的技术标杆指数
综合多元化指数	同性恋指数：一地区同性恋人口的比例 熔炉指数：移民或在国外出生者占总人口的比例 波西米亚指数：从事艺术创作的相对人口

注：技术标杆指数＝地区高科技产业产出占全国高科技产出的比例×地区高科技产出占当地全部产出的比例

2. 欧洲创意指数和全球创意指数

欧洲创意指数是目前全球范围内最具有影响力的创意指数。这是佛罗里达在"3Ts"理论的基础上，与 Irene Tinagli 合作，将"3Ts"模型进一步延伸到欧洲的成果。他在《创意时代的欧洲》报告中首次采用了"欧洲创意指数"这一概念，其中包括欧洲人才指数、欧洲技术指数、欧洲宽容度指数。作为一项突破性的研究，欧洲创意指数对创意产业的发展、城市竞争力的提升起到了巨大的作用。具体的欧洲创意指数，如表 12-2 所示。

表 12-2　欧洲创意指数及其分指数测算方法

指数	测算项目
欧洲创意指数	各人才、技术和宽容指数的总和得分除以最大得分的比值
欧洲人才指数	创意阶层指数：创意从业人员占全部地区从业人员的比例 人力资本指数：24~64 岁持有学士学位或以上学位的人员比例 科学人才指数：每 1000 人中科学研究人员和工程师人员比例
欧洲科技指数	创新指数：每 10000 人拥有专利数 高科技创新指数：每 10000 人拥有高科技专利数 研发指数：研发支出占国内生产总值比例
欧洲宽容指数	态度指数：度量对少数族群的宽容态度比重 价值指数：度量一个国家或地区中人们不同取向的价值观（例如宗教、民族主义、女权、婚姻、堕胎、权威） 自我表达指数：度量对自我表达、生活质量、民主、信任、休闲、娱乐和文化的态度

在欧洲创意指数研究的基础上，佛罗里达又将"3Ts"模型应用于全球范围内，提出了全球创意指数（Global Creativity Index），指数的衡量与计算方法与欧洲创意指数相同，即人才指数、科技指数、宽容指数。运用该指数体系，佛罗里达等人评价了全球范围内的不同国家的创意竞争力，包括绝大多数欧洲国家、经合组织成员国、主要的亚洲国家如中国和印度。然而，由于发展中国家与发达国家的发展水平仍然存在较大差距，不同国家的国情与文化也不尽相同，将统一的衡量标准运用于各国并不完全合适。

3. 香港创意指数

2004 年，香港大学文化政策研究中心受香港特区政府委托，立足于香港的时代背景，根据其创意经济的发展情况，构建了亚洲地区具有代表性的香港创意指数。香港创意指数的构建创造性地吸收了全球前沿的创意城市评价指标体系，尤其是吸纳了最具有代表性的"3Ts"模型理论以及高实用性的欧洲创意指数。不同于欧洲创意指数，香港创意指数选取了 5 个方面的评价指数，包括：创意成果（manifestation of creativity）、机构/制度资本（structural/institution capital）、人力资本（human capital）、社会资本（social capital）和文化资本（cultural capital）。因此，这一指数组合也称为"5C"模型。这五种因素相互作用的结果即创意成果的成长与发展是依托于其他四种资本的互动，如图 12-1 所示。

香港创意指数的"5C"模型具体分为三级指标，上述 5 个方面即为一级指标，进而设置了 20 个二级指标对一级指标进行阐释，最后三级指标高达88 个，由于指标数过于庞大，下表仅对香港创意指数的一级指标和二级指标进行了相关介绍，并对二级指标的选取依据进行了解释，如表 12-3 所示。

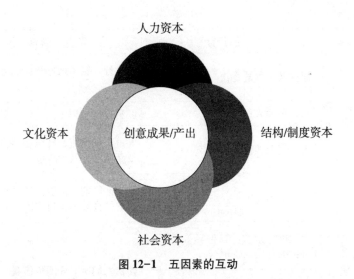

图 12-1　五因素的互动

表 12-3　香港创意指数

一级指标	二级指标	相关解释
创意成果指数（17个分指标）	创意的经济贡献	度量本地创意产业就业人数、交易额和电子商务经济的贡献等
	经济层面富有创意的活动	度量本地商业领域创造性能力以及与申请专利有关的创新活动
	创意活动其他成果	度量创新活动的数量，包括传媒产物、音乐、电影和建筑等
结构/制度资本指数（23个分指标）	司法制度的独立性	确立了规则性和机构性标准，便于思想的反馈、信息的获取和公众的参与
	对贪污的感觉	
	表达意见的自由	
	信息及通讯科技的基础情况	度量社会和文化参与的可用设备，有利于加强社会联系、消息散播和意见交流
	社会及文化基础建设的动力	
	社区设施的可用性	
	金融基础	形成创意经济中经济环境的重要支撑
	企业管理的动力	

一级指标	二级指标	相关解释
人力资本指数 （11 个分指标）	研究及发展的支出与教育支出	度量社区提供增进知识的合适环境的能力
	知识劳动人口	度量地区知识工作者的可得性
	人力资源的流动	度量文化交流、技能和知识传播以及新概念普及的程度
社会资本指数 （21 个分指标）	社会资本发展	测度地区能够吸引、动员和维持创意的社会环境支持力度
	度量网络素质：从世界价值调查得出的习惯与价值	评价人们所遵守的价值观
	度量网络素质：从世界价值调查得出的社区事务的参与	
文化资本指数 （16 个分指标）	文化领域的公共支出和企业捐赠	度量公共部门和企业对创意产业的支持程度
	家庭在文化产品和服务领域的支出	度量地区在创意产业中的投资力度
	公众对创意、艺术教育、人权的态度	度量文化规范和文化价值

4. 上海创意指数

上海创意指数是中国第一个具有权威性地城市创意指标体系，上海创意指数的建立不仅选择性的吸收了欧美等发达国家的创意指数之精华，而且结合了中国具体状况以及上海国际大都市的具体特点。它主要涉及 5 个方面的评价指标，分别是产业规模、科技研发、文化环境、人力资源和社会环境，其中涵盖了 29 个分指标。上海创意指数创造性地提出了不同指标间所占的权重不同；根据各指标对创意产业发展的重要程度，上述 5 个一级指标所占权重分别为 30%、20%、20%、15%、15%，从而有效地反映了不同因素对创意效益的作用效果。29 个二级指标则按照平均分配权重的原则进行加权，具体的上海创意指数，如表 12-4 所示。

表 12-4 上海创意指数

一级指标	二级指标
产业规模指数	创意产业的增加值占全市增加值的百分比
	人均 GDP（按常住人口）
科技研发指数	研究与发展经费占 GDP 比值
	高技术产业拥有自主知识产权产品实现产值占 GDP 比值
	高技术产业自主知识产权拥有率
	每 10 万人发明专利申请数（按常住人口）
	每 10 万人专利申请数（按常住人口）
	市级以上企业技术中心数
文化环境指数	家庭文化消费占全部消费的百分比
	公共图书馆每百万人拥有数（按常住人口）
	艺术表演场所每百万人拥有数（按常住人口）
	博物馆、纪念馆每百万人拥有数（按常住人口）
	人均报纸数量、人均期刊数量（按常住人口）
	人均借阅图书馆图书的数目（按常住人口）
	人均参观博物馆的次数（按常住人口）
	举办国际展览会项目（按常住人口）
人力资源指数	新增劳动力人均受教育年限
	高等教育毛入学率
	每百万高等学校在校生数（按常住人口）
	户籍人口与常住人口比例
	国际旅游入境人数、因私出境人数
	外省市来沪旅游人数

一级指标	二级指标
社会环境指数	全社会劳动生产率（按常住人口）
	社会安全指数
	人均城市基础设施建设投资额（按常住人口）
	每千人国际互联网用户、宽带接入用户数
	每千人移动电话用户数（按常住人口）
	环保投入占 GDP 百分比
	人均公共绿地面积、每百万人拥有的实行免费开放公园数

5. 不同评价指标体系的局限性

从目前的研究来看，无论采用上述任何一个评价指标体系对我国创意城市的发展进行研究，都具有一定的局限性：

佛罗里达的"3Ts"模型及欧洲创意指数的研究背景都是美国、欧洲等发达国家，它们的城市化水平以及现代化程度都比中国等发展中国家要高得多。如果将这一指标体系生搬硬套地用于评价中国创意城市的发展，不但比较难获得所需要的统计数据，而且更有可能会造成研究的结果与客观事实不能一致的情况。

总体而言，香港创意指数涵盖了创意城市很多方面的内容和指标，包括了构成社会基本准则的司法体系、国际公约和惯例，衡量创意城市发展水平的技术和产业指标以及一系列涉及社会公众利益的基础设施指标。但就具体研究而言，88 个分级指标构成的庞大评价体系给数据的搜集造成了一定的难度，而且部分指标难以量化，最终可影响评价分析结果的准确性。

作为填补中国内地创意指数研究空白的上海创意指数也仅仅是基于上海创意经济的发展而确立的，它的很多指标只适用于上海这样的大都市，要将这一评价指标体系横向运用于全国，仍然不具有普适性。

二、创意城市评价指标体系的构建

由于上述不同的评价方法要在全国范围内适用都具有一定不足之处，因此，为了科学、合理、客观、公正地评价不同城市的创意经济发展水平，就要建立一个符合中国国情，并使得各大城市之间可以进行横向比较的创意城市评价指标体系。

评价一个创意城市的发展涉及众多的因素和变量（如经济、教育、文化等），由此可知构建的评价指标体系必然是一个庞大而复杂的系统。因此，要科学地构建创意城市评价指标体系并不是一项简单的工作，应遵循以下基本原则：

（1）科学性与准确性相结合的原则

科学性原则体现在所构建的评价指标体系符合城市发展的客观规律，所选取的指标符合逻辑。换句话说，指标体系的设计必须建立在一定的理论模型的基础上。理论模型是构建指标体系的核心，只有依据科学合理的理论模型才能把众多不同的评价指标组建成一个有机的系统，形成真正意义上的指标体系。在满足科学性原则的基础上还要满足准确性的要求。准确性原则要求，根据理论模型选取的评价指标，概念要明确、清晰，反映指标的数据一定要真实、可靠，尽量减少人为因素干扰，缩小误差，使评价结果更具有权威性。

（2）系统性与条理性相结合的原则

创意城市评价指标体系所涉的方面众多，是一个内容广泛、层次多、维度广的复杂有机整体。系统性原则要求所选取的指标能涵盖整个指标体系的所有方面，能够全面、系统地描述创意城市的总体发展水平和特征。与系统性相对应的就是条理性，指标的设置要按照一定的逻辑顺序，从总目标出发，条理清晰地对要素进行分解，逐层建立完整的指标体系。

（3）普适性与可比性相结合的原则

普适性原则就是要求所构建的评价指标体系能够适用于我国的各大城市。目前几大成熟的创意指数都有其自身的局限性，要将它们广泛运用于全国就违背了科学性的原则。因此，所建立的评价指标体系要能够适用于任何一个对象，并能直观地反映出各个地区创意经济的发展水平。同时，在遵循普适性原则的基础上还要与可比性原则相结合。可比性包括两个方面：一个是不同时间段的纵向比较；另一个是不同地区或城市之间的横向比较。构建创意城市评价指标体系的意义就在于通过衡量城市创意经济的发展，并且与其他城市进行比较，从而制定相应的政策促进区域间的发展。这就要求选取指标的统计口径要一致，尽量选择随着经济社会发展而变化显著的通用指标，如果违背了可比性的原则，构建指标体系的意义也就消失了。

三、构建创意城市评价指标体系的理论模型

创意经济作为区域发展新的增长点，是发展创意城市的有效依托。对一个城市创意发展水平进行评价，本质上也就是衡量创意经济的价值增值程度。本研究试图以迈克尔·波特的价值链理论为基本模型构建创意城市评价指标体系。

1. 价值链理论述评

价值链的概念是美国哈佛大学商学院教授迈克尔·波特1985年在其著作《竞争优势》中首次提出，他认为，每一个企业都是用来进行设计、生产、营销、交货等过程及对产品起辅助作用的各种相互分离的活动的集合，所有这些活动都可以通过价值链表现出来。单个企业的基础价值链通常由特定方式的五种基本活动和四种辅助活动构成（见图12-2）。

价值链理论继承了弗里德曼提出的比较优势这一概念，颠覆了传统的"木桶理论"。木桶理论认为决定事物发展的根本是其"短板"，从而更强调

"补短"的必要性；相反，价值链理论则认为企业在经营活动中实现的价值增值，本质上是来自企业价值链上某些特定环节的价值活动，而这些环节就是相较于其他企业更具有竞争优势的增值环节。企业要想创造更多利润，追求更长远的发展，不需要在企业所有的环节上都保持优势，应该更加注重原有"长板"的加长，强化和优化具有比较优势的关键环节。

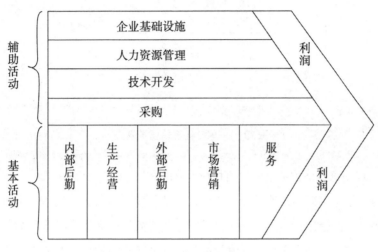

图 12-2 基本价值链

2. 创意经济价值链

（1）创意经济价值链系统

波特的价值链理论同样适合于创意经济的分析，但是由于创意经济的特殊性，在表现形式上与传统意义上的价值链仍有所差异。创意经济的显著特点就是具有原创性，有效利用无形的创意思维、先进的科学技术以及创意阶层的知识储备，从而规模化地生产并推广具有创新性的产品与服务。本研究基于传统价值链理论，将创意经济的价值链概括为以经济资本、人力资本、文化资本、技术资本、产业资本、社会环境、制度环境等七大支撑条件为基础，形成内容创意、生产制造、营销推广、传播分销和交换消费这一系列环节的价值传递链，如图 12-3 所示。

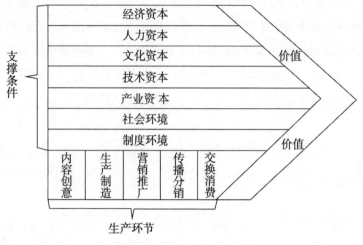

图 12-3　创意经济价值链系统

（2）创意经济价值链的主要构成要素

内容创意：即知识创意源，是创意产品研发的动机，必须体现出原创性和创新性。内容创意的主要依托力量就是创意阶层，通过发挥他们的创意思维，首先实现了创意产品的价值创造，并且创意经济的价值增值部分也主要体现在其创意源的知识含量之中。此外，内容创意是创意经济价值链的第一环节，在整个价值链系统中起关键作用，在任何情况下都控制着整个链条。

生产制造：创意产品是内容创意的载体，要将无形的创意资本转化为有形的实际财富，就必须将创意转化为实体产品。因此，创意企业需要利用先进的技术和相关工艺流程生产出创意产品，并且在前景良好的情况下进行批量化生产，从而实现规模经济效应。

营销推广：创意产品作为一个新型的产品，要想被热销，并且被大众广为熟悉，就必须通过市场化运作。市场为消费者了解产品性能提供了场所，也为创意企业实现价值提供了平台。在市场中，营销推广的主体是产品推广策划人、经纪人、传媒中介人和代理商等，他们运用各式各样的营销手段，尽可能地吸引更多消费者，从而将创意产品或服务的价值让渡给消费者。

传播分销：要将创意产品变成创意产业，增强产品对公众的辐射力和影响力，就必须构建开阔的传播渠道。实现产品在一定区域内的价值增值关键要依靠渠道的市场化运作。传播渠道市场化运作的主体主要是报刊、电台、电影和电视的播映机构以及网络运营商等。

交换消费：消费者是创意经济价值链的最终决定环节，对整个价值链具有反馈和互动的作用。创意产业是以创意为核心，提供的通常也是以文化创意为主的产品。不同于传统的功能性商品，消费者对某一创意产品的需求不仅仅体现了商品的使用价值，而且能够对它的创意效果进行检验。一件创意产品只有能够引起消费者较高的购买兴趣和欲望，才能实现显著的价值增值。

（3）创意经济价值链的七大支撑条件

经济资本：创意经济中的经济资本主要包括两个方面。一方面是创意型企业发展的资金投入。资金总额应该是创意产业发展的基础条件，设备的购置、技术的研发、创意人才的聚集都需要资金的投入，资金的缺乏将严重制约创意经济的发展。另一方面是消费者对创意产品的消费能力。消费者的购买力欠缺，价值链终端的价值增值将无法实现，创意经济的活力也就不能体现。

人力资本：一个城市的创意程度主要反映在创意产业的发展水平上，而创意产业的发展则需要依靠创意人才的力量。创意人才具有很强的创新能力，能够将新颖的思维以及国际尖端的技术运用于创作或创意产品的生产制造中。

文化资本：无论是优秀的创意产品还是创意演出，不可能是天马行空、随意发挥的，其中一定被赋予了文化的内涵。尽管创意产品的最终目的是实现价值的增值，但其中注入的文化要素也不容忽视。当文化作为创意经济的载体，消费者可以享受与众不同的知识新体验，提高产品或服务的创意价值。

技术资本：先进的科学技术是创意经济的重要支撑条件。创意产品的主要消费客群以年轻消费者为主，一件产品的实用性已经不能完全满足年轻一代的要求，他们追逐时尚、乐于创新。以 iPhone 为例，每一款新产品的发布都能吸引到大量追随者，这就要求创意型企业必须不断地利用高新技术对所属产品推陈出新，才能维持消费者对其品牌的忠诚度以及激励企业不断发展壮大。

产业资本：产业关联的实质是指产业间以各种投入品和产出品为连接纽带的技术经济联系，这种技术经济联系和联系方式可以是实物形态，也可以是价值形态。创意产业通过与其他产业的关联（如旅游业、金融业）而实现共赢。

社会环境：影响创意价值链的社会环境也包含两个方面。其一是指未经修饰的自然环境，其二是指公共社会环境，满足人们衣食住行的基础设施等。通过观察一个区域内社会环境的优劣，能够合理地判断该地区是否能够吸引创意阶层，是否有利于创意经济的发展。

制度环境：对于一个城市而言，制度支持将是其发展创意经济的助燃剂，能够得到相关政策的支撑，创意经济的发展可以少走弯路，从而提升城市竞争力。

3. 基于价值链理论的创意城市评价指标体系的构建

一般而言，评价一个城市的创意竞争力也就是衡量这个城市的创意经济发展水平。根据创意经济的价值链理论模型，创意经济的价值增值源于内容创意，进而形成创意资本；而后通过生产制造环节，将创意资本转移到创意产品或服务当中；最后创意产品经过市场化运作传递到消费者手中，实现其最终的价值。但是这一系列的环节不可能脱离其他限制因素而独立完成，上述七大支撑条件是重要的影响因素，它们的相互作用决定了创意产业的价值增值能否实现。基于此，本研究在构建创意城市评价指标体系过程中，将这七大支撑条件作为一级指标，并将这7个一级指标展开为19个二级指标，从而构成了能比较全面评价城市创意竞争力的指标体系，如表12-5所示。

表 12-5 创意城市评价指标体系

一级指标	二级指标	计量单位
经济资本	X1. 第三产业占全市 GDP 的比重	%
	X2. 全市年人均可支配收入（按常住人口计算）	万元
	X3. 居民人均教育文化娱乐服务消费占全部消费的百分比	%
人力资本	X4. 每十万人中具有大学程度的人数（按常住人口计算）	人
	X5. 创意产业从业人数占城市总就业人数的比重	%
文化资本	X6. 每百万人口所拥有的图书馆数量（按常住人口计算）	个
	X7. 每百万人口所拥有的影剧院数量（按常住人口计算）	个
	X8. A 级旅游景区数量	个
技术资本	X9. 每十万人专利授权数（按常住人口计算）	项
	X10. 每万人口互联网用户数（按常住人口计算）	个
产业资本	X11. 全市拥有文化创意产业园区数量	个
	X12. 旅游产业总收入	亿元
社会环境	X13. 人均道路面积	平方米
	X14. 人均住房面积	平方米
	X15. 每万人拥有的公共交通工具数量（按常住人口计算）	辆
制度环境	X16. 公共财政支出中教育支出的百分比	%
	X17. 公共财政支出中科学技术支出的百分比	%
	X18. 公共财政支出中文化体育传媒支出的百分比	%

本研究将根据这一指标体系，先对所获取的不同量纲的数据进行标准化处理；再采用变异系数加权确定每个指标的权重；最后，运用 TOPSIS 分析法，对这些指标进行综合评分并将创意城市按照综合得分排序，从而得出不同城市创意水平的总体评价。

四、创意城市评价指标体系构建实证分析[①]

1. 变异系数权重法和 TOPSIS 法确定城市创意指数计算模型

TOPSIS 法，即逼近于理想解排序法，它是一种能将多指标进行综合评价的方法。此方法的基本思路已在第七章进行详细说明，这里不再赘述。具体分析步骤如下：

（1）计算模型的建立

设有 n 个待评价的城市，每个城市有 m 个评价指标，则评价指标特征值矩阵为：

$$A = \begin{bmatrix} X_{11} & X_{12} & \cdots & X_{1m} \\ X_{21} & X_{22} & \cdots & X_{2m} \\ \cdots & \cdots & \cdots & \cdots \\ X_{n1} & X_{n2} & \cdots & X_{nm} \end{bmatrix} \tag{1}$$

$$(i=1, 2, \cdots, n; j=1, 2, \cdots, m)$$

其中，X_{ij} 为第 i 个城市对应的表 12-5 中第 j 个评价指标。

由 A 可以构成规范化的矩阵 Z'，其元素为 Z'_{ij}：

$$Z'_{ij} = X_{ij} / \sqrt{\sum_{i=1}^{n} X_{ij}^2} \quad (i=1, 2, \cdots, n) \tag{2}$$

构造规范化的加权矩阵 Z，其元素为 Zij：

$$Z_{ij} = W_j Z'_{ij} \quad (i=1,2,\cdots,n; j=1,2,\cdots,m) \tag{3}$$

下面利用变异系数法来求各个评价指标的权重 W_j。

计算第 j 个评价指标的变异系数：

$$\delta_j = D/X_j \tag{4}$$

计算第 j 个评价指标的权重：

$$W_j = \delta_j / \sum_{j=1}^{m} \delta_j \tag{5}$$

---

① 段杰，龙瑚. 城市创意指数的测度及实证分析 [J]. 深圳大学学报（理工版），2015，32（3）：296-305.

式中：δ_j 为第 j 个评价指标的变异系数；D 为第 j 个评价指标特征值的均方差。

$$D = \sqrt{\frac{1}{n} \sum_{i=1}^{n} (X_I - \overline{X}_j)^2} \qquad (6)$$

式中：$\overline{X}$ 为第 j 个评价指标特征值的均值。

$$\overline{X}_j = \frac{1}{n} \sum_{i=1}^{n} X_{ij} \qquad (7)$$

确定理想解和负理想解。设 J 代表越大越优型目标集，J′ 代表越小越优型目标集，则：

$$Z^+ = \left\{ (\max_i Z_{ij}, j \in J), \min_i Z_{ij}, j \in J' \,|\, i = 1, 2, \cdots, n \right\}$$
$$= \{ Z_1^+, Z_2^+ \cdots Z_m^+ \} \qquad (8)$$

$$Z^- = \left\{ (\max_i Z_{ij}, j \in J), \min_i Z_{ij}, j \in J' \,|\, i = 1, 2, \cdots, n \right\}$$
$$= \{ Z_1^-, Z_2^- \cdots Z_m^- \} \qquad (9)$$

计算每个城市的指标集到理想解的距离 S_i^+ 和到负理想解的距离 S_i^-：

$$S_i^+ = \sqrt{\sum_{j=1}^{m} (Z_{ij} - Z_j^+)^2} \quad (i = 1, 2, \cdots, n) \qquad (10)$$

$$S_i^- = \sqrt{\sum_{j=1}^{m} (Z_{ij} - Z_j^-)^2} \quad (i = 1, 2, \cdots, n) \qquad (11)$$

计算每个城市综合评价接近于理想解的相对贴近度 C_i^*：

$$C_i^* = S_i^- / (S_i^- + S_i^+) \quad 0 \leqslant C_i^* \leqslant 1 \quad (i = 1, 2, \cdots, n) \qquad (12)$$

若一个城市的综合评价与理想解重合，则相应的 $C_i^* = 1$；若一个城市的综合评价与负理想解重合，则相应的 $C_i^* = 0$。最后根据 C_i^* 的最终得分，对不同城市的创意水平进行排名：C_i^* 数值越大，表明排名越靠前，城市创意水平越高；相反，C_i^* 数值越小，则排名越靠后，城市创意水平不高。

2. 城市创意指数评价体系的实证分析

（1）指标数据的选取

为保证城市的可比性以及数据的可获得性，本研究综合考虑了加入全球创意城市网络的中国城市、是否将创意产业作为城市支柱产业、数据可获得性、文章篇幅限制等影响因素，选取具有代表性的 20 个城市的相关数据，数据来源于 2014 年《中国统计年鉴》和《中国城市统计年鉴》。

（2）实证分析过程

（1）利用（2）式计算各指标的标准化值；

（2）利用（4）～（7）式确定各评价指标权重；

（3）利用（8）～（12）式，计算方案与理想方案 S_i^+、负理想方案 S_i^-、相对贴近度 C_i^*。

表 12-6　20 城市创意指标的标准化结果

城市	深圳	上海	北京	广州	天津	苏州	重庆	成都	杭州	武汉
X1	0.243	0.264	0.335	0.278	0.206	0.193	0.166	0.215	0.220	0.209
X2	0.275	0.271	0.246	0.257	0.200	0.253	0.155	0.183	0.253	0.183
X3	0.186	0.238	0.258	0.246	0.188	0.283	0.149	0.205	0.220	0.215
X4	0.337	0.334	0.398	0.340	0.107	0.176	0.063	0.089	0.236	0.046
X5	0.201	0.261	0.375	0.229	0.208	0.166	0.103	0.198	0.225	0.300
X6	0.048	0.239	0.398	0.398	0.048	0.064	0.048	0.064	0.366	0.366
X7	0.037	0.254	0.639	0.133	0.264	0.161	0.403	0.171	0.124	0.109
X8	0.244	0.128	0.146	0.244	0.268	0.134	0.183	0.195	0.207	0.207
X9	0.253	0.118	0.134	0.366	0.077	0.509	0.038	0.126	0.253	0.074
X10	0.376	0.356	0.341	0.380	0.314	0.130	0.345	0.091	0.138	0.149
X11	0.328	0.669	0.428	0.205	0.192	0.248	0.112	0.081	0.056	0.130
X12	0.119	0.518	0.515	0.271	0.236	0.195	0.236	0.143	0.198	0.198
X13	0.145	0.271	0.179	0.143	0.257	0.449	0.149	0.075	0.086	0.206
X14	0.204	0.126	0.214	0.164	0.253	0.249	0.235	0.241	0.251	0.245
X15	0.226	0.194	0.194	0.210	0.258	0.097	0.048	0.097	0.129	0.113
X16	0.207	0.205	0.226	0.219	0.234	0.214	0.205	0.218	0.247	0.202
X17	0.284	0.328	0.300	0.217	0.200	0.334	0.056	0.306	0.284	0.134
X18	0.230	0.186	0.416	0.219	0.186	0.241	0.121	0.208	0.285	0.175

城市	宁波	西安	青岛	长沙	厦门	南京	哈尔滨	昆明	大连	无锡
X1	0.184	0.228	0.214	0.173	0.220	0.234	0.231	0.214	0.182	0.198
X2	0.256	0.202	0.217	0.209	0.253	0.245	0.152	0.170	0.186	0.241
X3	0.235	0.240	0.170	0.228	0.178	0.315	0.184	0.210	0.197	0.258
X4	0.179	0.072	0.320	0.355	0.159	0.130	0.095	0.084	0.208	0.148
X5	0.123	0.262	0.177	0.228	0.212	0.311	0.175	0.182	0.207	0.153
X6	0.056	0.203	0.350	0.060	0.134	0.119	0.067	0.102	0.105	0.340
X7	0.124	0.155	0.205	0.084	0.053	0.164	0.195	0.028	0.136	0.136
X8	0.192	0.214	0.179	0.222	0.333	0.254	0.233	0.318	0.255	0.189
X9	0.425	0.022	0.078	0.086	0.112	0.125	0.054	0.030	0.012	0.437
X10	0.151	0.176	0.119	0.098	0.170	0.160	0.081	0.129	0.102	0.144
X11	0.136	0.068	0.056	0.037	0.050	0.192	0.037	0.068	0.019	0.093
X12	0.122	0.093	0.115	0.111	0.077	0.181	0.079	0.061	0.109	0.146
X13	0.294	0.215	0.306	0.221	0.261	0.312	0.154	0.139	0.086	0.132
X14	0.129	0.241	0.204	0.232	0.244	0.228	0.179	0.256	0.240	0.266
X15	0.129	0.254	0.206	0.344	0.404	0.233	0.145	0.417	0.227	0.081
X16	0.226	0.239	0.247	0.247	0.202	0.214	0.243	0.230	0.203	0.236
X17	0.218	0.055	0.126	0.149	0.167	0.253	0.111	0.106	0.245	0.253
X18	0.169	0.258	0.210	0.135	0.208	0.297	0.146	0.110	0.160	0.283

表 12-7 根据变异系数法确定的各指标权重

一级指标	经济资本			人力资本		文化资本			技术资本	
权重	0.104			0.156		0.204			0.155	
二级指标	X1	X2	X3	X4	X5	X6	X7	X8	X9	X10
权重	0.04	0.03	0.04	0.07	0.09	0.09	0.08	0.03	0.09	0.06
一级指标	社会环境			产业资本		制度环境				
权重	0.098			0.181		0.091				
二级指标	X13	X14	X15	X11	X12	X16	X17	X18		
权重	0.04	0.02	0.04	0.10	0.08	0.03	0.02	0.04		

表 12-8 最终确定的各城市创意评分及排名

城市	S_i^+	S_i^-	C_i^*	排名	城市	S_i^+	S_i^-	C_i^*	排名
北京	0.055	0.098	0.642	1	南京	0.096	0.039	0.288	11
上海	0.061	0.097	0.613	2	青岛	0.106	0.043	0.288	12
广州	0.081	0.067	0.454	3	武汉	0.105	0.038	0.265	13
深圳	0.085	0.069	0.450	4	长沙	0.116	0.032	0.219	14
苏州	0.090	0.057	0.385	5	厦门	0.114	0.031	0.217	15
无锡	0.096	0.058	0.377	6	西安	0.113	0.027	0.193	16
宁波	0.098	0.052	0.349	7	成都	0.111	0.026	0.188	17
杭州	0.101	0.047	0.318	8	昆明	0.121	0.026	0.175	18
天津	0.095	0.042	0.306	9	大连	0.119	0.023	0.162	19
重庆	0.105	0.043	0.291	10	哈尔滨	0.117	0.019	0.140	20

由表 12-8 可见，本研究所选取的 20 个主要城市排名中，北京的综合创意指数最高，为 0.642，其次是上海，为 0.614；广州和深圳的排名分列三四名；江浙一带的苏州、无锡、宁波和杭州等综合创意指数居于中上水平；其他各城市排名则相对落后。显然，不可能一个城市在所有指标上均处于优势，只可能是其综合水平表现最佳。

一方面，就整体情况而言，排名靠前的城市，各项指标的数据都相对较高。以北京为例，18 个二级指标中，有 6 个指标均排名第一，占比约三成以上，剩余的 19 个城市中，没有一个能超过这一比例。

另一方面，排名的前后，也取决于各项指标的权重，根据变异系数法确定的各指标权重能够明晰它们的相对重要性（表 12-7）。首先，文化资本和产业资本分别占有较大比重，说明它们在创意城市的发展中具有重要地位。就文化资本的表现形式来看，北京、上海和广州三地的图书馆和博物馆数量均排名靠前，表明城市发展创意经济，文化在其中的作用不断增强。产业资本方面：针对创意经济贡献值较大的创意产业本身而言，综合得分前两位的北京和上海，其创意园区数量也分居第二和第一位，而创意园区即创意产业发展的重要载体，可见创意产业的发展水平愈高的城市其创意综合能力愈强；北京与上海的旅游产业总收入均超过 3000 亿元，是其他城市的两倍甚至三倍，其联动效应的强劲进一步促进了城市创意水平的提升。其次，技术资本与人力资本居于次要地位。创意经济的显著特征就是从依赖自然资源等客体转向重点研发科学技术为主的知识经济，从依赖有形的土地和矿产等要素转向充分利用无形的智力因素的发展，因此技术与人才的重要性毋庸置疑。以广州为例，无论是技术资本还是人力资本其表现都非常抢眼，人力资本得分略低于北京，而技术资本的得分位居 20 个城市中的首位，尽管文化资本、产业资本并没有京沪更具优势，但其创意综合排名仍然非常靠前，这主要源于技术资本与人力资本的重要性。最后，经济资本、社会环境与制度环境三者的权重相当，它们对创意城市发展的影响相对较弱，其主要原因是，这三者不单是城市创意水平发展的基础，也是城市其他方面发展的保障。它们虽不如其他指标权重高，但也不可或缺，要发展创意产业、进行科技研发、吸引创意人才，仍需有社会资本与制度政策的支撑。因此，一个城市要提高其综合创意指数，需采取有针对性的政策，设法提升评价指标体系中的各个数据。

研究基于波特的价值链理论模型构建了包括 7 个一级指标和 18 个二级指标的城市创意指数评价指标体系，并采用变异系数加权法和 TOPSIS 分析法对 20 个城市的数据进行实证研究，分析影响城市创意水平发展的驱动因素。结果表明，评价指标体系中经济资本、人力资本、文化资本、技术资本、产业资本、社会环境与制度环境 7 个影响因素与创意城市的发展均呈正相关。其中，文化资本和产业资本是最重要的影响因素；技术资本与人力资本居于次要地位；经济资本、社会环境与制度环境三者的权重相当，它们对创意城市发展的影响相对较弱。其中任何一个因素的有利变化，都对城市创意水平的发展起到促进作用。通常，一个城市要提升其创意水平，首先要有完善的社会环境和经济资本作为支撑，其次要有浓郁的文化氛围和发达的文化创意产业，最后通过创意人才的不断创新与实践进一步促进创意城市的繁荣。

第十三章

策略与建议[①]

　　创意产业集聚发展不断推进城市空间转型速度，拓展城市功能；而城市空间重构则为创意产业集聚增长提供良好基础，加速其演化进程。针对创意产业集聚和城市空间互动过程中产生的问题，结合两者发展过程的主要关联因素，在引导创意产业集群进一步演化的过程中，要明确园区定位，整合园区规划，同时着重从强化行业科技对创意产业的推动作用、提高人才素质、增加创意产业产品需求量等方面建设，通过创意产业集群化发展促进园区演化，进而推动城市空间转型重构。本研究从空间载体、技术、文化、人才、产业发展等几个方面有针对性地提出相应建议，以期对创意产业集群的健康发展起到积极的推进作用，使得规模经济效应、创新效应、竞合效应等集群效应更显著，创意产业集群与创意城市的发展更具有竞争力。[②]

一、优化城市空间布局，培育特色创意产业集聚区[③]

1. 依托市场要素，建立创意集聚区

很多经济活动的发生都依赖于市场的自发性，类似的自发力量能够促成

---

①　本章由段杰、朱丽萍、龙瑚、粟伟共同撰写。

②　朱丽萍. 深圳创意产业园演化与城市空间转型研究［D］. 深圳：深圳大学，2014：65-69.

③　龙瑚. 组织生态视角下创意产业集群形成机制和效应研究［D］. 深圳：深圳大学，2016：61-67.

集群的形成，即消费者对创意产品或服务的需求因市场的主导作用能够形成天然的创意产业集聚区。依托市场机制，通过建立具有地方特色的产业园，能够聚集一批竞争力强的创意企业，相比于政府强制规划建立，这更易形成规模，减少政府招商引资的成本，并且能凸显地方特色，让创意产业集群更加良性发展。例如北京的潘家园古玩交易园区，最早始于1992年，是早期的旧货交易市场，后期随着古玩行业的发展、收藏事业的日益繁荣，旧货市场周边陆续建设了多家古玩旧货场所，经过长期的经营，让潘家园片区自发形成了古玩艺术品交易园区。

2. 依托历史资源，培育特色集聚区

城市的形成是一个长期而又曲折的过程，这一历史过程中必然积累了丰富的精神文明遗产，以及城市更新进程中留下的古老建筑，这些历史资源都为创意产业集群的形成奠定了坚实的空间基础。通过对历史资源的妥善保存与合理利用，能够打造独具风格的创意产业集聚区。如法国的左岸，海明威坐过的椅子上、萨特写作的路灯、毕加索发过呆的窗口都仍然存在，如此充满历史与浪漫文艺气息的区域，必将吸引一大批艺术家或艺术机构的汇聚。另一方面，国内外也有很多创意产业集聚区是在城市更新中形成和发展起来的，如美国纽约的SOHO，原是纽约19世纪最集中的工厂与工业仓库区，如今已是艺术风格独特的创意街区。北京的798艺术区的演变和美国SOHO类似，现在也成为全国著名的艺术家聚集地。

3. 强化载体的空间布局，增强连贯性

空间载体模式的创新以及对现有空间的优化能促进创意产业集群的形成。通过建立多样化的空间格局，增强连贯性，满足创意从业人员的差异化空间需求。就园区层面而言，提议通过点、线、面等多种空间形式，塑造"整体协调，特色彰显"的户外公共活动空间。例如，建筑设计的创意人员需要能满足其交流及勾勒草图的互动空间；音乐创作表演的创意人员需要能满足其表演需求的公共舞台和观众场地空间；艺术家需要有构思与冥想的场

所。总之,创意产业集群的空间载体在规划时,要考虑不同行业所需个性的公共空间与整体园区协调统一的关系。

就城市层面而言,政府应该发挥引导者作用,出台相应规划,将创意产业园的空间规划纳入城市空间范畴进行整合,使园区内外空间符合连贯性要求。创意产业园不能脱离城市的整体布局而以独立封闭的空间形式存在,即园区空间规划要改变以自身空间主轴分布的结构,形成以面向城市区域空间主轴的布局。为了形成开放性布局,园区内的边缘空间可以改变为直接面向城市主次干道的空间,将产业园区规划与城市规划融为一体。但是,由于园区空间的全面开放在现实的管理上难以实现,可考虑在园区周围设置公共展览空间,方便外来游客与创意阶层的交流,为创意阶层获得市场需求的信息提供可能性,实现园区公共空间承担的城市文化传承和城市公共活动的职能。

二、提升产业价值链,营造创意产业发展的良好环境

构建创意城市,离不开创意产业的健康发展。实际上,创意城市正是建立在创意产业持续发展基础之上的。

1. 优化产业结构,完善和提升创意产业价值链[①]

一条完整的创意产业价值链,大致可以分为:创意生成阶段、产品生产制造阶段、营销推广传播阶段,最终到达消费者。这几个部分相互衔接、互为关联。创意生成是整个创意产业价值链的上游环节,生产制造是其中游环节,而最下游的环节就是推广以致最终到达消费者的阶段。一个地区创意产业的发展程度以及在国际上的地位,很大程度上取决于该地区的创意产业是否属于价值链的上游环节。目前深圳的创意产业仍然以加工制作的中间环节

----

① 粟伟.价值链视角下深圳创意产业集聚与经济增长研究 [D]. 深圳:深圳大学,2014:63-66.

为主，上游环节的高端创意生产明显不足，终端的营销推广能力有所欠缺。深圳在发展创意产业的过程中，必须优化整个经济结构体系，打造出一条完整的创意产业价值链，在整体上提升深圳创意产业的竞争力水平。

完善创意产业价值链，不是在规模上简单地复制，而是结合深圳创意产业发展的现状，逐步调整创意产业的价值链构成，探索适合深圳创意产业发展的深圳模式。一方面，生产加工制作是目前深圳创意产业的优势所在，根据价值链"微笑曲线"，创意产业价值链的中游环节又是价值量最低的环节，因而，单纯的依赖生产制作环节不可能成为深圳创意产业发展的未来趋势，深圳创意产业的未来，更多的还是需要原创，通过创新来占据创意产业价值链的上游创造环节。另一方面，目前深圳创意产业的发展很大程度上得益于其繁荣的制造业，如果现阶段放弃创意产业价值链的中游环节，整个深圳创意产业将会陷入彻底的困境。深圳应该继续重视中游价值链的制造环节，同时，完善相应的制度和市场机制，打造具有国际影响力的深圳品牌。在创意产业的发展过程中，依赖深圳的品牌效应，在吸收国外经验的基础上，发展自己的原创特色，向创意产业价值链的上游阶段进入，这才是深圳创意产业未来的发展方向。

2. 推动政策制定从行政向环境营造转变

从国际经验来看，美国非常强调创意产品从生产到销售高度的市场化和政府干预的最小化。韩国和日本以及其他西方国家则强调政府调控和市场调控并行。政府通过政策、法律法规调控文化创意产业以及文化市场，规划和管理文化创意产业的发展和市场秩序，与市场主导和市场配置、市场调控的思路是完全兼容的，不仅不矛盾，而且可以相互促进、相得益彰。

创意产业发展初期，政府领路，扶持企业上马是可行的，也是非常有必要的。但是，产业的发展的中期，企业一旦上路，市场的调控力量就应该显现出来。政府应该及时转变自身的功能和角色，将文化创意产业的发展思路由"政府经营"转向"政府服务"。规范创意产业市场，创造良好的产业发展环境，为文化创意产业提供各种公共服务。

用政策、法律法规来调整规范和建立合理的政府与市场的关系，进一步发挥市场在资源配置中的主导作用。这并非是让政府对创意产业和文化市场无所作为和完全放任，而是强调政府要在宏观层面通过法律法规和政策杠杆管理文化创意产业，扶持文化创意产业的发展。

3. 构建有益产业发展的协调机制和专责机构

文化创意产业具有很强的跨界特征，从发达国家和地区的实践经验来看，制定文化创意产业政策的相关部门越来越广泛。制定政策时互相配合、互相协调显得越来越重要。

从长远看，按照决策、执行和监督既相互制约又相互协调的原则，应该建立一个适合文化传承创新与市场经济发展的政府治理模式，逐渐扩大文化管理部门的职能范围，实现职能有机统一的文化机构。

4. 制定针对性更强的产业发展中长期战略规划

要根据本地的发展基础、资源条件、发展环境等因素，根据国家政策方向，制定本地文化创意产业中长期规划，明确重点行业，设定产业发展的中观目标，具体指导本地文化创意产业的发展。相对于国家的中长期战略规划而言，地方中长期规划是在充分把握本地实际情况的基础上制定的，必须突出针对性和可操作性，强化对产业发展的现实指导作用。

三、借助技术创新，实现科技与文化相融合[①]

创意产业集群的形成是先进技术水平与丰富的文化内涵高度联姻的产物。这就要求创意产业集群所在地具有较强的自主创新能力和充裕的历史自然文化资源。

---

① 龙瑚. 组织生态视角下创意产业集群形成机制和效应研究 [D]. 深圳：深圳大学，2016：70-72.

1. 培育创新氛围，提升创新能力

创意产业集群发展与创意企业的创新能力息息相关，在集群内部营造良好的创新氛围，不但能提高单个创意企业的创新实力，而且能促进集群整体创新能力的提升。

首先，应该加强创意企业种群之间以及与外界的技术交流与合作，诸如组织企业参加文化产业博览会、高新技术产业博览会等，让相关从业人员了解行业新动向，接触产业发展的前沿，为他们的研发与创作提供创新源泉。

其次，集群内的创意企业应当提倡以"创新创意"作为企业文化，企业管理者应当对新鲜思维、新奇想法给予支持和肯定，鼓励员工在工作或生活中进行创新，可给予适当奖励，并对可行的创新项目进行积极研发，形成自上而下的整体创新氛围，提高自主创新能力。

最后，整个创意产业集群应形成包容和开放化的环境，让大家能够平等沟通，积极地学习交流，这对于激发他们的创造能力也至关重要。只有在轻松自由的环境下，人们思维的创造性才能淋漓尽致地发挥。

2. 加强文化建设，提高文化内涵

文化氛围的营造是创意产业集群综合竞争力的精神支撑。加强文化建设，不仅有利于当地集群内创意企业与文化的融合，也为集群发展吸引更多创意人才，使创意产业集群的创新效应和竞争能力增强。

一要提升民众的整体文化素养。例如，深圳早在 2000 年就设立了读书月，旨在培养广大市民的阅读兴趣。目前多个城市都开设了 24 小时书吧，人们在享受闲暇的同时也可提升自身文化素养。

二要保护当地的传统文化。地方特色文化是一个城市宝贵的无形资本，不仅能让一座城市充满灵气，而且可以将它与创意经济相融合，形成以历史文化为特色的创意产业集群。

3. 借助高新技术产业，实现科技与文化的融合

当今社会正在经历一次全球范围的新一次技术革命，最显著的一个特征

就是文化与科技的融合发展。文化产业与高新技术产业，都是深圳的支柱产业。借助高新技术产业的创新能力，实现文化与科技的融合是深圳创意产业进一步向高附加值的价值链上游迈进的重要环节。创意产业的价值实现过程是从无形的作品到有形的产品，到最后能够实现其价值的商品。而通过将高科技融入无形的作品，一方面，高新技术大大拓展了创意产业的表现形式，如多媒体演艺业；另一方面，科技创新也催生了相应的新的传媒形态，如依赖于网络的网络文化，由网络技术所形成的网络文化，为创意产业的发展奠定了坚实的市场基础。例如，上海秦艺服饰集团把原本传统的丝绸产业做成了融合文化创意和高新技术于一身的前途无限的新兴产业。如果集群内的企业能够结合文化内涵进行自主创新，能够使创意产品更加具有深度，带来更高的竞争力，促进集群的可持续发展。

文化与科技的融合，离不开制度创新、机制创新、技术创新、文化创新以及金融创新，这些创新又离不开政策的驱动和法律的保障，以法律保障为基础，以政策驱动为补充，是促进文化与科技融合的必然选择，是促进深圳创意产业发展的重要路径。一方面，逐步完善文化与科技融合的市场机制，以平台建设为载体，加速文化与科技融合的创新服务体系建设，积极营造文化与科技融合的良好环境，同时建立良好的投资机制，强化文化科技中介机构的中介服务功能，完善文化与科技融合及转化的平台服务，推动文化科技成果的市场化。另一方面，扶持文化科技企业的发展，完善现行的法律法规，在减少纳税、贷款贴息、项目补贴等方面构建有助于文化与科技融合发展的政策体系。

四、强化人才培养机制，为创意产业发展提供持续动力①

创意人才需要教育体制、教育思想的保障。着眼社会现代化进程，发展

---

① 粟伟. 价值链视角下深圳创意产业集聚与经济增长研究 [D]. 深圳：深圳大学，2014：67-70.

文化创意产业应该采用新的教育体制：一是创新教育。创意需要有创新意识和创新本领。二是个性教育。创意是个性的、求异求新的。三是复合式人才教育。文化创意产业人才知识思维结构要跨越艺术、文学、经济学、哲学等多个学科。四是实务性教育。文化创意产业教育一定要强调实务教学，突出教学内容的可操作性和现实针对性，切忌理论空谈。要深入剖析文化创意产业的各个层面，致力于向学生传授文化创意产品生产的特殊规律、运作过程、生产技艺，讲解创意产品经营、管理及文化组织的具体操作方式与规则等。

创意人才是创意产业发展的核心，在市场经济高度发展的今天，包括人才在内的资源要素已经能够实现跨区域的自由流动。因而，完善人才引进机制，把其他地区的创意人才吸引到深圳是为深圳创意产业发展提供人才保障的一个有效地方式。随着改革开放的进行，如今，深圳经济特区的观念已经淡化，深圳已经不再具有改革开放之初的各项政策优势，深圳对人才的吸引力也逐步降低。此外，在深圳经济高速发展的过程中，深圳的城市化问题凸显，住房价格飙升，交通拥堵严重，深圳早已不再是众多年轻人所向往的乐土。在中国经济持续增长的同时，长沙、贵阳等三线城市的生活环境大为改善，人才引进制度也受到当地政府的重视，大量人才舍弃深圳而选择生活压力较小的二三线城市。因而，在重视引进外来人才的同时，更需要强化完善深圳本土人才的培养机制。

1. 重视人才培养，提供创新原动力

创意产业的核心驱动力是创意思维，而创意人才的缺失，将直接影响文化创意产业集群的形成，制约其健康发展。

一要深入高校，在市属高校增加"文化创意产业"相关专业，从理论上完善对创意人才的培养；更改部分科目的考试形式，如将传统的应试考试转变为灵活的课程设计，提高技术研发的实践能力。二要有效利用当地资源，实施产学研一体化。通过企业、学校和研究机构多方合作，实现创新技术的交融，提升创意人才的经验积累和交流。如可以让相关专业学生深入创意企

业进行短期培训，掌握行业的实践特性，并努力在学习或工作中实现创新突破。

形成多渠道人才培育开发机制。经验表明，在人才集中的地区，特别是大学周围，容易形成各种创意工作室乃至创意群落，政府可以顺势推动，依托深圳市高等教育资源，使深圳大学、深圳职业技术学院等为创意产业的跨越式发展提供智力支持和人才支撑。加强岗位的职业培训，发挥政府与市场各自的优势，利用网络及其他教育机构进行专业资格培训，构建多层次、多渠道、系统规范的社会培训体系，为文化创意产业的发展提供强大的人力支撑。此外，还可以通过举办专业竞赛、行业评比、资格认证、公开招聘等方式，打破学历、资历和身份限制，发现和集聚人才，选拔优秀创意人才到国外进修、观摩、学习深造，拓展文化创意人才的开发途径，培养和造就高层次的创意专业人才、管理人才和经营人才。

2. 完善人才引进制度，提高人才素质①

每个城市、每个企业都会对优秀人才表现出极大的青睐，为了让创意阶层的队伍更优化，就应毫不吝啬地引进更优质人才。通过制定各种有吸引力的人才优惠政策，可以更好地吸引国内外创新人才。除了在税收、工资待遇等硬件方面提供优惠政策外，还可以在软件上提供更多优惠，如子女教育、创业辅导、培训支持等，最大限度地为创意产业集群的发展提供更多的创意人才。

制定切实的人才引进机制。借鉴伦敦、纽约等创意城市吸引创意人才的经验，营造宽松和谐的环境。只有制定出切实可行的政策才能真正引进优秀人才并留住人才。对引进的国内外优秀的创意人才和创意团队，要给予其在子女入托入学、医疗保险、落户、住房等方面的优惠政策。允许和鼓励一批拥有特殊才能和自主知识产权的人才，以知识产权、无形资产、技术要素等占有企业股份，参与利润分配。建立人才引进绿色通道，破除对文化创意产

---

① 龙瑚. 组织生态视角下创意产业集群形成机制和效应研究 [D]. 深圳：深圳大学，2016：67-68.

业高端人才的学历、户籍、性别等传统限制，加快研究制定高层次人才引进的配套政策，打造文化创意高端人才的聚集高地。

此外，在注重人才培养与引进的基础上，还应当完善人才管理机制。企业的管理者应不以学历高低、职称高低来作为评价标准，不以职位高低论奖罚，营造"人才资本是企业核心竞争力"的企业文化，充分尊重创意人才的性格特征和工作特征，宽容失败，鼓励冒险，适当减少控制，统筹协调，充分发挥文化创意人才的主观能动性。

五、完善法律监管体系，强化知识产权保护

文化创意产业的本质在于创新，必须通过知识产权的生成和利用，才能使文化创意产业发挥创造经济效益和就业成效。大力加强知识产权保护，解决知识产权管理部门分散、管理水平和效率低、诉讼程序烦琐导致知识产权保护法律成本过高等问题，充分保障文化创意主体的合法权益，不断激励其创意活动，才能有效促进文化创意产业的持续发展。

1. 完善知识产权保障制度，营造良好创意环境①

作为创意产业的核心，创意具有偶然性，是人类智慧的结晶，也是人类知识积累的结果，可以市场化、商品化的创意具有一定的市场价值，包含了创作者所付出的劳动。同时，创意作为知识信息的一种，跟信息产品有着一个共有的基本特点——创意的价值量可以被分散实现，即创意在出售时通常出售的是使用权而不是所有权。这是因为创意是无形的，创意的使用不具有排他性，创意可以近乎无成本、大批量、跨地域地复制传播。正是因为创意的这个属性，如果没有法律的保护，很多的创意就可能会被他人侵权利用，用于商业目的，从而损害创意原创人的利益。知识产权（专利、版权、商

---

① 粟伟. 价值链视角下深圳创意产业集聚与经济增长研究［D］. 深圳：深圳大学，2014：62-63.

标、设计）是创意经济中可以流通的货币（霍金斯，2001），创意产业的发展是基于知识产权的生产与运作。因此，知识产权的恰当保护是确保创意产业健康发展的有效保障，建立有效的知识产权保障制度，是深圳创意产业能够得以发展的根本保证，是实现深圳经济发展的必要条件。

保护知识产权主要依赖于一个国家或地区相应的知识产权法律制度的完善度以及人们对相关法律的认知度。因此，需规范知识产权交易市场的秩序，强化知识产权中介的服务功能，对创意产业的从业者实施广泛有效的法律保护。同时，加强法律保护力度，针对创意产业的重点领域及其重要环节展开专项行动，提高违法成本，降低知识产权侵权的发生。此外，还需增强全民知识产权保护意识，促成尊重知识产权和创意成果的社会环境，让创意产业从业主体知法守法，自觉维护自身的合法权益。

2. 完善法律监管体系，增强产权保护的有效性①

相关部门应高度重视知识产权保护，进一步理顺知识产权工作的管理机制，将专利、商标、版权等知识产权工作合为一体，提高知识产权管理工作的效能。

根据创意产业链的不同环节，应有针对性地制订相应知识产权保护政策。尤其是创意研发阶段，由于该阶段的参与人数较多、组织较涣散，对知识产权的保护不力，侵权违规行为时有发生。为了加强对研发阶段的知识产权保护力度，可设立相应职能部门进行监管。

加强重点领域的知识产权保护。要进一步明确需要重点加强知识产权保护的行业，并针对不同行业的特点确定不同的保护策略和行动。针对出版产业持续增长的发展势头，加大打击盗版的力度，保护网络时代的内容传播，保护著作权人的合法权益，为出版产业发展提供良好的市场环境。针对游戏、动漫产品需求市场的不断扩大，规范行业发展秩序，激励网络游戏、动漫产品的自主开发，提高国产动漫产品的市场占有率。针对影视创作活动的

---

① 杜捷. 创意产业的知识产权保护研究［D］. 上海：华东师范大学，2008：45-48.

日益活跃，制定更完善的相关知识产权保护法规，加强打击侵权行为的执行力度，鼓励影视制作业的发展。针对工业设计领域的创新特点，鼓励设计产品及时申请专利，以保障企业获得充分的利润，进而激励工业领域的自主创新活动，提升工业技术竞争力和市场竞争力。

针对知识产权保护多头管理的现象，应着力提高立法、执法、监管等部门间的协调配合度，尽快实施创意产业相关专利和版权的统一管理制度，提升创意产业知识产权管理效率。加强相关部门对知识产权保护的执法力度，切实保证知识产权不受侵犯。

强化知识产权保护的宣传力度。目前，中小企业及个人的知识产权保护意识还不强，不懂得如何利用法律武器来保护知识产权，知识产权保护现状不容乐观。为此，应鼓励知识产权方面的专家、律师深入各大高校和科研机构，以及大中小企业开展知识产权保护宣传活动，为其提供有关知识产权保护问题的指导和咨询服务，营造重视和发展知识产权的社会氛围，增强全社会的知识产权保护意识，促使文化创意主体自觉地将知识产权保护工作纳入企业发展战略中，及时制止、制裁侵权行为，从而不断激励创意思想与活动，促进文化创意产业的健康发展和自主创新战略的实施。

六、培育创意骨干企业及国际知名品牌，扩大消费市场

1. 丰富创意产品，扩大消费市场①

创意生产创造创意需求，在市场经济条件下，需求动力的不足也会导致创意产业集群发展的疲态，因此需要有效地扩大创意产品及服务的消费市场，从而带动创意产业集群的发展。

第一，丰富创意产品种类，对创意产品的消费趋势进行深入研究，根据居民消费水平的差异化，开发多样化、结构合理的产品体系。同时，深度挖

---

① 龙瑚. 组织生态视角下创意产业集群形成机制和效应研究［D］. 深圳：深圳大学，2016：71-72.

掘区域的历史文化特征，加强地域文化与创意产品的有机整合，实现创意产品的可持续发展。

第二，引导居民对创意产品的消费意识。深圳经济发达，对创意产品的消费能力较高，但居民对创意产品的消费意识仍然存在滞后现象。比如，政府可实施"创意街区"计划，在这一区域内利用雕塑、绘画等艺术品进行装饰，对市民社会文化意识形态进行潜移默化的引导；企业则可以通过电视、报纸、网络等媒介对其创意产品进行宣传；行业协会可通过举办主题展览、论坛等，扩大消费者对创意行业及其产品的认知。总之，应该依靠社会的整体力量，为消费者树立与时俱进的创意产品消费观。

2. 培育本土创意骨干企业及知名品牌

鼓励本土企业通过并购重组等方式成立大型文化创意骨干企业，从政策制定上着眼如何鼓励和扶持文化创意企业做大做强，使大型文化创意企业成为创意经济和文化市场的支柱。选择一批成长性好、竞争力强的文化创意企业，研究制定文化创意企业兼并、联合、重组政策，鼓励其做大做强，形成一批跨地区跨行业经营、有较强市场竞争力、产值超百亿元的骨干文化创意企业，使之成为真正代表深圳市文化特色的跨国文化创意企业，成为带动深圳文化创意产业长足发展的中坚力量。

在鼓励并购重组时，既要鼓励本地企业的联合，也要鼓励本地企业与外企合资合作，利用国际知名的文化创意企业拥有的先进技术、产品和经营管理理念，帮助企业快速响应国际市场的变化，顺利与国际接轨，提高本地企业的创新能力，提升企业国际知名度，带动本国文化创意产业国际化。本地企业可以与国外企业共享其全球的创意资源，共享外企在技术创新、企业管理、市场开拓、人才培养等方面的经验，打通国际市场。

从当前创意产业发展国际趋势看，创意产业国际品牌在一定程度上代表了一个地区创意产业的成就和魅力，是创意企业发展的最终目标。品牌的长足发展，需要有强大的研发原创能力，鼓励创意企业自主创新是提高企业研发原创能力的有效途径。只有鼓励自主创新、提高研发能力才能提升深圳创意产业在国际分工中的地位，增加创意产品的附加价值，提高文化创意品牌的国际影响力与竞争力。因此，设立支持创意企业自主创新的专项资金和文化创意企业技术交流平台，对支持创意企业的创新行为也是十分必要的。

七、营造开放包容的创意氛围，建设创意城市

1. 开放包容，构建良好的创意氛围①

创意产业以创意为核心，是通过将意识形态上的创意转化为实物形态的产品来实现其价值的，因而在创意产业的价值链中，最重要的是创意人才。加强地区与外界的交流，营造一个开放的氛围环境，吸纳更多的创意人才，才能更好地实现地区创意产业的发展。国际上闻名的创意产业良好发展的大城市，都有着独特的城市人文精神，都有着包容的城市氛围，因而深深吸引着创意人才前来，自发形成了创意人才的集聚。能够吸引创意阶层集聚于此的城市不一定都是大城市，也可以是小城市、或小城镇，但一定要拥有开放和包容的城市氛围。开放包容，不是封闭排外，而是与外界交流合作，充分发挥各自的优势，实现共赢。佛罗里达认为，决定创意阶层定居的不是文化设施的多与少，而是城市多样性、开放性和社会凝聚力等因素。从这个意义上来看，创意环境不是简单的硬件设施，也不是单个的数据指标，而是多元化的、多维度的综合体，而这种多元化、多维度的创意环境真正需要的首先就是开放包容。

营造良好创意环境的最终目的是促进更好地合作。香港是一个经济高度发展的国际化大都市，创意产业的发展水平也较高，深圳紧靠香港，应该充分利用独特的地理优势，扩大加强深圳与香港之间的文化创意交流，既能够给深圳的创意产业发展带来新的发展经验，又能为香港创意产业的发展提供更广阔的市场和平台，实现深圳香港创意产业的共同发展。纵观深圳创意产

① 粟伟. 价值链视角下深圳创意产业集聚与经济增长研究 [D]. 深圳：深圳大学，2014：61.

业的发展历程，无不与香港有着密切的联系：一方面，深圳在与香港的合作中吸收了先进的发展理念，学会了先进的技术，获得了大量的资金支持；另一方面，香港在与深圳的合作过程中，实现了产业的转移，降低了生产成本，获得了更多的利润。在未来的发展中，深圳应该以香港为平台打开国际市场，把深港两地的优势资源整合起来，带动传统产业的创新，实现区域产业结构的优化与升级。

2. 加快基础设施建设，发挥制度优势①

创意产业集群的发展对于所在区域内的公共配置也有一定要求，既要有政府提供的公共服务、通信网络、交通道路等基础设施，也需要关注文化软实力方面的公共设施。

首先，要推进城市基础设施的改造，改善城市人居生态环境，扩大交通网络，提高城市生活的便捷性；加强生态园林建设，提高城市的绿地面积覆盖率，改善城市的环境质量。

其次，应注重通信网络设备的建设以及安全维护。便捷的技术通信手段已成为创意产品传播的重要载体，而一些网络的不兼容性以及网络通信的安全问题成为主要的制约因素。因此，加快更新改进相关技术设备，为创意产业集群的发展提供重要的硬件支撑。

最后，应扩大公共文化基础设施建设，诸如图书馆、影剧院等。深圳是一座新型的移民城市，原本没有深厚的文化积淀，但深圳全市的图书馆数量却高达几百家，应该以此为契机，为创意产业集群营造更加良好的公共空间。

3. 加大财政投入，提升创意氛围

要加大教育、科学技术投入在公共财政支出中的比重，完善城市的科教环境，提升创意人才的创新能力，进一步促进创意产业集群生态效应的

---

① 龙瑚. 组织生态视角下创意产业集群形成机制和效应研究 [D]. 深圳：深圳大学，2016：69.

表现。

同时，加大公益性文化事业投入比重，优化资源配置，尽快形成公共文化服务体系。制定并完善相关政策，鼓励捐赠、赞助等方式，引导社会资金以多种方式投入创意相关产业，拓宽资金来源的渠道，为发展提供动力。设法保护具有传统民族特色的文化遗产和优秀民间工艺，积极扶持具有可行性的文化类项目。对具有高技术发明专利的企业或个人给予适当奖励，建立和完善创客专项资金管理办法等。通过对创意产业的多项财政支持，营造出良好的创意氛围，为创意产业集群的发展提供整体环境支撑。

要加快促进文化创意产业发展的立法工作以及包括各种税收扶持政策在内的文化创意产业法规体系建设，以法律形式确定发展文化创意产业的基本税收扶持政策，落实已出台的各项扶持中小企业财税、金融政策，出台包括减税在内的一揽子中小文化创意企业扶持政策，是新时期推动创意产业发展的财税政策方向。一方面，应当专门针对中小文化创意企业技术升级改造，给予政策、资金支持；另一方面，应当在融资方面给予中小文化创意企业所得税抵扣、减免等优惠，或给予其税收担保等。

随着深圳经济规模的日益扩大，社会和民间资本积累较快，资本市场初步形成，涌现出一大批有能力投资文化创意产业的企业和机构，但缺乏相应的引导机制。财政资金是有限的，要想放大资金的效果就要发挥财政资金的杠杆效应，促进投资主体和渠道的多元化，构建完善的文化创意产业投融资体制。由此，财政支持文化创意产业发展应当更多地考虑采取贷款贴息、保险费补贴等方式，带动银行、金融机构、社会资本投入。

引导金融机构加大文化企业信贷支持；建立上市扶持机制，加大专项资金支持，加快推进优质文化创意企业上市直接融资；探索股权投资引导机制，通过财政资金引导、税收减免，推动股权投资机构加大对文化创意企业直接投资。总之，要充分发挥财政资金的杠杆效应和税收政策的调节作用，构建起差异化的投融资政策支持体系。

4. 注重城市形象，树立城市品牌①

创意产业的飞速发展，使得城市的社会经济生活发生了一系列重大的变化，得益于创意产业巨大的产业价值以及创意产业对相关产业的带动和促进作用，整个城市的价值增加了，城市的形象提升了，与此同时，也树立了城市的品牌，吸引了大量的资源要素。"品牌是凝聚着企业所有要素的载体，是受众在各种相关信息综合性的影响作用下，对某种事或物形成的概念与印象。它包含着产品质量、附加值、历史以及消费者的判断。在品牌消费时代，赢得消费者的心远比生产本身重要，品牌形象远比产品和服务本身重要。"不仅企业有品牌，城市也有自己的品牌，例如，好莱坞作为电影界的巅峰，已经成了洛杉矶的品牌，只要提到好莱坞，就会形成对洛杉矶的印象。深圳作为最早的创意之都，更是需要重视城市的品牌建设，提升整个城市的形象。

中国（深圳）国际文化产业博览交易会（简称"文博会"），是中国唯一的国家级、国际化、综合性文化产业博览交易会，其核心是博览和交易，其目的是全力打造一个中国文化产品和文化项目的交易平台，推动和刺激中国文化产业发展，带领中国文化产品走向全世界。深圳文博会经过了十八年十七届的成长，其交易规模从最初的 43130 平方米增加至第十七届的 120000 平方米，交易额也从第一届文博会的 356.9 亿元人民币增长到第十四届的 2240.85 亿元人民币。深圳应充分利用文博会平台，加大宣传力度，吸引更多来自全球各地的交易商，提升深圳在国际上的知名度。同时，深圳作为中国第一个"设计之都"，应以创意设计作为城市发展的一张名片，营造良好开放的创意氛围，完善发展创意产业的制度环境，将深圳打造成一座创意城市，一座真正的"设计之都"。

---

① 粟伟. 价值链视角下深圳创意产业集聚与经济增长研究［D］. 深圳：深圳大学，2014：62.

八、推动创意产业集群自身的成长与发展

1. 创意产业集群需要不断提升核心竞争力①

文化产业的运营主体是文化企业，文化产业的发展程度归根结底取决于文化企业的发育水平。促进文化产业的快速和健康发展，关键在于培育文化的核心竞争力。较早提出核心竞争力概念的哈默尔与普拉哈拉德，把核心竞争力的来源理解为"在一个组织内部经过整合了的知识和技能，尤其是关于怎样协调多种生产技能和整合不同技术的知识和技能"。

创意文化企业的核心竞争力不同于一般企业。其竞争力来源于创意文化，更侧重于思想，而思想来自于人的头脑。文化创意企业要想在激烈的竞争中站稳，必须找到适合自己发展的方向。抓住一个核心点，打造自己的核心优势。一个文化企业竞争力的强弱，关键取决于该企业是否有能力不断开发出适合顾客利益的体验产品和服务，是否不断为顾客创造体验价值。文化企业需要致力于不断发现新的市场需求，不断满足或激发顾客的体验需求。体验价值是超越于功能性价值之上的精神需要的满足，是顾客从企业提供的产品或服务中所体验或享受到的源于内心感受的价值。

2. 提升自主创新能力

相对于传统企业，文化创意企业的自主创新更为重要，它是文化创意企业核心竞争力的重要表现形式。一般来说，文化创意企业最为重要的是企业核心产品的内容创新。核心产品的内容创新是文化创意企业持续发展的动力与源泉。在信息技术不断革新的当代，任何新技术、新创意、新制度很快都会被复制，要想不断掌握市场先机，就必须不断加强企业自主创新能力。只有持续自主创新才是文化创意企业最为根本的能力，其他能力都只是创新能

---

① 刘瑜. 我国文化创意企业自主创新能力评价及提升对策［D］. 大庆：东北石油大学，2013：78.

力所衍生的。

　　创意文化企业应该从创意研发能力、创意生产能力、创意营销能力、创意管理能力几个方面提升自主创新能力。文化创意企业只有通过研究与开发才能产生新思想，取得先进的技术，创造出新装备、新产品。对于文化创意企业的自主技术创新而言，最基本的特征就是依靠自身的技术力量或者通过对引进技术的融合来攻破某些主导技术或核心技术的难关，取得有价值的突破性研究成果。因此，创意研发能力对于文化创意企业自主创新能力的贡献度是非常大的，没有较强的创意研发能力就谈不上具有自主创新能力。在研究开发领域，创意生产能力是指把科研人员的研发成果转化为符合当初的设计理念的产品能力。在文化创意企业自主创新过程中，生产环节是文化创意企业自主创新成功的重要环节。创意营销能力是文化创意企业最终把技术创新产品推向市场，使消费者接受的能力。创意营销能力的强弱直接反映了文化创意企业自主创新能力的优劣。自主创新固然离不开一定的物质技术条件，但所有这些条件的实施最终要靠人。一个具有良好创新管理能力的企业可以面对并解决自主创新过程中出现的重大缺陷。这种能力并不是指每个创新项目从立项到完成的管理能力，而是指文化创意企业从整体上和战略上安排自主创新和组织实施技术创新的能力。

3. 注意风险控制

　　由于创意企业存在"硬资产少，软资产多"的特点，其潜在的收益可能很大，但是风险也可能很高。创意产业自身的特点，导致了其在投资和投资过程中面临着高风险的特点。

　　创意企业应该树立正确的风险观念，强化风险意识，建立一套完善的投融资风险预警系统。风险预警系统应由预警的组织机构、预测指标体系、实施过程和风险防范措施或应急措施等环节组成。对于筹资风险的控制，首先要注意优化资本结构，最优资本结构是指企业可接受的最大筹资风险以内总资本成本最低的资本结构。只有恰当的投融资风险和成本相配合，才能使企业价值最大化。其次，要充分利用自有资金，加强对自有资金的管理，对各种借支款项要严格审批并及时催收。第三，要合理安排筹资期限的组合方式，注意长短期债务资本的搭配，避免债务资本的还本付息过于集中，做好还款计划和准备。第四，要选择多种融资渠道，例如发行股票、债券，从银行或非金融机构借款，充分利用应付账款等商业信用，寻找合作单位注资，利用民间资本等。

而对于投资风险的控制，首先要谨慎投资，在资金运转良好或有剩余资金的情况下，才考虑对外投资。其次，在投资之前必须拟定严谨的投资计划，进行科学的投资回报评估和论证，选择最佳的资金投入时间，以避免造成资金短缺。第三，要合理进行投资组合，在不同投资品、不同行业、不同长短期限的投资组合中，追求收益性、风险性、稳健性的最佳组合。

4. 树立品牌意识

文化创意企业集智力资本与高科技于一身，是人力资本主导的知识密集型企业，因此，人才是创意企业起飞的前提。只有建立一批高素质的人才队伍，培养和引进一批有创造力的专业性人才以及既懂文化又善经营的管理人才，才能提高文化创意企业的核心竞争力。

文化创意企业可以与高等院校合作，通过联合办学的方式，在高校开设文化市场经营与管理、文化艺术管理等相关专业；或者是企业与学校、政府合资，成立文化创意产业学院或文化创意产业研究基地。另外，企业应指派一些现有高水平的专业人才进入高校承担部分教学工作，因为这些从业者对于当前文化创意企业的发展现状和发展趋势比较熟悉。在实践环节上，文化创意企业可以为学生提供锻炼的机会，如文化创意企业个案研究和市场调查以及参与公司项目研究等，从而锻炼学生的实际操作能力，缩短与人才市场接轨的适应周期，满足现代社会文化创意企业迅速发展的需要。

无论国内国外，但凡成功的文化创意企业都非常注重文化品牌的打造。只有树立了创意品牌，才能扩大影响提高吸引资金的能力，才能提高市场占有率。只有树立了创意品牌才能在国内乃至国际化的竞争中避免陷入不利的境地，才能赢得与国内同行、西方同行竞争的平等地位。

首先必须具有正确的品牌意识。要把创立企业自有品牌作为企业的自觉行动。其次，要改变企业经营理念把打造自己品牌作为生产经营的一个关键环节。第三，企业应该积极通过采取国际通用标准，进行国际通行的质量管理体系、环境管理体系和行业认证争创有国际竞争力的出口品牌。

九、大力提高网络联结度，完善集群网络结构

1. 营造创新集群文化，提高文化服务水平

社会文化的根植性对产业集群创新有重要的影响。创意产业是新兴产业，注重行业内的交流，但是集群内的一些小企业无法融合到集群创新氛围中，惧怕竞争与合作，设计产品时以模仿为主，缺乏自主创新能力，因此营造区域创新与合作的文化非常重要。首先，高校在创造和传播知识方面起着极其重要的作用，与高校进行资源对接和合作，有助于企业实现发展和创新。政府应加强深圳创意设计类高校或者专业建设，鼓励创意企业与大学之间加深合作，扩宽合作渠道。其次，行业协会应大力发挥自身宣传作用，积极承办各类创意设计、创客活动和比赛，加强创意企业之间的创新交流，积极营造创新文化。最后，政府应看到科技为文化内容及载体带来的变化，紧跟大众的文化需求，及时更新文化设施，不断改进文化提供方式，提高文化服务水平。

2. 加强信息、资源流动平台建立

创意产业集群内各主体应该加强信息平台建设，畅通信息和技术在集群内传播渠道，为集群网络源源不断输入新知识，从而促进集群创新能力提升。行业协会是重要的集群信息平台之一，着力于传播本行业的最新技术信息、发展动态、先进企业等与创意企业经营活动相关的信息，不仅可以增强本集群内创意企业之间的了解与合作，还能推动集群网络内外企业之间相互学习与合作，扩大集群网络的知识基础。政府可以推动创新行业信息中心的建立，并将其打造成深圳创意产业集群对外联系的窗口。借助最新的互联网

及大数据技术，让集群内创意企业的信息收集更为全面和高效，提高整体学习效率。

3. 引导企业加大学习力度

从深圳创意产业集群网络来看，高位势企业间形成"小团体"，集群知识流动较弱，因此应引导集群内企业加大学习力度。如：提倡集群内创意企业之间建立正式的合作；集群内高位势企业可主动进行知识扩散，定期组织集群内创意企业学习沟通，而集群内的低位势应积极参加集群网络内的学习活动；政府可通过资金扶持和产业创新政策奖励高位势企业主动进行知识扩散、低位势企业加强学习行为；集群周边学校和科研机构可在创意设计专业设置上具有倾向性，创意企业可通过与高校及科研机构创新合作扩宽学习渠道。

4. 建设创意类特色众创空间，促进科技与创意产业融合

科技正成为现代创意产业发展的要素，而孕育新科技、新创意的众创空间在多个层面与创意产业相互融合，正成为深圳创意产业集群网络中非常关键的一个环节。首先，政府应大力引导众创空间发展模式，避免众创空间同质化建设，造成浪费；引导众创空间与创意产业相融合，鼓励创意类特色众创空间建立，给予资金和政策上的支持。其次，创意企业应积极同集群区内众创空间建立联系，并积极参与众创空间活动，关注众创空间内创新技术孵化情况，创意人才应利用创客身份加强同集群外其他主体之间的跨界交流，实现自身创意能力提升。

5. 加强与高校合作，完善人才培养机制

深圳创意类高校资源极为缺乏，创意人才紧缺。全方位、多渠道培养和集聚创意人才是发展创意产业的重要环节。因此，应大力建设相关专业院校，引进海外优秀高校资源。同时为创意人才的培养提供支持，深化校企合作和资源对接，设立创意产业学院或研究机构，构建海内外产业交流平台，实现产业知识流通和增值。

附　录

一、深圳创意产业集群网络调查问卷

（一）公司基本概况

1. 贵公司名称：＿＿＿＿＿＿＿＿＿＿地址：＿＿＿＿＿＿＿＿＿＿＿

2. 贵公司成立时间：＿＿＿＿＿＿＿＿主营业务：＿＿＿＿＿＿＿＿

   现有员工人数：＿＿＿＿＿＿＿

3. 贵公司所有制（　　）　A. 国有　　　B. 民营　　　C. 中外合资

   D. 外商独资　E. 其他

（二）企业联系状况（请标注出相应的评分）

量表项目	5级李克特量表刻度				
请根据贵企业实际情况对其与客户、供应商，政府、中介机构，大学、研究机构以及创客空间等不同合作伙伴之间的联结和合作程度进行评分	1＝最低；2＝较低；3＝一般；4＝较高；5＝最高				
（1）贵企业与同行企业之间的联结和合作程度	1	2	3	4	5
（2）贵企业与政府公共部门之间的联结和合作程度	1	2	3	4	5
（3）贵企业与行业协会之间的联结和合作程度	1	2	3	4	5
（4）贵企业与高校科研机构之间的联结和合作程度	1	2	3	4	5
（5）贵企业与众创空间之间的联结和合作程度	1	2	3	4	5

（三）产业联系方式及内容

（1）贵公司经常与同行通过何种方式交流（　　）（可多选）

A. 经常互访

B. 业务合作

C. 共同参加业界活动

D. 很少接触

E. 其他方式

（2）贵公司与本地大学或研究机构通过何种方式合作（　　）（可多选）

A. 公司创建人是大学或研究机构工作人员

B. 公司归属于大学或研究机构

C. 公司聘请院校专业人员作顾问或培训师

D. 员工在大学在职培训

E. 院校中学生或研究人员在本公司兼职

F. 共同建立实验室或研究工作室

G. 共同完成项目

H. 其他_____

（3）贵公司与本行业协会通过何种方式合作（　　）（可多选）

A. 加入相关协会成为协会会员单位并定期参加协会组织的会员活动

B. 通过协会进行咨询，申请文化创意产业扶持资金

C. 通过协会进行信息交流，推广企业产品，开拓市场

D. 委托协会对公司管理等方面进行培训

E. 其他_____

（4）贵公司与众创空间通过何种方式合作（　　）（可多选）

A. 通过众创空间获取创意人才

B. 通过众创空间交流获取创意思路

C. 通过众创空间 3D 打印等设备实现产品模型设计与制作

D. 通过众创空间进行创新创客教育培训

E. 通过众创空间筹资平台进行筹资

F. 其他_____

（5）与贵公司密切联系的机构之间在建立联系时，需要贵公司从中牵线

的情况（　　）

　　A. 非常多

　　B. 比较多

　　C. 一般

　　D. 比较少

　　E. 几乎没有

（四）企业创意能力调查（请标注出相应的评分）

量表项目	5级李克特量表刻度			
请根据贵企业实际情况对企业创新、创意能力进行评分	1＝非常弱；2＝比较弱；3＝一般；4＝比较强；5＝非常强			
（1）贵企业创意产品的创新能力	1　　2　　3　　4　　5			
（2）贵企业创意产品市场的创新能力	1　　2　　3　　4　　5			
（3）贵企业创意制造的投入能力	1　　2　　3　　4　　5			
（4）贵企业员工创新素质、创新意识	1　　2　　3　　4　　5			

（五）企业联系网络节点单位调查

请按照贵单位与其他相关单位联系程度由高至低依次填写单位名称（如有，请至少填写三个）

　　（1）与贵单位联系紧密的同行企业有：＿＿＿＿＿＿＿＿＿＿

　　（2）与贵单位联系紧密的行业协会有：＿＿＿＿＿＿＿＿＿＿

　　（3）与贵单位联系紧密的政府单位有：＿＿＿＿＿＿＿＿＿＿

　　（4）与贵单位联系紧密的科研院校有：＿＿＿＿＿＿＿＿＿＿

　　（5）与贵单位联系紧密的众创空间有：＿＿＿＿＿＿＿＿＿＿

问卷结束，非常感谢您的作答！

二、深圳创意产业集群创新能力影响指标数据表

指标	年份 单位	2008	2009	2010	2011	2012	2013	2014	2015	2016	2017
创意产业增加值	亿元	499.12	585.5	740.14	944.55	1185.41	1393.04	1595.58	1801.35	2007.86	2244.68
第三产业/GDP	%	49.78	52.67	52.56	52.40	54.48	55.51	56.05	57.34	58.57	58.48
人均GDP	元/人	85088	87066	98437	113316	126765	141474	153677	162599	172453	183544
城市居民可支配收入	元/人	26729	29245	32381	36505	40742	44653	40948	44633	48695	52938
R&D 支出占GDP比	%	3.28	3.30	3.33	3.52	3.67	3.90	3.89	4.07	4.20	4.34
城市居民家庭人均教育文化娱乐支出/总消费支出	%	12.46	12.37	11.63	12.00	11.08	10.46	8.87	8.28	8.48	9.29
图书馆、博物馆和文化馆的数量	个	617	642	652	668	669	670	666	661	669	685
外来人口数量	万人	726.21	753.56	786.17	778.85	767.13	752.42	745.68	782.88	806.32	818.11
经济开放度(外贸依存度和国际投资开放度)	%	292.74	492.30	654.89	787.38	919.18	1043.42	1132.72	1187.77	1197.90	1194.43
人均公园绿地面积	平方米	16.2	16.3	16.4	16.5	16.6	16.7	16.8	16.9	16.5	16
空气质量优良天数	天	364	364	356	362	365	324	348	340	354	343
人口总量	万人	954.28	995.01	1037.2	1046.74	1054.74	1062.89	1077.89	1137.87	1190.84	1252.83
创意产业从业人数占/总从业人数	%	1.31	1.47	2.59	2.76	2.02	5.58	5.79	5.32	5.59	9.54
众创空间数量	个	8	8	8	9	9	36	76	168	230	295
知识产权代理机构数量	家	27	35	40	47	54	69	81	116	124	169
普通高校数量	所	8	8	8	9	10	10	10	12	12	12
文博会参展机构数量	个	1687	1708	1797	1896	1928	2118	2262	2286	2297	2302
文化创意产业发展专项资金资助项目数量	个	65	152	167	230	281	332	409	396	463	523

三、计算灰色关联系数的主要步骤

第一步，分析数列的确定。即确定反映系统行为特征的参考数列和影响系统行为的比较数列。本研究中创意产业园的相关指标序列为参考序列，城市空间的相关指标为比较序列。设 Y_1，Y_2，$\cdots Y_s$ 为系统特征行为数据序列，

$$Y_1 = (y_1(1), y_1(2), \cdots, y_1(n))$$
$$\cdots$$
$$Y_i = (y_i(1), y_i(2), \cdots, y_i(n))$$
$$\cdots$$
$$Y_s = (y_s(1), y_s(2), \cdots, y_s(n))$$

$X_{1,} X_{2,} \cdots X_m$ 为相关因素序列，

$$X_1 = (x_1(1), x_1(2), \cdots, x_1(n))$$
$$\cdots$$
$$X_i = (x_i(1), x_i(2), \cdots, x_i(n))$$
$$\cdots$$
$$X_m = (x_m(1), x_m(2), \cdots, x_m(n))$$

第二步，变量的无量纲化。系统中各指标的量纲不同，将会为比较带来不便，甚至导致不正确的结论。所以在进行灰色关联分析方法前，应该先进行数据的无量纲化处理。我们采取初值化处理得到序列的无量纲化数据，即把序列第一个数据除以该序列所有数据，得到一个新数列。即 Y_i 与 X_j 的始点零化像分别为 Y_i' 和 X_j'：

$$Y_i' = \frac{Y_i}{y_i(1)} = \left(\frac{y_i(1)}{y_i(1)}, \frac{y_i(2)}{y_i(1)}, \cdots, \frac{y_i(n)}{y_i(1)} \right)$$

$$X_j' = \frac{X_j}{x_j(1)} = \left(\frac{x_j(1)}{x_j(1)}, \frac{x_j(2)}{x_j(1)}, \cdots, \frac{x_j(n)}{x_j(1)} \right)$$

第三步，计算相对关联度。设

r_{ij}（$i=1, 2, \cdots s, j=1, 2 \cdots, m$）为 Y_i 与 X_j 的相对灰色关联度，则

$$r_{ij} = \frac{1 + |Y_{S_i}'| + |X_{S_j}'|}{1 + |Y_{S_i}'| + |X_{S_j}'| + |Y_{S_i}' - X_{S_j}'|}$$

其中，$|Y'_{S_i}| = \left| \sum_{k=2}^{n-1} y_i^{'0}(k) + \frac{1}{2} y_i^{'0}(n) \right|$，$|X'_{S_j}| = \left| \sum_{k=2}^{n-1} x_j^{'0}(k) + \frac{1}{2} x_j^{'0}(n) \right|$。如此

类推，可得其灰色相对关联矩阵为：

$$\Gamma = (r_{ij}) = \begin{vmatrix} r_{11} & r_{12} & \cdots & r_{1m} \\ r_{12} & r_{22} & \cdots & r_{2m} \\ \cdots & \cdots & \cdots & \cdots \\ r_{s1} & r_{s2} & \cdots & r_{sm} \end{vmatrix} 。$$

第四步，优势分析。灰色关联分析法规定：

若存在 k，$i \in \{1, 2, \cdots, s\}$，满足 $r_{kj} \geqslant r_{ij}$；$j = 1, 2, \cdots, m$

则称系统特征 Y_k 优于系统特征 Y_i，记为 $Y_k > Y_i$。

若 $\forall i = 1, 2, \cdots, s$，$i \neq k$，恒有 $Y_k > Y_i$，则称 Y_k 为最优特征。

1. 若存在 k，$i \in \{1, 2, \cdots, s\}$，满足

$$\sum_{j=1}^{m} r \geqslant \sum_{j=1}^{m} r_{ij}$$

则认为系统特征 Y_k 准优于系统特征 Y_i，记为 $Y_k \geqslant Y_i$。

若 $\forall i = 1, 2, \cdots, s$，$i \neq k$，恒有 $Y_k \geqslant Y_i$，则 Y_k 认为准优特征。

2. 若存在 l，$j \in \{1, 2, \cdots, m\}$，满足 $r \geqslant r_{ij}$；$i = 1, 2, \cdots, s$，则认

为因素 X_i 优于因素 X_j，记为 $X_i > X_j$。

3. 若 $\forall i = 1, 2, \cdots, m$，$j \neq l$，恒有 $X_i > X_j$，则认为 X_i 为最优因素。

若存在 l，$j \in \{1, 2, \cdots, m\}$，满足

$$\sum_{i=1}^{m} r \geqslant \sum_{i=1}^{m} r_{ij}$$

则认为因素 X_i 准优于因素 X_j，记为 $X_i \geqslant X_j$。

若 $\forall i = 1, 2, \cdots, m$，$j \neq l$，恒有 $X_i \geqslant X_j$，则 X_i 为准优因素。

四、深圳创意产业园名称及分布

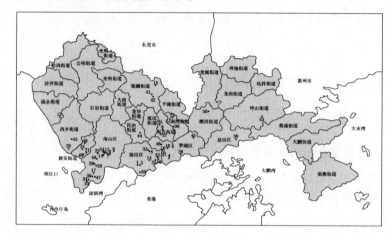

1. 深圳报业集团

2. 深圳广播电影电视集团

3. 怡景国家动漫画产业基地

4. 深圳出版发行集团公司

5. 深圳书城中心城实业有限公司

6. 大芬油画村

7. 深圳市腾讯计算机系统有限公司

8. 深圳市华动飞天网络技术开发有限公司

9. 深圳雅昌彩色印刷有限公司

10. 深圳市嘉兰图设计有限公司

11. 深圳华强文化科技集团股份有限公司

12. 深圳市网域计算机网络有限公司

13. 深圳市劲嘉彩印集团有限公司

14. 深圳设计之都田面创意产业园

15. 深圳市永丰源实业有限公司

16. 满京华艺展中心专业市场有限公司

17. 环球数码媒体科技研究有限公司

18. 深圳市雅诺信珠宝首饰有限公司

19. 人文天地实业有限公司深圳购书中心

20. 世纪工艺品文化广场

21. 深圳市汉玉文化发展股份有限公司

22. 南山数字文化产业基地

23. 宝福·李朗珠宝文化产业园

24. 深圳市迅雷网络技术有限公司

25. 深圳中青宝网网络科技股份有限公司

26. 深圳市古玩城文物监管物品有限公司

27. 深圳雅图数字视频技术有限公司

28. 深圳动漫园

29. 深圳 F518 时尚创意园

30. 深圳东部华侨城有限公司

31. 深圳 22 艺术区

32. 深圳市乐器城市场管理有限公司

33. 斯达高瓷艺发展（深圳）有限公司

34. 南海意库

35. 三联水晶玉石文化村

36. 深圳市同源南岭文化创意园有限公司

37. 笋岗工艺礼品城

38. 深圳南山互联网产业园

39. 蛇口网谷

40. 深圳设计产业园

41. 中国·观澜版画原创产业基地

42. 中国（观澜）山水国画产业基地

43. 雁盟酒店创意文化产业园

44. 127 陈设艺术产业园

45. 深圳市非遗文化创意产业园

46. 深圳市楼尚家居饰品市场

47. 深圳南山互联网创新创意服务基地

48. 深圳市宝安艺术城

49. 深圳西部国际珠宝城

50. 深圳市力嘉文化创意产业园

51. 深圳 182 设计产业园

52. 深圳文博宫

53. 深圳坪山雕塑产业园

54. 华侨城文化产业园区

五、Logistic 生态学竞争模型分析

假设存在 A、B 两个种群，那么竞争条件下满足的 Logistic 种群增长方程为：

$$\begin{cases} dx/dt = r_1 x[1-(x+ay)/k_1] \\ dx/dt = r_2 y[1-(y+bx)/k_x] \end{cases}$$

其中：模型中各符号代表的意义为：

a	种群 B 的增长量则算成种群 A 的增长率
b	种群 A 的增长量则算成种群 B 的增长率
x	种群 A 内的组织个体数量
y	种群 B 内的组织个体数量
k_1	特定环境下种群 A 内组织数量的最大增长率
k_2	特定环境下种群 B 内组织数量的最大增长率
r_1	理想环境下种群 A 内组织数量的最大增长率
r_2	理想环境下种群 B 内组织数量的最大增长率
t	特定时间

则竞争环境下，种群间的四种可能结果：

a. 此时，当 B 种群的增长率为零时，A 种群的增长率仍然大于零，最终 A 种群逐渐占据了整个生态系统，种群 B 被逐渐淘汰；

b. 这一情况与 a 刚好相反，此时，当 A 种群的增长率为零时，B 种群的增长率仍然大于零，最终 B 种群逐渐占据了整个生态系统，种群 A 被逐渐淘汰；

c. 此时，存在不稳定的平衡点 E，由于 k_1、k_2 都是这一特定环境下种群 A、B 内组织数量的最大增长率，尽管达到平衡点 E，他们仍然会设法向更高数量的 (k_1, 0) 和 (k_2, 0) 移动，两个企业种群不能达到稳定共存的状态；

d. 此时，存在稳定平衡点 F，此时 dx/dt＝0，dy/dt＝0。

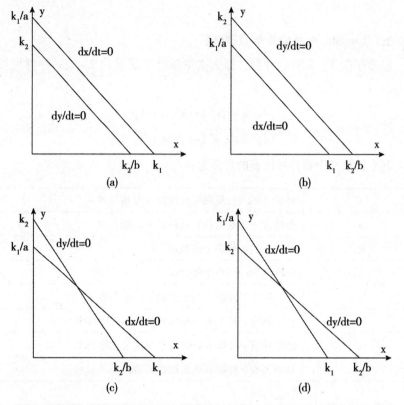

因此，综合上述四种情况，只有情形 d 才会维持两个种群的稳定共存，其他情形一旦发生，都会导致某一种群惨遭淘汰。

六、Logistic 生态学互利共生模型分析

假设存在 A、B 两个种群，那么互利共生条件下满足的 Logistic 种群增长方程为：

$$\begin{cases} dx/dt = r_1 x[\,1-(x-py)/k_1\,] \\ dy/dt = r_2 y[\,1-(y-qx)/k_2\,] \end{cases}$$

其中：模型中各符号代表的意义为：

w_1	宿主种群 A 对寄生种群 B 的占有率
w_2	寄生种群的寄生能力（寄存率）
x	种群 A 内的组织个体数量
y	种群 B 内的组织个体数量
k_1	特定环境下种群 A 内组织数量的最大增长率
k_2	特定环境下种群 B 内组织数量的最大增长率
r_1	理想环境下种群 A 内组织数量的最大增长率
r_2	理想环境下种群 B 内组织数量的最大增长率
t	特定时间

互利共生条件下的平衡条件为：$dx/dt = dy/dt = 0$,

解得平衡点坐标为 $\left(\dfrac{k_1(1+p)}{1-pq}, \ \dfrac{k_2(1+q)}{1-pq} \right)$

七、Logistic 生态学寄生模型分析

假设存在 A、B 两个种群，那么寄生条件下满足的 Logistic 种群增长方程为：

$$\begin{cases} dx/dt = -r_1 x + w_1 w_2 xy \\ dy/dt = r_2 y (1 - y/k) - w_2 xy \end{cases}$$

其中：模型中各符号代表的意义为：

p	p 为种群 B 对种群 A 的互利系数
q	q 为种群 A 对种群 B 的互利系数
x	种群 A 内的组织个体数量
y	种群 B 内的组织个体数量
k	特定环境下寄生种群 B 内组织数量的最大增长率
r_1	理想环境下种群 A 内组织数量的最大增长率
r_2	理想环境下种群 B 内组织数量的最大增长率
t	特定时间

寄生条件下的平衡条件为：$dx/dt = dy/dt = 0$，

解得平衡点坐标为 $\left(\dfrac{r_2}{w_2} - \dfrac{r_1\,r_2}{w_1 k\, w_2^2},\ \dfrac{r_1}{w_1\, w_2} \right)$

八、深圳文化（创意）产业高质量发展规划简本

深圳市文化产业高质量发展规划（2021−2025）①
（征求意见稿）

推进文化产业高质量发展是满足新时代人民群众精神文化生活新期待的基本途径，是推动中华优秀传统文化创造性转化和创新性发展的重要载体，是贯彻新发展理念、推动深圳经济社会高质量发展和建设创新创业创意之都的重要任务。

"十三五"期间，深圳市文化产业总量规模快速增长，产业结构不断优化，企业整体竞争力大幅提升，新型文化业态加快涌现，文化科技融合效应日益凸显，对外文化贸易规模不断扩大，进一步巩固了深圳文化产业的支柱产业地位。截至2020年，深圳文化及相关产业法人单位超过10万家，从业人员超过100万人，产业增加值从2015年的1021亿元增长到2020年的2200亿元，占GDP比重从5.8%上升到8%，年均增速远高于GDP增速。

"十四五"时期是深圳实现建设中国特色社会主义先行示范区第一阶段发展目标的五年。新一轮科技创新和产业革新加速推进，5G、大数据、云计算、人工智能等新技术在文化产业应用场景日趋广泛，创意设计、数字创意、时尚文化等优势产业前景广阔，文化科技、文化金融等全面发展，文化产业发展面临重大机遇。同时，深圳文化产业总体规模还不够大，具有国际竞争力的龙头企业偏少，高端文化人才比较缺乏，文化产业结构和布局还需进一步优化。

为加快推动文化产业高质量发展，进一步提升深圳文化产业的综合竞争

---

① 深圳市文化广电旅游体育局官网，http://wtl.sz.gov.cn

力，根据《深圳市国民经济和社会发展第十四个五年规划和二〇三五年远景目标纲要》《关于加快文化产业创新发展的实施意见》《深圳加快建设区域文化中心城市和彰显国家文化软实力的现代文明之城实施方案》《深圳市文体旅游发展"十四五"规划》等，制定本规划。

一、总体要求

（一）指导思想

以习近平新时代中国特色社会主义思想为指导，抓住"双区"驱动和"双区"叠加的重大机遇，立足新发展阶段，贯彻新发展理念，以高质量发展为主题，以深化供给侧结构性改革为主线，坚持把社会效益放在首位、社会效益和经济效益相统一，坚持科技支撑和创意引领，深入推进文化体制机制改革，大力实施文化产业数字化战略，不断激发文化创新创造活力，扩大优质文化产品和服务供给，积极拓展对外文化贸易，着力发展新型文化企业、文化业态和文化消费模式，加快构建现代文化产业体系和市场体系，率先发展更具竞争力的文化产业，为文化强国建设作出深圳贡献。

（二）基本原则

——坚持正确导向。坚持社会主义先进文化前进方向，培育和践行社会主义核心价值观。建立健全社会效益和经济效益相统一的文化创作生产体制机制，确保导向正确和文化产业健康可持续发展。

——坚持创新引领。坚持以创新为核心驱动力，突出深圳科技支撑和创意引领的优势，加强产业链与创新链的精准对接，提升文化产业的科技含量和创意水平。

——坚持跨界融合。坚持以文塑旅、以旅彰文，推动文化和旅游产业深度融合发展。加快实施"文化+"战略，推动文化创意和设计服务与其他产业融合发展。

——坚持湾区协同。充分发挥核心引擎作用，推动创意要素在粤港澳大湾区自由流动，共同打造有国际影响力的区域文化产业集群，提高大湾区文化产业总体竞争力。

——坚持高质量发展。加快产业结构升级、链条优化和价值拓展，提高产业全要素生产率。利用新技术和新模式改造提升传统文化业态，提高质量效益和核心竞争力。

（三）发展目标

大力发展数字文化产业和创意文化产业，着力优化文化产业结构，充分激发文化市场活力，推动深圳成为创新创意引领潮流、文化科技特色鲜明、文化形象开放时尚、文化产业充满活力的国际文化创新创意先锋城市。到2025年，率先健全现代文化产业体系和文化市场体系，文化产业规模持续壮大，产业增加值超过3200亿元，占全市GDP比重超过8%，进入全球文化产业发达城市行列。

——产业结构进一步优化。新型文化业态更加丰富，数字化、智能化、融合化特征更加明显。内容原创和科技含量显著提升，产业竞争力更加强劲。文化服务业占比超过50%，数字创意、设计服务、时尚文化、文化旅游等新型业态占文化产业的比重超过60%。

——文化产品和服务的供给能力显著提升。适应消费升级和需求多元化的趋势，推出更多具有自主知识产权的文化产品和品牌，打造更多思想性、艺术性、观赏性相统一的文化精品，构建时尚文化品牌群，打造文化品牌之都。

——产业核心竞争力进一步增强。培育和壮大文化总部企业，打造国际一流文化产业总部基地，集聚一批有较强竞争力的龙头文化企业，抢占产业链高端。加快发展游戏电竞、网络视听等数字文化产业，提升数字文化产业原创研发水平，打造文化科技产业高地。

——产业布局不断优化。各区结合各自产业发展实际打造若干优势产业门类，形成区域发展特色。培育一批具有显著示范效应的文化产业园区、产业发展带和功能区，打造若干在全国有重要影响的产业集群，产业集聚效应进一步强化。

——对外文化贸易不断拓展。充分发挥全国对外文化贸易龙头的优势，集聚对外文化贸易资源。深度参与"一带一路"和国际文化产业合作，建设国际文化艺术品交易中心，构建中国文化产品和服务的国际贸易基地。

——现代文化市场体系不断健全。多元文化市场主体健康快速发展，竞争力显著提升。产权、人才、信息、技术、金融等要素市场不断优化，文化投融资体系更加完善，文化创新能力进一步提升，创新创意氛围更加浓郁。

二、增强两大核心动能，进一步提升文化产业发展的能级

（一）强化科技创新驱动，构建全国数字文化产业高地

顺应发展趋势，加强文化科技原创研发，推进科技在文化生产、传播、消费等各环节的全面赋能，促进产业升级和业态创新，打造全国数字文化产业和文化科技创新高地。

1. 实施文化产业数字化战略。加大数字文化科技创新投入，加强数字文化新型基础设施建设，支持面向行业通用需求的数据中心、云平台建设。完善文化产业"云、网、端"，打通"数字化采集—网络化传输—智能化计算"平台，推动文化产业链与互联网、物联网深度融合，打造大数据支撑、网络化共享、智能化协作的新型文化产业链体系。

2. 培育"数字文化+"新型业态。发挥深圳信息技术和智能技术优势，扩大5G、大数据、云计算、人工智能、虚拟现实、区块链等技术在文化领域创新应用，实现优秀文化内容与创新技术的融合，推动文化创作、生产、传播方式的深刻变革。加快数字文化与先进制造业、消费品工业，与社交电商等在线新经济的多元融合，引导龙头企业、高校、研究机构等建设多元融合平台和网络，推动产业互联互通。

3. 促进文化资源数字化。实施文化产业数字化提升行动，运用数字技术对优秀文化资源进行数字化改造和提升，促进优秀文化资源的创造性转化和创新性发展，提高文化载体数字化运行管理水平。鼓励互联网平台开发文化服务功能，拓展新兴数字文化资源传播渠道。

（二）强化创意设计引领，打造国际时尚创意之都

充分整合利用全球创意设计资源，积极引进国际高端设计资源。围绕创意设计价值链部署创新链，提升创意设计的文化内涵和附加值，促进创意设计与相关产业的融合，扩大"设计之都"的国际影响。

1. 壮大深圳设计力量。加强"设计之都"生态载体建设，加快建设深圳

创意设计馆和创新创意设计学院，提升和建设一批创意设计主题文化产业集聚区，加快湾区时尚总部基地、罗湖中洲坊创意中心建设，完善国际文化创意孵化中心功能，打造国际知名创意设计品牌。支持创意设计企业向"专精特新"方向发展，打造中小微创意设计企业集群。

2. 提升深圳设计影响力。坚持以"深圳设计"提升"深圳品牌"，形成一批以创意设计为核心竞争力、具有自主知识产权的设计品牌企业。鼓励深圳设计龙头企业制定品牌国际化发展战略，加大品牌宣传力度。探索建立深港澳创意设计联盟，加快粤港澳大湾区创意设计合作圈建设，着力构建接轨全球的完整产业链和创新链。加强与国际一流设计赛事机构合作，提升中国设计大展、深圳国际工业设计大展、深圳创意设计新锐奖和创意十二月等重点创意设计活动的影响。

3. 强化创意设计赋能。推动创意设计与先进制造业、战略性新兴产业相结合，支持运用新技术提升创意设计能力，着力拓展创意设计新领域、新优势。推进创意设计与旅游、体育、信息等产业融合发展，以现代创意设计提升产品的内涵和质量，促进创意设计与现代生产生活和消费需求对接，拓展大众消费市场。

三、强化五大发展支撑，夯实文化产业高质量发展的基础

（一）推进文化与金融深度融合，创建国家文化与金融合作示范区

进一步完善文化金融合作机制，鼓励金融资本和社会资本加强文化产业投资，建立健全多层次、多元化、多渠道的文化产业投融资体系，创建国家文化与金融合作示范区。

1. 优化文化金融发展环境。完善文化金融融合发展联席会议机制，推进符合文化产业发展需求和文化企业特点的金融服务创新。加快人工智能、大数据、区块链等金融科技在文化金融领域的应用，建立文化企业信用体系和数据共享平台。大力发展文化消费金融，加大数字货币和移动支付在文化消费领域的应用。

2. 创新文化金融合作机制。鼓励金融机构设立服务文化企业的特色分支机构或文化金融事业部，推动完善文化贷款利率定价和风险管理机制。支持

设立文化产业类创投基金，引导银行、保险、证券、基金、信托等金融机构投资文化产业。支持文化企业通过引入风险投资、上市、发债等多种形式拓宽投融资渠道，建立以市场化融资方式为主，政府产业资金、政府引导基金等财政资金发挥撬动作用的多元化融资机制。

3. 拓宽文化投融资渠道。加强文化企业上市培育，鼓励上市文化企业利用再融资、并购重组等方式丰富战略布局，鼓励中小文化企业在沪深交易所发行集合债。吸引各类文化产业投资基金落户深圳，鼓励政府引导基金设立文化产业子基金。推进无形资产融资模式创新，支持金融机构、文化企业开展以版权为主的知识产权证券化业务。

（二）推动文化旅游融合，创建国家全域旅游示范区

坚持以文塑旅、以旅彰文，深化文化和旅游产业链条的对接，推动以文化提升旅游的内涵品质，以旅游促进文化的传播消费，实现文化产业和旅游产业双向融合、相互促进，创建国家全域旅游示范区。

1. 打造文化和旅游融合发展载体。进一步丰富甘坑客家小镇、大鹏所城等文化和旅游业态，着力打通上下游产业链，促进文化和旅游产业链深度融合互促，形成文化旅游融合的示范。高质量完成华侨城创意园、南头古城等特色文化街区和文化特色小镇的改造提升，完善各文化街区、小镇的公共配套设施设备。推进高品质文化和旅游业态的引入布局，提升管理和服务水平，打造深圳文化旅游新亮点。

2. 大力发展文化旅游融合业态。加快推进旅游演艺、文化遗产旅游、主题公园等文旅融合业态提质升级，不断拓展文化旅游融合发展新业态。支持华强方特、华侨城集团等文化和旅游融合代表性企业做优做强，形成一批以文化和旅游为主业，融合发展为特色，具有较强竞争力的领军企业。推进数字经济格局下文化和旅游深度融合，促进数字内容向旅游领域延伸，强化文化对旅游的内容支撑和创意提升作用。

3. 统筹文化和旅游资源发掘利用。积极开发红色旅游、滨海旅游、乡村旅游，精心打造城市文化旅游IP，办好旅游文化节庆活动和旅游文化表演活动，推动传统技艺、表演艺术、文创产品等文化资源融入旅游景区，转化为

旅游产品。借助科技与设计创新平台，大力开发深圳原创、融入深圳标志性文化元素的旅游工艺品、纪念品，打造高品质文化旅游购物品牌，擦亮"深圳礼物"名片。

（三）促进文化消费升级，创建国家文化和旅游消费示范城市

坚持把扩大文化消费与深化供给侧结构性改革相结合，以高质量文化产品和服务供给引领、创造新需求，不断释放文化消费潜力，创建国家文化和旅游消费示范城市。

1. 丰富文化消费供给。加快建设以"新时代十大文化设施"为代表的重大文化设施，强化特色文化街区消费功能，支持演出场馆、博物馆、美术馆和文化产业园区等合理配置文化休闲区，丰富文化消费供给。加大原创歌舞剧、音乐剧、话剧、影视动漫等文艺精品创作生产，提升文化内容产品供给质量。

2. 培育新型文化消费。大力培育云演艺、云展览、云娱乐等新型消费形态，积极开发适应"Z世代"消费特点的文化产品和服务，打造更多网红打卡点。加快开发数字文化产品，提高公共文化、文化艺术、演艺产品数字化水平。丰富网络音乐、数字艺术展示等数字内容及可穿戴设备、智能家居等产品供给，提升文化产品开发和服务设计的数字化水平。

3. 优化文化消费环境。加大夜间文化消费产品供应，创建国家级夜间文化和旅游消费集聚区，丰富市民夜间文化休闲生活。加快推进文化娱乐场所转型升级，加大高雅艺术票房补贴力度，培育和扩大文化艺术消费群体。策划举办消费周、消费月、消费季等主题活动，加强深圳特色文化产品和服务宣传推广。

（四）深化大湾区产业合作，打造国际文化产业发展高地

发挥粤港澳大湾区文化创意、科技创新等优势，重点推动数字文化、创意设计、文化装备制造等产业合作，完善文化产业开放和协同发展机制，共同打造具有全球影响力的现代文化产业城市群。

1. 深化与港澳文化产业合作。深化深港文化产业合作，加强影视投资合作和人才交流，共同打造国际影视产业发展高地。建设深港创意设计产业合

作平台，吸引香港创意设计人才来深创业。加强深澳在创意设计、演艺和文化旅游等领域合作。加强深港澳会展行业交流，用好香港、澳门会展资源和行业优势，策划举办大型文创展览。

2. 加强与大湾区其他城市合作。加快推进广州、深圳双城联动发展，深化创意设计、数字创意等领域合作，推动深圳文博会与广州文交会要素对接、资源共享、项目合作，促进两地重要文化展会活动的联动和双赢。探索建立广深两地产学研联合机构，加快文化科技融合发展。加强深莞惠在文化制造、印刷、动漫游戏等领域合作，共同打造先进文化制造业集聚中心，促进产业资源有序流动、合理分工。

3. 打造文化产业合作平台。办好中国（深圳）国际文化产业博览交易会"粤港澳大湾区馆"，集中展示大湾区文化产业发展成果，促进大湾区文化产业投融资合作和项目交易。办好深港城市/建筑双城双年展、深港澳设计三城展等大型文创展览和交流活动。充分整合大湾区文化产业资源，在动漫游戏、创意设计、工艺美术、数字文化装备、数字展览展示等多个行业领域形成一批产业链完善、辐射带动力强的文化产业集群。

（五）扩大对外文化贸易，构筑中华文化走出去的桥头堡

充分发挥深圳作为对外开放窗口的作用，加快拓展国际文化市场，参与国际文化产业分工协作和产业交流，推动深圳文化产品和服务走出去，打造中国文化产品和服务对外贸易中心，构筑中华文化走出去的桥头堡。

1. 推动文化产品和服务走出去。鼓励文化企业与国外企业开展项目合作，支持文化企业融入全球产业链、供应链，提高跨国经营能力和水平。培育数字文化产业国际竞争优势，支持深圳文化企业为"一带一路"沿线国家提供文化数字化服务，依托域外优秀文化资源合作开发数字化产品。鼓励文化企业通过跨境电商、游戏出海、全球巡演、中外共建文化项目等新渠道新模式拓展国际业务。

2. 加强文化产业国际交流与合作。充分发挥中国（深圳）国际文化产业博览交易会的平台作用，促进中外文化产品和项目的交流合作。鼓励文化企业和行业组织在境外举办文化产业专业会展。充分发挥港澳对外联系广泛优

势，探索在深圳建立文化产业国际合作联盟，推动国际文化人才交流合作，多渠道吸引境外优秀创意人才来深创新创业，吸引外商来深投资文化产业项目。

3. 发展文化保税服务。推动文化产品保税空间建设，建成集文化产品仓储物流、展览展示、拍卖洽购、金融服务等功能于一体，能提供便捷高效服务的仓储、展示和交易平台。完善文化保税服务，为保税仓（区）内的国内外文化生产、贸易机构提供专属保税服务，实行"免证、免税、保税"政策，提供文化保税仓储、文化设备保税租赁、文化进出口代理等专业服务。探索新型保税监管机制，促进货物自由流转。

四、实施四大行动，优化文化产业高质量发展的生态

（一）实施文化企业孵化行动，培育壮大市场主体

加快培育和壮大文化市场主体，推动国有文化集团、龙头企业、中小微企业等不同所有制和规模文化企业的协同发展，构建充满活力、创新力和竞争力的文化市场主体。

1. 壮大骨干文化企业。提升国有文化集团资本运营能力，拓宽文化产业经营领域，显著提升社会效益和经济效益。鼓励深圳文化企业跨区域兼并重组和外溢发展，共同打造文化产业集群。吸引国内外龙头文化企业在深圳设立总部或区域总部，建设文化创新创意中心和文化科技研发中心。完善"深圳文化企业100强"发布制度，催化一批掌握核心技术、拥有原创品牌、具有国际竞争力的行业龙头文化企业。

2. 培育中小微文化企业。支持中小微文化企业加强文化创意和科技创新，推出特色产品和特色服务，提升专业化水平。引导中小微文化企业树立工匠精神，围绕细分领域强化"专精特新"方向，加强细分市场产品创新、产品质量提升和品牌培育。鼓励大企业、互联网平台企业带动产业链上中下游中小微文化企业协同发展。建立瞪羚企业、雏鹰企业培育机制，形成文化产业梯次发展格局。

3. 实施文化企业孵化行动。充分发挥深圳科技创新和资本集聚优势，依托龙头文化企业、高校和文化产业园区等资源，建设一批文化企业孵化器，

为初创文化企业和文化创意项目提供设施齐全的办公空间以及全方位配套服务。整合各类创业载体、孵化器、加速器、共享空间等创业资源，完善创意孵化功能，加强政策咨询、创业指导、宣传推广等平台建设，为入孵企业提供创业支持，助力市场主体快速成长。

（二）实施文化品牌塑造行动，打造多元城市文化名片

加强深圳文化企业和文化产品（服务）的品牌塑造与推广，加快培育品牌文化企业，形成一批"深圳创造"文化品牌矩阵，扩大深圳文化企业及其产品和服务的国际影响。

1. 加强文化产业品牌塑造。支持文化企业加强质量管理体系建设，提高品牌运营和管理水平，把产品质量控制贯穿于创意、研发、技术、工艺、材料、设计、生产、检测、售后服务全过程。支持优势龙头文化企业实施品牌国际化战略，创建国际知名品牌。加强分类指导，推动动漫、游戏、珠宝首饰、创意设计等打造一批全国知名文化品牌，提高深圳区域品牌国际影响力和辐射力，推动企业品牌和区域品牌互相促进、共同提高。

2. 健全文化产品品牌体系。支持文化企业推出更多具有自主知识产权的文化产品和知名品牌，打造更多思想性、艺术性、观赏性相统一的精品力作，不断提升文化产品和服务内涵品质、创意水平。加强创作适应"Z世代"青年文化需求的优质文化产品，打造一批体现中华文化精髓、传播当代中国价值观念、符合国际文化潮流的文化精品。

3. 强化文化品牌宣传推广。引导文化企业加强知识产权保护意识，提升文化产品的质量和市场竞争力，挖掘文化内涵和文化价值，打造一批具有国际知名度的文化产品品牌。推动重点文化企业加强文化品牌建设，打造具有较高美誉度的文化企业品牌。持续打造"设计之都"名片，着力提升"城市文化菜单"系列品牌的影响。

（三）实施文化产业空间拓展行动，做强做大产业载体

加强统筹规划和规范管理，进一步优化文化产业功能区布局，打造行业门类齐全、产业特色鲜明的协同创新平台和促进文化企业集聚发展的重要载体。

1. 优化文化产业功能区布局。加快推进文化产业功能区发展，推动产业资源和配套服务设施向重点区域倾斜，优化布局文化产业功能区、特色街区、文创空间，实现集聚、错位发展。鼓励通过收购、升级改造旧城区、旧村、旧工业区等方式建设文化产业集聚区，通过功能性流转、创意化改造，有效盘活各类空间资源，建设新型城市文化空间。

2. 规范文化产业功能区管理。加强对文化产业园区、基地等的规范管理，突出文化内涵和主导业态，实现特色发展、融合发展和创新发展。完善文化产业园区管理信息系统，及时掌握园区发展动态，加强园区跟踪管理与服务。

3. 提升文化产业功能区服务水平。推动有条件的园区、基地建设专业化服务平台，提升服务企业能力和水平，促进园区由要素集聚空间向创新发展平台转变。高水平建设华侨城、龙岗数字创意产业走廊等国家文化产业示范园区，提升现有国家文化产业示范基地功能，打造国家级产业服务平台。

（四）实施服务平台优化行动，完善产业生态体系

加强文化产业综合服务平台建设，提升服务文化企业创新发展能力和水平，构建文化政策、文化贸易、文化金融、知识产权、文化企业孵化等服务平台体系。

1. 搭建文化经济政策服务平台。支持各区通过在文化产业集聚区设立服务窗口等形式，为文化企业提供项目落地、政策咨询等"一站式"服务。健全完善知识产权综合服务平台，依托深圳文化产权交易所、中国版权保护中心粤港澳登记大厅，打造集孵化、登记、维护、开发、交易、输出于一体的综合性知识产权服务平台。

2. 建设区域合作平台。推进国内文化市场和国际文化产业合作，以国内大循环吸引全球文化资源要素，建立粤港澳大湾区、"一带一路"沿线国家文化产业合作平台。发挥深港澳创意设计联盟、香港演艺人协会等行业组织的纽带作用，加强与港澳在创意设计、动漫影视、演艺音乐等领域合作。

3. 提升服务平台服务效能。加快推进中国（深圳）国际文化产业博览交易会高质量发展，提高专业化、市场化、国际化水平，将其打造成为全球文

化会展核心平台。支持深圳文化产权交易所建设文化金融服务中心，打造国家级文化产权交易和投融资综合服务平台。

五、打造十大增长极，为文化产业高质量发展注入新活力

（一）国家文化和科技融合示范基地。以南山区为核心区域，引导科技创新要素合理布局，形成文化科技资源聚集优势。加强文化科技共性技术研发，加快建设文化科技创新载体，支持文化科技企业创建省级以上重点实验室、技术创新中心、科技资源共享服务中心等创新载体。加强文化科技集成应用和服务创新，加快文化科技成果转化。

（二）时尚创意产业圈。以福田车公庙、罗湖水贝—笋岗、南山南油、龙华大浪等时尚产业集聚区为重点，打造一批具有国际影响力的创意设计品牌，加快建成亚洲领先、全球知名的时尚产业之都。优化时尚设计发展生态，着力打造若干高端时尚消费街区和集研发设计、品牌聚集、展示发布、消费交易、体验服务等多功能于一体的时尚特色小镇。支持国际知名创意设计机构、科研机构总部落户深圳或者在深圳设立研发总部。

（三）数字创意走廊。支持龙岗数字创意产业走廊创建国家级文化产业示范园区，建立健全创建工作组织协调机制和运营管理机制，出台支持龙岗数字创意产业发展专项政策。加快整合区域内龙头文化企业、重点产业园区和高校资源，重点打造影视动漫、创意设计、数字展示等产业集群。

（四）文化装备研发中心。充分发挥深圳高新技术和高端制造业发展优势，提升文化装备的科技水平，加强高端装备和文化消费终端自主研发及产业化。加强工业互联网、物联网、车联网在智能文化装备生产各环节的应用，提升沉浸式设施、无人智能游览、可穿戴设备等智能装备技术水平。加强文化装备和消费终端前沿技术研究，提高文化产品研发和制造能力，吸引国际资本来深建立研发中心和制造中心。

（五）大湾区影视产业基地。支持有条件的区出台和完善影视产业发展专项政策，优化影视产业发展环境。推进中国（深圳）新媒体广告产业园、T-PARK深港影视创意园、定军山数字电影文化科技创意园等影视类产业园区更好集聚影视产业资源，强化产业载体支撑带动作用。加快建设新桥影视产业小镇、华强方特后海总部基地、坪山国际影视文化城、大鹏影视产业园等一批影视主题园区、基地。

（六）国际艺术品拍卖中心。以综合改革试点为契机，积极推进艺术品创作生产、艺术品交易、艺术品金融、交易市场管理等体制机制创新，推动形成统一开放、机制灵活、运作规范，充满吸引力和创新力的文化艺术品交易市场，建设国际艺术品拍卖中心。

（七）大湾区演艺之都。以福田、南山、宝安等区为重点，加快推动演艺产业高质量发展，打造大湾区演艺之都。加强原创策划，打造一批精品剧目。鼓励演艺产业载体创新、业态创新、模式创新，支持开发沉浸式、互动式新产品。

（八）国际知名黄金珠宝产业中心。加快提升罗湖水贝和盐田等黄金珠宝中心能级，构建集总部集聚、黄金金融、设计研发、智能制造、品牌运营于一体的"世界珠宝之都"。完善"保税+"珠宝玉石全产业链公共服务平台功能，建立黄金珠宝国际综合性交易平台，打通黄金珠宝境内外双向流动通道，形成全新黄金珠宝线上投资消费链。

（九）全球游戏电竞之都。鼓励游戏原创产品开发，支持充分挖掘中华民族历史与传统文化题材的原创游戏产品。提升游戏创新技术应用，鼓励游戏企业研发 VR、AR、MR、裸眼 3D 等前沿科技与游戏相结合的产品。引入国内外领先的电竞企业，建设电竞企业总部。支持举办国际顶级电竞赛事，吸引 LPL、KPL 等顶级电竞职业联赛落户深圳。

（十）高端工艺美术集聚区。大力实施工艺美术产业振兴工程，加快推进工艺美术行业向特色化、品牌化、集群化方向发展，打造国际一流工艺美术集聚中心。加快工艺美术集聚区建设，着力提升罗湖工艺美术集聚区、大芬油画村、观澜版画基地等集聚区建设水平，培育壮大特色产业集群。

六、保障措施

（一）加强组织领导。各级党委和政府要把文化产业发展摆在重要位置，在宣传文化部门的统筹协调下，加强与发改、财政、规划、税务、金融等部门沟通协调，形成推动产业发展的合力。完善文化产业统计制度，定期发布统计数据、分析报告和年度白皮书。

（二）强化政策支撑。立足实际，推动完善市、区两级文化产业政策，更好发挥政策引导作用。盘活旧厂房、工业园、城中村等土地资源，拓展文化产业发展空间。加强市、区宣传文化发展资金、文化产业发展专项资金的联动支持，更好发挥政府财政资金的引导作用。

（三）优化发展环境。进一步深化文化体制改革，放宽文化市场准入。深化"放管服"改革和营商环境改革，营造公平的竞争环境，切实减轻文化企业经营负担。加强文化市场监管和执法，强化知识产权行政与司法保护，严厉打击各类侵权和违法行为。

（四）培育文化人才。加快培养各类文化产业人才，完善吸引高端人才的政策措施，把文化产业人才队伍建设纳入全市重点人才支持计划。充分发挥高等院校、研究机构、龙头企业的人才培养优势，推进产学研紧密结合，加快培养紧缺人才。积极引进海外和港澳高端文化产业人才，提升深圳文化人才的国际竞争力。

参考文献

[1] KANA K. An experiment in urban regeneration using culture and art in Senba, Osaka's historic urban center, with a focus on the regeneration of urban space [J]. City, Culture and Society, 2012, 3 (2): 151-163.

[2] SASAKI M. Urban regeneration through cultural creativity and social inclusion: Rethinking creative city theory through a Japanese case study [J]. Cities, 2010, 27: 3-9.

[3] SCOTT A J. A new map of Hollywood: the production and distribution of American motion pictures [J]. Regional Studies, 2002, 36 (9): 957-975.

[4] SCOTT A J. Culture Economy and the Creative Field of the City. Swedish Society for Anthropology and Geography [J]. Human Geography, 2010 (2): 115-130.

[5] CHAPAIN C, PROPRIS L D. Drivers and processes of creative industries in cities and regions [J]. Creative Industries Journal, 2009, 2 (1): 9-18.

[6] FLEW T. Toward a cultural economic geography of creative industries and urban development: introduction to the special issue on creative industries and urban development [J]. The Information Society, 2010, 26 (2): 85-91.

[7] HEARN G, CUNNINGHAM S, ORDONEZ D. Commercialisation of knowledge in universities: The case of the Creative Industries [J]. Prometheus, 2004, 22 (2): 189-200.

［8］HOSPERS G J. Creative Cities: Breeding Places in the Knowledge Economy ［J］. Knowledge, Technology & Policy, 2003, 16（3）: 143-162.

［9］HALL P. Creative cities and economic development ［J］. Urban Studies, 2000, 42（4）: 639-649.

［10］PRATT A C. Creative Clusters: Towards the Governance of the Creative Industries Production System ［J］. Media International Australia Incorporating Culture and Policy. 2004, 112（1）: 50-66.

［11］YUSUF S, NABESHIMA K. Creative industries in East Asia ［J］. Cities, 2005, 22（2）: 109-122.

［12］GRANOVETTER A M, SWALES J K. Muti-sectoral cluster modelling : the evaluation of scottish enterprise cluster policy ［J］. European Planning Studies, 1992, 11（5）: 125-128.

［13］BELL G G. Cluster, Networks and Firm Innovativeness ［J］. Strategic Management Journal, 2005（26）: 287-295.

［14］BURT R S. Structural Holes: The Social Structure of competition ［M］. Cambridge, MA: Harvard University Press, 1992.

［15］HOWKINS J. Creative Economy: How People make money from idea ［M］. London: Penguin book, 2002.

［16］FREEMA J, HANNA M T. Organizational Ecology ［M］. New York: Harvard University Press, 1989.

［17］FLORIDA R. The Rise of Creative Class ［M］. New York: Basic, 2002.

［18］兰德利. 创意城市: 如何打造都市创意生活圈 ［M］. 杨幼兰, 译. 北京: 清华大学出版社, 2009.

［19］冯健. 转型期中国城市内部空间重构 ［M］. 北京: 科学出版社, 2004.

［20］金元浦. 文化创意产业概论 ［M］. 北京: 高等教育出版社, 2010.

［21］克鲁格曼, 等. 空间经济学: 城市、区域与国际贸易 ［M］. 梁琦,

译. 北京：中国人民大学出版社，2011.

[22] 佛罗里达. 创意阶层的崛起 [M]. 司徒爱勤，译. 北京：中信出版社，2010.

[23] 褚劲风. 创意产业集聚空间组织研究 [M]. 上海：上海人民出版社，2009.

[24] 褚劲风. 创意城市：国际比较与路径选择 [M]. 北京：北京大学出版社，2014.

[25] 霍金斯. 创意经济——如何点石成金 [M]. 洪庆福，孙薇薇，刘茂玲，译. 上海：上海三联书店，2006.

[26] 上海市创意产业中心. 2006 年上海创意产业发展报告 [M]. 上海：上海科学技术文献出版社，2006.

[27] 波特. 国家竞争优势 [M]. 李明轩，邱如美，译. 北京：华夏出版社，2002.

[28] 凯夫斯. 创意产业经济学 [M]. 孙绯，译. 北京：新华出版社，2004.

[29] 向勇. 中国创意城市：中国创意城市理论与实践 [M]. 北京：新世界出版社，2011.

[30] 熊彼特. 经济发展理论 [M]. 杜贞旭，郑丽萍，刘昱岗，译. 北京：中国商业出版社，2009.

[31] 朱华晟，等. 大城市创意产业空间与网络结构——基于北京和上海的实证研究 [M]. 南京：东南大学出版社，2015.

[32] 格兰诺维特. 镶嵌：社会网与经济行动 [M]. 罗家德，译. 北京：社会科学文献出版社，2007.

[33] 林南. 社会资本：关于社会结构与行动的理论 [M]. 上海：上海人民出版社，2005.

[34] 刘军. 整体网分析：UCINET 软件实用指南 [M]. 上海：上海人民出版社，2014.

[35] 厉无畏. 创意产业导论 [M]. 上海：学林出版社，2006.

[36] 罗家德. 社会网分析讲义 [M]. 北京：社会科学文献出版社, 2005.

[37] 斯科特. 文化产业：地理分布与创意领域 [M] //林拓, 李惠斌, 薛晓源. 世界文化产业发展前沿报告 (2003—2004). 北京：社会科学文献出版社, 2004.

[38] 华正伟. 我国创意产业集群与区域经济发展研究 [D]. 长春：东北师范大学, 2012.

[39] 李霄. 文化创意园功能定位与产业布局研究——以徐州为例 [D]. 徐州：江苏师范大学, 2012.

[40] 鲍枫. 中国文化创意产业集群发展研究 [D]. 长春：吉林大学, 2013.

[41] 褚劲风. 上海创意产业集聚空间组织研究 [D]. 上海：华东师范大学, 2008.

[42] 付永萍. 基于生态学的创意产业集群创新机制研究 [D]. 上海：东华大学, 2013.

[43] 梁涛. 基于自组织理论的企业集群形成机制分析 [D]. 天津：河北工业大学, 2006.

[44] 王兆华. 生态工业园工业共生网络研究 [D]. 大连：大连理工大学, 2002.

[45] 虞雪峰. 上海创意产业的集聚效应分析 [D]. 上海：华东师范大学, 2007.

[46] 朱丽萍. 深圳创意产业园演化与城市空间转型研究 [D]. 深圳：深圳大学, 2014.

[47] 龙瑚. 组织生态视角下创意产业集群形成机制和效应研究 [D]. 深圳：深圳大学, 2016.

[48] 张娟. 深圳市创意产业与城市更新的关系研究 [D]. 深圳：深圳大学, 2012.

[49] 粟伟. 价值链视角下深圳创意产业集聚与经济增长研究 [D]. 深

圳：深圳大学，2014.

[50] 董树宝. 基于产业价值链的创意产业集聚分析 [J]. 北方工业大学学报，2008 (2)：90-94.

[51] 蒋述东，刘容. 国内外创意城市发展经验研究述评 [J]. 科技管理研究，2013 (5)：17-20.

[52] 王俊票. 城市文化创意产业发展环境的研究综述 [J]. 经济视角，2013 (7)：128-129.

[53] 唐守廉，朱虹. 国际文化创意产业发展指数研究 [J]. 科技进步与对策，2014，31 (2)：129-135.

[54] 张伟，谢宇鸿. 城市文化创意产业竞争力研究——广州与上海、深圳的比较 [J]. 产经评论，2012 (5)：63.

[55] 甘霖，唐燕. 创意城市的国际经验与本土化建构 [J]. 国际城市规划，2012 (3)：54-59.

[56] 刘伟，吕庆华. 创意城市评价实证研究——以长江三角洲 10 市为样本 [J]. 科技研究管理，2014 (4)：240-245.

[57] 陈亮亮，马亮，赵经华. 变异系数权重 TOPSIS 法在节水灌溉方案评价中的应用 [J]. 水资源与水工程学报，2010，21 (1)：95-96.

[58] 巩艳芬，曹微，魏希柱. 中国创意城市发展的战略方法研究 [J]. 哈尔滨工业大学学报（社会科学版），2010，12 (6)：96-97.

[59] 曹如中，刘长奎，曹桂红. 基于组织生态理论的创意产业创新生态系统演化规律研究 [J]. 科技进步与对策，2011 (3)：64-68.

[60] 陈建军，葛宝琴. 文化创意产业的集聚效应及影响因素分析 [J]. 当代经济管理，2008 (9)：71-75.

[61] 陈丽娜. 深圳文化产业集群发展的现状、形成动因与模式研究 [J]. 特区经济，2013 (8)：30-33.

[62] 符韶英，徐碧祥. 创意产业集群化初探 [J]. 科技管理研究，2006 (5)：54-56.

[63] 戈雪梅，周安宁. 文化创意产业园区、动漫产业空间集聚及其影

响因子实证分析 [J]. 商业时代, 2011 (33): 118-120.

[64] 何雪英. 从物种生态位到企业生态位的仿生研究 [J]. 改革与战略, 2004 (12): 86-88.

[65] 李丹, 曹如中, 李康, 等. 创意产业发展的组织生态环境培育研究 [J]. 科技管理研究, 2013 (14): 169-173.

[66] 李艳波, 郭肖华. 海西文化创意产业集群的集聚模式与发展策略 [J]. 厦门理工学院学报, 2011 (2): 1-5.

[67] 李煜华, 李昕, 胡瑶瑛. 创意产业集群企业间双向知识流动影响因素分析 [J]. 科技与管理, 2013 (2): 1-4.

[68] 梁嘉骅, 葛振忠, 范建平. 企业生态与企业发展 [J]. 管理科学学报, 2002 (2): 34-40.

[69] 刘友金, 胡黎明, 赵瑞霞. 创意产业与城市发展的互动关系及其耦合演化过程研究 [J]. 中国软科学, 2009 (1): 151-158.

[70] 马春辉, 黎明, 晏茜. 深圳文化创意产业集群发展问题 [J]. 开放导报, 2013 (6): 94-96.

[71] 宋敏, 许长新. 创建高新技术产业可持续发展生态系统的探讨 [J]. 科技与经济, 2003 (5): 31-33.

[72] 谭娜, 高长春. 组织生态学视角的城市创意产业竞争力影响因素分析与应用 [J]. 当代财经, 2009 (5): 76-80.

[73] 王重远. 基于生态理论的都市创意产业集群研究 [J]. 贵州社会科学, 2009 (9): 26-30.

[74] 袁增伟, 毕军. 产业生态学最新研究进展及趋势展望 [J]. 生态学报, 2006 (8): 2709-2715.

[75] 曾贵. 深圳文化产业集群现状分析及其竞争力的提升 [J]. 南方论丛, 2010 (2): 17-23.

[76] 张艳辉. 基于生态学视角对产业经济理论的重新阐释 [J]. 产业经济研究, 2005 (4): 30-37.

[77] 张艳辉. 组织生态理论在创意产业研究中的应用 [J]. 当代财经,

2007（4）：86-89.

[78] 周浩. 企业集群的共生模型及稳定性分析 [J]. 系统工程，2003（4）：32-37.

[79] 温雯，王青. 创客运动对文化创意产业业态创新的影响 [J]. 同济大学学报（社会科学版），2017，28（3）：41-47.

[80] 蔡宁，吴结兵. 产业集群的网络式创新能力及其集体学习机制 [J]. 科研管理，2005，26（4）：22-28.

[81] 王贤梅，胡汉辉. 基于社会网络的产业集群创新能力分析 [J]. 科学学与科学技术管理，2009（12）：86-91.

[82] 周雷. 社会网络分析及其在产业集群创新研究中的运用 [J]. 商场现代化，2010（24）：140-141.

[83] 温雯. 创客运动与深圳创客之城建设路径 [J]. 深圳大学学报（人文社会科学版），2016，33（6）：48-52.

[84] 周素红，裴亚新. 众创空间的非正式创新联系网络构建及规划应对 [J]. 规划师，2016（9）：11-17.

[85] 樊丽. 创新与融合：文化创客在文化传播中的主体性和影响力分析 [J]. 渤海大学学报（哲学社会科学版），2018（2）：151-155.

[86] 赵炎，王琦，郑向杰. 网络邻近性、地理邻近性对知识转移绩效的影响 [J]. 科研管理，2016，37（1）：128-136.

[87] 段杰，龙瑚. 城市创意指数的测度及实证分析 [J]. 深圳大学学报（理工版），2015，32（3）：296-305.

[88] 段杰，朱丽萍. 城市创意产业园区空间演化与集聚特征及其影响因素分析——以深圳为例 [J]. 现代城市研究，2015（10）：76-82.

[89] 段杰，粟伟. 价值链视角下创意产业集聚与经济增长研究——以深圳为例 [J]. 产业经济评论，2016，13（2）：92-102.

[90] 段杰，龙瑚. 基于组织生态视角的创意产业集群形成机制研究 [J]. 南京审计大学学报，2017（5）：48-57.

[91] 彭立勋，黄发玉，乌兰察夫. 创意城市建设与城市转型发展——

深圳的创意城市发展之路 [J]. 广西城镇建设，2010（12）：24-26.

　　[92] 彭立勋，黄发玉，乌兰察夫. 论文化科技结合与创意城市建设
[J]. 南方论丛，2010（1）：1-9.

后 记

"人间四月芳菲尽，山寺桃花始盛开。"四月是美好的，春暖花开，繁花似锦。人间四月天，是耕耘的季节，也是带来希望的季节；她是爱，也是暖。

自 2008 年岁末在深圳华侨城创意产业园（OCT-LOFT）参加深港城市/建筑双城双年展以来，我就对创意产业集群的研究，尤其是对创意产业空间集聚及其对城市更新重构带来的影响产生了浓厚兴趣，搜集资料、研究思考已经十余年。2014 年获得广东省哲学社会科学"十二五"规划基金的资助，主持研究项目"演化视角下创意城市构建路径及评估方法研究"，并圆满完成课题任务；同时指导区域经济学专业的研究生完成了几篇与此主题相关的硕士论文。这本拙作可以说是近几年研究成果的总结与汇报。学术研究是一方孤寂清冷的天地，不仅需要锲而不舍的精神，还需要科学严谨的态度。对交叉学科、新兴学科的研究更是会面临寂寞与艰辛，正所谓"衣带渐宽终不悔，为伊消得人憔悴"！

白驹过隙，岁月如梭。难忘羊城火红的木棉花，难忘恩师闫小培教授智慧而又美丽的风采；难忘各位同窗的友情与扶持，难忘英年早逝的吴师兄！

荔园几度春秋，知己多如繁星。感谢在文山湖畔遇见情投意合的良师益友！在攀登知识阶梯的进程中，有幸得到陶一桃教授、陈勇教授、鲁志国教授、郑尊信教授、徐晓光教授、罗清和教授、韩彪教授，以及张克听、张颖、陈雄珍、龚晓芳等老师在多方面给予的关照和支持。人生路上，感恩遇见！

桃李不言，下自成蹊。感谢区域经济学专业研究生张娟、鲁文丽、朱丽萍、粟伟、龙瑚、况颖及王炜、郭亚楠等同学的辛勤付出。从资料的搜集到问卷的发放，从数据的分析到初稿的写作，几位同学对本书的付梓贡献良多！漫长的人生，幸好有你们陪伴，才不会虚度。

在本书写作过程中，得到了深圳大学经济学院诸位领导的大力支持和众多才华横溢同事热情的鼓励，更有家人自始至终的倾情支持：我的先生李江博士提供了诸多城市更新的资料，远在大洋彼岸求学的儿子也捷报频传。而深圳大学经济学院经济系慷慨赞助学术著作出版经费，可以说是雪中送炭，也是对我学术研究的激励。感谢深圳市委宣传部、深圳市社科联、深圳市社会科学院的大力支持，本书是深圳市人文社会科学重点研究基地"深圳大学生态文明与绿色发展研究中心"的研究成果。同时，非常感谢光明日报出版社对于学术事业的支持。这些来自各个方面的支持和帮助，我将铭刻在心，并把它们化为进一步前行的动力！

"不积跬步，无以至千里；不积小流，无以成江海。"由于本人从事创意产业集群研究时日尚短，书中错谬浅陋之处在所难免，恳请各位多多指正！

是为记。

段 杰
2021 年 4 月于深圳大学文科楼